大学生心理健康教育及改革实践研究

陶 馨 王 飞 郭俊旭◎著

线装書局

图书在版编目（CIP）数据

大学生心理健康教育及改革实践研究/陶馨，王飞，
郭俊旭著.--北京：线装书局，2024.2

ISBN 978-7-5120-5972-6

Ⅰ.①大… Ⅱ.陶… ②王… ③郭… Ⅲ.①大学生
－心理健康－健康教育－研究 Ⅳ.①G444

中国国家版本馆 CIP 数据核字(2024)第 050749 号

大学生心理健康教育及改革实践研究
DAXUESHENG XINLI JIANKANG JIAOYU JI GAIGE SHIJIAN YANJIU

作　　者：陶　馨　王　飞　郭俊旭

责任编辑：贾彩丽

出版发行：线裝書局

　　　　　地　　址：北京市丰台区方庄日月天地大厦 B 座 17 层（100078）

　　　　　电　　话：010-58077126（发行部）010-58076938（总编室）

　　　　　网　　址：www.zgxzsj.com

经　　销：新华书店

印　　制：北京四海锦诚印刷技术有限公司

开　　本：787mm×1092mm　　1/16

印　　张：13.75

字　　数：261千字

版　　次：2024年2月第1版第1次印刷

定　　价：78.00 元

线装书局官方微信

前　言

　　大学生是国家宝贵的人才储备，是民族的希望、祖国的未来，肩负着人民的重托、历史的责任。教育的根本任务就是立德树人，促进大学生身心健康、全面发展，指导大学生实现心中的梦想，为社会培养合格的有用人才。每个大学生都有心理成长的需要，在实践中，深深体会到心理健康对大学生成长的重要性，也更加认识到心理健康工作的必要性。人生就是从稚嫩走向成熟，从简单走向复杂的过程，这个过程是痛并快乐着。进入大学，学生们正在迈入一个新层次、新境界，但促使抑郁的压力也在不断地增加。希望通过本教材的学习，同学们能认识到每个人都是一个独特的存在，每个人都是一个丰富的个体，每个人身上都蕴藏着巨大的宝藏，那里面本身就孕育着无坚不摧的能量和威力。成长中的许多心理问题是有共性的，只要抓住这些共性的东西，找准切入点，就能很快帮助大学生摆脱心理上的困惑和烦恼，让他们走上积极、健康的阳光人生路。

　　本书从大学生心理健康教育介绍入手，针对大学生心理健康教育的内涵、心理健康教育的目标和作用、心理健康教育的可行性和心理健康教育课程的内容进行了分析研究；另外对大学生自我意识与心理适应、人际关系、学习心理健康与品德心理健康、情绪管理与异常心理应对等内容进行分析，之后对大学生职业生涯规划与就业心理、大学生心理健康教育课程改革做了一定的介绍；最后剖析了生命化教育下的大学生心理健康教育等内容。旨在摸索出一条适合大学生心理健康教育改革的科学道路。

　　本书在写作过程中借鉴并参考了大量的专著、论文、网络资料等，在此对相关作者表示感谢。由于作者精力有限，书中难免有疏漏和不妥之处，恳请各位专家、学者批评指正。

目 录

第一章 大学生心理健康教育

第一节 大学生心理健康教育的内涵

一、大学生心理健康教育的内涵界定

任何一个概念都有内涵和外延两个方面，也有核心概念和相关概念两个集群，这两个方面和两个集群总是相互关联又相互制约的。因此，通过解析大学生心理健康教育与相关概念的内涵，明晰本研究的基本要素，阐明研究的核心成分。

(一) 心理健康与心理健康教育的内涵

1. 心理健康内涵在理论界的界定

(1) 心理健康内涵的探索阶段

心理健康的内涵，在哲学、心理学、历史、文化研究一直是探索的焦点。不同的流派对心理健康内涵有不同的诠释，甚至在 20 世纪 90 年代引发了激烈的争论。根据讨论的发展过程，理论界将对心理健康内涵的探索和争论分为三个阶段。

第一阶段是病理学取向。由于生物医学的影响和"健康无疾"的概念，学者们普遍认为"心理健康是消除心理疾病"，即没有心理疾病症状的心理状态就是心理健康。因此，学者们将全部精力投入到各种心理疾病的探索中，直到今天仍然影响着心理卫生研究的发展。美国精神病学会编写的《心理障碍诊断和统计手册》（DSM）是权威的心理疾病指南，研究人员在以惊人的速度探索不同类型的心理疾病。

第二阶段是社会适应取向，强调心理健康是一种良好的心态和适应社会的能力。例如，在 20 世纪 70 年代，世界卫生组织对"健康"的定义增加了"心理学和社会的完美状态"。美国学者科尔曼主张一个人的心理健康应该与他的行为相协调。无论他的人际关系是否合适，他对社会事件和社会关系的态度都应符合社会要求。东方学者受传统集体思想

和文化的影响，他们认为社会适应是心理健康的最基本标志。日本学者从人们适应内部和外部环境的角度定义心理健康。中国学者在讨论心理健康标准与其他要素时，社会适应和人际关系也是每个要素的关键点。

第三阶段是发展定位阶段，包括个人潜力的发展和个人发展的追求。最具代表性的来自人文学者马斯洛利用"精英标准"从现代世界38位成功人士中提炼出"自我实现"的心理健康内涵。他强调人类内在善良的本质激发个体潜能，个人最大的潜力被释放，生命充满了意义和成就。另一位人文学者，罗杰斯，也强调以生命目标、野心水平、潜能发挥、个性塑造和持续发展作为心理健康的标准，最大限度地实现自我发展和完善的目标，实现内外高度协调、为社会及人类创造更大价值的完美境界。这一观点也得到了哲学领域、文化学者的认可。马克思用辩证唯物主义探索人的自由全面发展，认为它是人性的追求，是社会进步的动力，是满足人们需求的社会发展实现方法。中国学者从传统文化中提取心理健康的意义，并强调满足个体发展需要，实现"做你想做的事"的自由状态。以发展为导向的观点促使人们专注于发展个人潜能，追求更高的个人价值实现，逐渐成为心理健康探索的领域，并受到了广泛的关注。

从对心理健康内涵理论探索发展的角度，我们可以发现它所包含的成分正逐渐扩大和增加（从疾病到适应到发展），并逐渐与心理和精神以外的其他因素相结合（来自心理本身对社会适应，对个人潜能与社会文化发展的关系），其价值取向经历了个体、社会、个体与社会发展的进步和提升等阶段。它的讨论经历了不同国家和不同领域的不同文化背景的洗礼（如生物医学领域的疾病讨论方式，人文主义视角下的发展方式，西方强调个体疾病的方式和价值观，东方强调的社会意义和发展讨论模式等）。到目前为止，随着时代的变迁，"心理健康"的概念仍在逐步发展和完善。心理健康内涵的定义应该代表以下三个发展方向。首先，心理健康内涵应该代表社会进步的方向。心理健康与社会之间的关系不能仅仅是对社会的单向个人适应。这不仅是低层面的心理健康的表现，也更容易引起社会混乱。社会的核心价值观是全社会的指导原则。如果社会的核心价值观正确、正面、健康向上，那么人们对社会的适应也是追求健康的过程，这是最好的情况。如果社会的核心价值观是错误的，那么人们对社会的适应将导致普遍的消极情绪传递，社会发展缓慢甚至停滞。其次，心理健康的内涵应该代表民族文化的身份。长期以来，心理健康标准的研究主要采用了西方文化心理学、统计学和其他科学理论，并从"客观性"和"文化普遍性"的角度探讨了心理健康内涵。在中国，无论是动态心理状态或静态心理状态，还是心理内容与社会现实的动态和谐，都坚持严谨的心理健康理论科学传统，并不拒绝考虑社会和文化因素。通过对心理健康内涵发展轨迹的分析，可以反映出不同国家和不同文化背景对心理健康标准的影响。民族文化与心理健康之间存在高度相关性。最后，心理健康的内容应该代表着对自我发展的追求。通过不懈的劳动和实践，人类将能够改变世界，促进世界进步，促进人类的发展。

（2）心理健康内涵的界定

心理健康内涵的形成应该代表社会进步的方向，代表对民族文化的认同，代表着对自我发展的追求。

首先，具有社会责任感和历史使命感是心理健康的核心要素。心理健康以识别社会的性质和方向为基础，并将社会进步的方向作为一个重要的内涵。在社会进步的过程中，人们的政治进步使人们摆脱了超自然的力量和观念，他们的主体自我意识得到了加强，人们表现出更强的自我意识控制能力。经济的进步使人们逐渐摆脱了对他人和工具的依赖，人们对社会关系的需求不再基于对金钱和利润的追求，而是更多地表现为人与人相互理解、相互安慰、相互鼓励、相互支持。文化的进步使人们远离被奴役、盲目服从，更多地认识到自我存在的价值，更充分肯定自我价值在征服自然过程中的意义，达成自我实现目的。满足"人的目的"的社会进步不仅包括使人们科学地理解他人与自我之间的共生关系，而且还形成良好的人际关系、生态关系和伦理关系，实现心理健康的高层次目标。社会革命已经摆脱了资本主义扭曲的社会关系，而向着生产力高度发达、高生产率和高质量社会进步的共产主义社会的方向发展。我们的国家正朝着马克思顺应人类历史发展的方向前进。我们的社会主义社会是进步的一部分，它也代表了社会进步。社会主义的优越性归根到底是为了大幅度提高社会生产力，逐步改善人民的物质生活和精神生活。改革开放以来，我们实现了政治、经济、文化、教育和其他领域巨大的成就，也说明了社会主义社会在实践中所代表的社会进步。因此，作为中国人心理健康的核心标准，首先应该是社会主义的方向，具有社会责任感和历史使命感。

其次，具有中华民族的优良传统。促进中国文化进步的意识是心理健康的重要方面。生活在不同文化规范下的人们的心理和行为特征深深扎根于国家的文化传统。中华民族的历史传统和文化模式也决定了我们的民族认同。在痛苦表达、经验和应对方式等方面，中国文化与西方文化不同。中国文化对同一表现的疾病有不同的含义。例如，感冒有风热和风寒两种不同的含义。一些研究发现亚洲人群的心理健康问题类型与文化适应程度有关。西方化程度低的人似乎表现出更多与文化相关的症状，而西方化程度较高的人表现出更少与文化相关的症状。中国民族文化群体对于健康和疾病概念的理解具有特定的文化渊源，我们独特的民族文化经验也将影响心理健康问题的表现。在中华民族的文化环境中，心理健康的内涵是中华民族传统文化认同和传承的重要方面。

最后，追求自由全面的发展。利用自己的智慧改造世界、发展自己以促进社会进步是心理健康的重要内容。人类不断寻求更加充实的自我，追求更完美的自我实现。在自然科学意义上，这就像一棵急切地想要长成橡树的橡树籽一样。可以看出，追求自我发展符合人类的实践价值和心理健康价值。人类劳动实践在世界上的意义和性质都表明人类的发展非常重要。它是个体整体素质的一个积极变化。因此它也指向更成熟、更丰富、更健全的心理素质和心理生活。

2. 心理健康教育的内涵

心理健康教育的内涵应该满足两个方面的要求。首先，它符合心理健康的要求，即培养具有心理健康标准的人才，使他们成为没有心理问题、符合健康标准的人才；其次，它符合教育的发展要求，以提高某方面人才素质为立足点。心理健康教育是指以提高心理素质、培养责任感和胸怀社会进步的历史使命感为核心的教育活动，促进人的全面发展。

①倡导"提高心理素质"作为心理健康教育的核心内涵，是从正面培养人才，但不过多强调学生的心理是如何不健康的，也不是仅仅关注心理问题的医学模式，提高心理素质必须既面向整体，又面向个体差异。个人教育和全面教育的目的是一致的，都是为了促进学生心理素质的发展。

②以中国特色心理健康和中国特色社会主义为指导，强调本土化、时代化。心理健康教育不仅要培养社会主义责任感和人才的历史使命，还要在人才培养中继承民族文化。有必要既探索个体的最大身心潜能，又培养自尊、自爱、自律、自我提升等良好的心理素质，增强克服困难、经受考验、承受挫折的心理素质。

③倡导"提高心理素质"作为心理健康教育的核心内涵，不仅要回应全面素质教育的目标，还要明确其教育内容的界限。心理健康教育强调利用自身的聪明才智改造世界，发展自己，促进社会进步。这与全面质量教育的目标是相同的，以此为目标培养适应21世纪现代化的社会主义新人，它是对人类和社会发展的诠释。

（二）大学生心理健康教育的涵义

大学生心理健康教育是指以大学生为教育对象，培养良好的心理素质，塑造健全人格的教育活动。首先，要注意培养良好的心理素质。其次，必须注重塑造健全的人格。

大学生心理健康教育注重培养良好的心理素质。传统的大学生心理健康教育主要针对心理疾病和基本适应问题，只要求达到非疾病状态的教育目标和大学生心理的良好适应状态，忽视了更高层次的健康心理学目标，即培养负责任、勤奋、独立、积极、良好心理素质的实现。因此，大学生心理健康教育不仅要消除疾病和基本适应问题，还要注重培养良好的心理素质。要尊重和利用大学生自我意识的心理机制，发展大学生的自我教育、自我管理、自我完善，还要密切关注个别学生自我意识的偏差和矛盾，并注意和关心少数学生；注重大学生理想自我的提高，给他们一个亲切性和感知度的榜样，引导他们理想自我的发展；提高大学生调整自我意识的能力，使他们能够调整自己的情绪并抵制挫折感。通过培养自尊、自爱、自律的心理素质，引导大学生建立积极的生活态度和执着的信念，成为具有社会责任感和历史使命感的人才，使大学生可以用自身智力改造世界，并促进社会进步中的自我发展，促进大学生思想道德素质的提高，以及文化素质、专业素质与身体素质的协调发展。

大学生心理健康教育必须注重塑造健康人格。素质教育的核心是培养人的全面发展。这里的全面发展不仅是知识能力分。大学生大多数只是孩子，一般未经历过艰辛，独立生活能力相对较弱，情感体验大多以自我为中心。进入大学后，如何组织自己的项目，如何规划自己的时间，如何面对学校的纪律和规定，如何面对宿舍无选择，如何面对不同城市的同宿舍学生，如何更加宽容和理解他人，这些问题的处理已成为当代大学生需要解决的难题。这些问题的解决方案基于的是人格的不断改善。如果大学生没有相对完整的人格，很容易在上述问题中表现出偏执狂、病态的行为。因此，在大学生心理健康教育中，有必要运用情感教育法、质量教育法、生命教育法、榜样示范法、启发式教育法和自我教育法实现健全人格的培养。

二、大学生心理健康教育的特点

大学生心理健康教育可以提高学生的心理素质，提高思想政治教育的实效性，达到大学生综合发展的目的，这与其鲜明的特色是分不开的。

（一）大学生心理健康教育构建了教育的生命基础

生命是教育的前提和基础，生命的发展是教育的根本任务。一方面，人的生命存在是教育的生物前提。因此教育可以帮助人与自然之间交换信息和能量。另一方面，人的生命也是对精神和社会属性发展的追求。如果人们想以社会的形式生存，就必须在生活的基础上获得文化、智能、道德、个性和其他精神发展。所有这些都在心理健康教育中得到反映。大学生心理健康教育涵盖了大学生生活、生命、人性的价值，尤其是心理健康危机体系的构建凸显了生命的意义和价值，阻止了心理疾病的发展。这不仅是塑造具有良好人格和积极发展精神的人的基础，也是教育建设、维护存在和延续的生命基础。可以看出，大学生心理健康教育是人类生活的基石，生命是教育思想的起源。从某种意义上说，心理健康教育面向人的生命，是提高人类生活质量的社会活动。

（二）在大学生活的不同阶段开展教育活动

大学生心理健康教育主要针对的是新生入学和即将毕业这两个阶段。新生的心理素质取决于他们的大学前生活和学习经历。他们的学习基础、家庭条件、兴趣野心、学习环境不同，这个阶段的心理健康教育活动是帮助新生调整自己的心态，找到合适的自我定位。在这个阶段，新的环境逐渐适应是一个开始，并开始有独立的意见和想法，形成一种独特的个性化生活模式，但模范化的生活在面临挫折和困难时容易出现心理失衡，所以这个阶段主要是针对特定的心理问题进行专门的心理咨询或心理辅导。在毕业阶段，大学生面临竞争的就业环境，容易出现理想与现实之间的心理差距。随着焦虑和不安全的心理问题出现，相应的心理健康教育也应增加就业的知识。

第二节　大学生心理健康教育的目标和作用

一、大学生心理健康教育的目标

（一）让大学生认识心理健康教育

大学生心理健康教育的目标之一是让大学生了解心理健康教育，更好地意识到学习心理健康知识的重要性。通过开展心理健康教育课程，大学将相关知识作为大学生必须掌握的内容，学校的目标是教育大学生掌握心理健康知识，让学生认识到自身成长和发展过程中可能遇到的心理问题和心理障碍。通过心理健康教育，让大学生掌握保持心理健康的方法，如懂得如何有效缓解心理压力，当感到沮丧时，如何让自己快速调整自己的思维。这也是大学心理健康教育的最基本目标。它使大学生逐渐改变他们以前对自己心理健康问题的忽视或误解，重新认识心理健康问题并予以关注，增加他们对心理健康教育的认识，提高大学生心理素质。

（二）矫治少数出现心理问题的大学生

大学生心理健康教育的另一个目标是矫治少数已经存在心理问题的大学生，这是一项艰巨而重要的任务。学校为这些学生的不良心理或行为提供进一步的帮助，使他们能够克服心理或行为障碍，实现恢复心理健康的目标。虽然矫治的目标只是少数学生，但他们是大学生心理健康教育的重点。

（三）预防少数处于亚健康状态的大学生出现心理疾病

心理健康教育的另一个目标是针对少数处于亚健康状态的一些大学生，预防他们出现心理疾病和增进心理健康。这些大学生没有明显的心理疾病，但他们在不同层面都有一定的心理问题。如果这些心理问题不能得到有效的缓解，将成为这些学生完成学习任务和正常校园生活的不利因素，甚至会对大学生的正常学习生活产生严重影响。因此，预防目标也是心理健康教育的关键目标之一。为这些学生提供教育应提高他们的自我意识水平，提高他们调整情绪的能力，增强自我意志磨练，努力改善和优化他们的个性，提高他们适应新环境的能力，提高他们的学习能力和应对挫折、压力的能力，学会建立和谐的人际关系，使这些学生能够顺利应对校园的学习和生活。

（四）开发大学生心理潜能，提高自我意识和社会适应能力

大学生心理健康教育的目标一方面是确保大学生心理健康状况良好，解决少数学生的一般适应性问题。另一方面，从所有大学生的心理发展水平出发，最终目标是发展大学生的心理潜能，以促进大学生认知能力的全面发展。因此，通过心理健康教育使大学生可以更好地运用自己的创造力，更好地适应现代社会生活，并具有一定的创造力。大学生自身心理潜能发展过程的实质是逐步形成更加稳定的、更健康的心理的过程，使大学生主动重视心理成长和内心世界的变化。通过学习塑造自己，大学生形成一个更独立的健全人格，最大化他们的心理潜能。这一发展目标，为大学生未来的心理健康奠定坚实的基础。

二、大学生心理健康教育的作用

大学生心理健康教育作为高等教育的一部分，旨在提高学生的心理素质。同时，它还帮助学生德、智、体、美、劳综合素质全面发展一进思想政治教育目标的实现，提高道德素质和智力素质；为成为健康人才奠定基础，提高智力和身体素质；激发发展潜力，提高整体素质。

（一）促进大学生思想政治教育目标的实现

心理健康教育具有促进大学生思想政治教育目标实现的作用，这种效果主要体现在以下几个方面。

1. 提高心理素质，实现人才培养的教育目标

合格的人才是指符合社会主义现代化标准的大学生；合格人才是培养社会主义建设所需要的人才。在如何提高心理素质、实现人才培养的教育目标方面，主要有两个措施。

（1）提高心理素质，达到提高大学生学习能力和人际交往能力的目的

知识获取和学习能力的提高取决于心理素质的提高。独立人格特征形成、互助合作的人际交往能力增强，以及适当的自我认知状态，有助于提高大学生的独立自主、学习和获取知识的能力。首先，心理健康教育旨在提高大学生的学习能力，使其学会学习，学会独立学习。这是为了减少学习中对他人的依赖，并使学生朝着主观独立性和建设性方向发展。培养大学生的独立学习能力，可以充分调动大学生对知识的独立自我建构，形成独立的材料和文献，独立寻求学习资源。其次，心理健康教育有助于提高大学生的人际交往能力。它不仅能使学生科学地理解人的社会本质，而且能科学地实践人的社会能力。它还有助于与教师和同学建立和谐的人际关系，帮助大学生实现独立而非孤独地学习。在自主学习的过程中，加强学生与教师和同学之间的互动与合作，在互动中实现更多的知识获取和更广泛的知识接收，同时提高学习的积极性。最后，心理健康教育有助于大学生更科学、客观地反思自己。这有助于大学生根据自身情况和状况探索学习目标，调整独立自主学习的速度，客观、积极地评价自己。学习过程有助于大学生以有效和有针对性的方式提高他们的学习水平和能力。

（2）提高心理素质，达到提高大学生社会适应能力和就业能力的目的

就业能力是指大学生在知识学习和综合素质发展中实现就业理想的能力，满足社会需求并在社会生活中实现自身价值的能力。具有较强社会适应能力、较高职业认同感、较丰富的人力资本和社会资本的学生将表现出更加优秀的就业能力。心理健康教育有助于提高大学生的社会适应能力。一方面，它可以帮助大学生提高对不同环境的容忍度。另一方面，它可以帮助大学生形成积极的人格，并积极探索不确定和模糊的场景，促进大学生在新的环境中保持相对自由，同时更容易识别和把握机会，积极应对就业中出现的各种现实和心理问题。

2. 心理健康教育促进大学生正确对待情感和增强理性

心理健康教育有助于大学生正确对待职业选择和职业发展的情感、兴趣、动机，科学认知和坚持自己的职业动机、生命意义和个人价值，帮助大学生在新的专业环境中减少职业轨迹的外部定位，甚至在众多的专业环境中能够独立地代表自己的个人价值、动机和专业兴趣。同时，心理健康教育有助于大学生获得人力资本和社会资本的收获能力。一方

面，通过塑造大学生的独立人格特征，互助与合作的人际交往能力，以及适当的自我认知状态，帮助大学生自主学习，建立与职业相关的知识和技能，提高个人职业发展的人力资本。另一方面，通过提高人际交往能力和技能，提高他们的就业能力，形成正式或非正式的职业关系网络，为职业选择和发展提供重要的信息和资源。

可靠的接班人是指培养在道德、智慧和能力上完全发展其前辈职业要求上的人才。可靠的继承者有两个含义：一是思想素质高，政治信仰坚定；二是具有较高的知识能力，是人群中的先进代表。因此，促进社会发展，实现可靠人才发展的教育目标体现在以下两个方面。

第一，从思想素质和政治信仰的角度出发，培养大学生对实现社会主义现代化的全面认识，引领社会主义宏伟目标实现的心理认同和情感融合。心理健康教育可以为提高思想政治素质提供两个重要力量。一方面，它为学生对形成意识形态品质和政治信仰的合理性的理解提供了基础。大学生在学习过程中对社会的理解是一个过程。在这个过程中，首先是国家和社会发展的感觉。通过经验积累，它发展成为感性信息保存在大学生的头脑中。一系列的心理活动帮助大学生形成客观和感性的社会发展认知，以及心理健康教育赋予的丰富心理材料，促进心理思维从感性到理性。从自我发展的自我认同和其他心理需求的角度，帮助大学生与国家、社会紧密联系，形成一种思想政治观念，以及对社会、国家的情感和理性观，从而实现对社会主义的建设、自然及法律的科学理解。另一方面，心理健康教育帮助大学生了解自己，发现自身最大的身心潜能，学习和锻炼克服困难、经受考验、经受挫折的能力，提升心理素质；培养和拓展人际关系，适应社会发展且自尊、自爱、自律、自立的心理素质；引导大学生走出狭隘、封闭、自我的精神状态，促进其精神世界的完善与发展。

第二，从知识能力和素质的发展来看，心理健康教育为提高知识素质的目标奠定了必要的心理基础。任何知识和能力的发展都不是一个简单的理解过程。获取知识离不开大学生的需求、动机、兴趣、态度和其他人格心理素质的参与。心理健康教育帮助大学生结合个人发展的需要，了解自我发展与知识能力获取动机之间的密切关系。同时，它对个人知识获取能力的进步及保持积极的态度，并为不断追求文化素质和个人能力提高提供不懈的动力。它不仅在个人对外部世界的知识和文化认同中有一定的积极作用，同时也为个体心理素质提高奠定了基础。

（二）奠定大学生健康成才的基础

大学生处于身心发展的重要阶段。心理健康教育为其成长和成功奠定了重要基础，指导他们的发展，形成自己的价值观。

1. 为培养世界观、生命观和价值观奠定思想基础

建立和稳定世界观、人生观和价值观需要基于世界、人类、本身的理性知识。没有客观理性的认知能力和思想基础，世界观的形成和稳定就是一句空话。这一方面的心理健康教育从以下两点为理解人生观和价值观提供了心理基础：一是心理健康教育有助于大学生正确认识和处理个人与社会、权利和义务、个人理想和目标实际情况之间的关系，增强大学生的自我控制能力，并引导学生认识、体验、控制、统一个人态度、价值观念、理想等。在这个过程中，帮助大学生提高自我意识水平，重新找回矛盾中自我意识的统一，找到理想自我与现实自我相结合的矛盾，从而解决大学生的思维成熟和社会经验不足之间的矛盾。自我意识中对理想自我与现实自我之间矛盾的认知状况，是理性认识世界与社会的心理基础。二是心理健康教育促进了儿童心理向成人心理发展的转变，帮助他们逐步放弃儿时对社会的评价标准，强化成人标准的评价取向，增强其社会化角色的确定性。

2. 为人才奠定智力素质的基础

智力素质是指用于实现人的全面发展，实现人生主要目标的智慧，它可以使个人在综合发展的基础上采取相应的行为。心理素质的水平和发展也影响着智力素质的发展。一方面，它为创造智力提供了必要的逻辑思维和推理能力；另一方面，它为智力素质的培养和训练提供了积极的情感保护。

心理健康教育为大学生创造性思维的发展提供了信心、动机和科学的逻辑思维能力。创造性思维是 21 世纪顶尖人才能力和素质的体现，心理健康教育从三个方面为创造性思维能力奠定了基础，实现了顶尖人才的展示。首先，心理健康教育是基于大学生的心理特点，帮助他们处理自我意识中的自我管理、自我激励，在全面了解自己的基础上发现自己的长处，并获得其他人的肯定和支持，以增强自信心，在培养和塑造创造性思维能力中获得自我激励。其次，心理健康教育引导大学生了解自己、征服自己、超越自我，明确培养创造性思维和能力的动机和目的，学会用积极情绪增强创造性思维和能力。最后，心理健康教育从多角度、多层次帮助大学生用辩证思维对待事物和问题，在尊重法律的基础上打破惯性和定向思维，并将心理训练、思维训练或头脑风暴的内容作为其中之一，它是提升大学生创造力的重要力量。

心理健康教育为大学生的智力发展提供积极的情感保护。积极情绪是提高智力质量的基础。它可以帮助人们在智力发展中监控和区分自己和他人的感受和情绪，并利用这些信息来指导他们的思考和行动。心理健康教育可以帮助大学生适应社会环境，增强自尊，减少问题行为和焦虑情绪，以积极的应对方式处理工作和生活中的问题和困难。同时，生命意识教育是在心理健康教育、生活质量改善教育中实现大学生正确面对压力和挫折目标的，具有充分的社会价值感也有助于大学生在各种环境和事件引发的极端情绪状态下保持客观、理性、乐观心态，调节极端情绪，防止行为的偏差。可以看出，心理健康教育为塑造高质量的情商提供了抗压和情绪控制的基本支持。

3. 为塑造健康人格的非智力因素奠定基础

人格是心理特征的整合、统一，是一个相对稳定的结构组织，并影响人在不同时间、不同地域下的隐性和显性心理特征和行为模式。大学生健全的人格包括和谐的人际关系、良好的社会适应能力、乐观的生活态度、良好的情绪控制和创新能力。可以看出，一系列非智力因素，包括建立健康的自我理解、情绪情感的合理表达、形成良好的人格心理素质，已成为塑造健康人格的基本支撑和动力。

①心理健康教育可以提高大学生的情绪和情感控制能力，增强他们在非智力因素中的情感交流能力。通过培养和引导大学生掌握自己的资源，可以合理分析消极情绪产生的原因，调节情绪状态，保持积极乐观。通过培训形成大学生正确自我认知的健康心理状态、积极的情绪状态和良好的人格心理素质，这是塑造健康人格所必需的情感基础。只有在积极健康的情绪状态下，大学生才能以正确的态度看待社会，在社会中担当适当的角色，并充分发挥作用。

②心理健康教育有助于培养大学生良好的心理品质，为健全人格的塑造奠定基础。通过大学生健康心理的培养，为个体心理素质的提高打下良好基础，锻炼大学生意志，弘扬和激发勤奋精神，激发和引导积极健康的生活态度，增强学习和工作的动力，培养良好的生活习惯和强大的社会适应能力。这些非智力因素是个人在现代社会中生存和发展的必要能力，它们可以帮助大学生抵御在现代社会发展中遇到的挫折和压力，实现高效、积极的人际情感交流，形成健全人格。

（三）激励大学生开发潜能的积极性

大学是素质发展的重要时期，这一时期的人具有很大的发展和完善潜力。然而，大多数大学生并没有意识到他们自身存在的巨大潜力，不太了解自身潜能的无限性和可塑性。心理:康教育可以洞察和指导大学生潜能的发挥。一方面，它引导大学生充分了解和理解他们的潜能，并引发发展潜力的动机。另一方面，它创造了一个健康的人格，并创造了积极发展潜力的心理状态。全面系统地介绍和培训潜力，可以刺激其发展。因此，心理健康教育不仅可以帮助大学生解决自身发展中不可避免的客观问题，而且可以指导和激发大学生更多更深层次的发展动力，即激发大学生开发潜能的兴趣和动机。

1. 心理健康教育促使大学生潜在发展的精神需求特别满足

心理健康教育将大学生的潜能开发从被动转变为主动，促使大学生成为他们潜能的主人。在心理健康教育的直觉和感性实践中，引导学生动脑，掌握自身的兴趣和心理特征，探索个体潜能，开发奥秘，并将涉及个人利益的实际问题与生活尽可能结合起来。潜在的发展和兴趣的强大力量带动学生，让学生接近并感受潜在发展的可行性和可靠性，并"积极唤起他们的怀疑"，调动大学生的注意力和发展他们潜力的积极性。

2. 心理健康教育使大学生对发挥潜能的可能性和方法充满信心

基于心理学、教育学的研究成果，我们安排科学合理的潜能开发培训，利用学生的潜在发展经验和效果，展现潜力及其巨大价值，从而激发大学生的发展潜力。可以说，心理健康教育综合系统地介绍和培养潜力，不再局限于解决大学生成长过程中遇到的基本质量问题，而是激发了发展潜能，提升他们促进自我发展的兴趣。

3. 塑造健康人格，营造积极的心理发展潜力

积极的心理状态是发展潜力的重要影响因素，它有助于激发潜能。它促使学生以积极乐观的心态适应社会环境，以客观和现实的态度处理个人需求与现实之间的关系。这种关系可以创造有利于发展潜力的生理和心理环境，最终实现高发展潜力。

心理健康教育致力于塑造健康人格，健康人格有助于克服身心困难，让生活充满乐趣，正确认识自身人格的不足和优势，正确对待发展潜力的全过程，保持积极向上的心理状态。首先，心理健康教育关注大学生人格发展的个体差异，引导大学生探索和发展其固有的人格特征，促进每个学生找到自己的个性和特长。引导大学生在自己的人格特征方向发展潜能，努力实现潜在发展的效果。其次，潜力的发展需要由高度积极的精神力量和内在动力驱动。这是一项创造性活动，也是一项非常艰难的探索过程。塑造健康人格的心理健康教育是承受各种困难的基础。几个月、几年的潜在发展过程无法后退，健康的个性有助于大学生在这个过程中抵御挫折，忍受寂寞。在潜在发展的过程中，心理健康教育可以让大学生打开眼界，认识自己，建立自信心，保持乐观积极的心理健康状态，并始终在展示潜力方面发挥推动作用。因此，塑造健康人格的心理健康教育不仅要实现自己的教育目标，还要为发展潜能创造积极的心理状态。

第三节　大学生心理健康教育的可行性和重要性

一、大学生心理健康教育的可行性

培养全面发展的高素质人才是时代赋予高等学校的历史重任，其核心是加强大学生的素质教育，培养社会主义合格建设者和可靠接班人。从培养什么人才、如何培养人才的视角着手，我们不难发现，大学生心理健康教育是目前高等学校面临的迫切而艰巨的历史任务，是高等教育目标实现的关键。

（一）培养社会主义合格建设者和可靠接班人的迫切要求

培养社会主义合格建设者和可靠接班人，要求当代大学生既要有崇高的共产主义理想，坚定的政治信仰和良好的道德素养，还必须具备建设社会主义强国的本领。当前，我国的改革开放正进入攻坚阶段，经济建设进入调整结构的转型期，急需大批政治素质高、思想观念新、掌握现代科学技术知识的建设者和接班人。在这样的背景下，培养社会主义合格建设者和可靠接班人就显得更加紧迫。

1. 心理健康教育是提高大学生政治素质的必要途径

政治素质是社会成员对国家公共权利及其行使过程的态度取向和相关参与能力，具有较高的政治素质是大学生在未来发展中为社会和国家作出贡献的政治保证。心理健康教育从以下两个方面为提高政治素质提供了必要条件。

①积极有效地帮助大学生协调和平衡成长过程中的心理发展矛盾，增强独立的政治意识。例如，刚进入学校的新生必须经历他们对父母的依赖与独立之间的矛盾。在心理健康教育的介入和指导下，使学生认识到他们原有的心理状态和思想认识不再适合新的环境，依赖心理和自我中心的思想状况不被当前环境所接受，从而激励大学生找到改变现状的途径，以客观和理性的方式认识自己，表达自己的思想和政治诉求。

②心理健康教育引导大学生实现政治社会化。大学生政治社会化是个体大学生和社会政治群体的政治价值取向、政治态度、政治和情感互动，学习政治知识、行使政治能力、培养政治素质的过程。政治共同体也是一个文化共同体，更是一个群体心理学共同体。大学生对党的发展和中华民族的发展有了更广泛的认识和影响，并与社会政治制度紧密结合，获得更广泛的社会理解、认同和支持。因此，大学生在心理健康教育课中获得的政治

意识形态和国家发展战略的情感认识，将在很大程度上决定国家政治、社会的稳定和发展。从目前的情况来看，随着全球化进程的加快和中国改革开放的深入，各种思想都在侵蚀着我们年轻的大学生，大学生对我国政治的认知存在很多困惑和误解。心理健康教育应该帮助大学生在认知和情感上认识到现行政治制度的合法性，并产生对参与政治生活的渴望。这样，未来的大学生才可能成为社会主义政治文化的继承者和创新者。

2. 心理健康教育是培养创新思想的必要措施

创新思想和观念并没有完全颠覆已有的思想观念，而是体现在以下两个方面：一是解决旧观念中的问题，提高思想品质；二是发展积极价值观，践行核心价值观。

①心理健康教育通过有效引导和解决心理问题，解决与心理问题交织在一起的思想问题。大学生成长和发展中的思想问题往往与心理问题交织在一起，心理健康教育可以帮助大学生在心理辅导和教育过程中实现社会主义认同。有道德、有文化、有纪律的公民道德素养为提高大学生的思想道德素质指明了方向。可见，心理健康教育已成为大学生思想道德建设和素质不断提高的检验标准。它不仅有助于大学生健康心理素质的形成和发展，更重要的是，它可以为提高大学生思想道德素质奠定基础。心理发展的基础为解决思想矛盾和问题提供了必要的准备，为社会主义合格建设者的培养提供了强有力的思想道德素质保障。

②心理健康教育通过培养积极健康的心理素质，为大学生社会主义核心价值观教育提供健康、向上的情绪和情感动力，使他们以正确的态度面对社会发展的挫折，以坚定的社会主义核心价值观和稳定积极健康的情感动力面对社会矛盾。心理健康教育有助于大学生以乐观积极的心理状态应对各种失败和挫折，形成更好的情绪调节能力。这样的心理健康状态之下大学生能够更加正面地理解、认可和接受社会主义核心价值观的内涵，不以少数社会不良现象以偏概全，不以少数糟粕思想全面否定传统文化的精髓，不以少量个人利益的牺牲否认社会价值的存在，客观合理地面对国家、社会、公民的价值，用正面的力量指导自己的言行。这是以心理健康为标准来评估他们是否具有坚定的社会主义核心价值观，以及通过心理健康教育培养社会主义核心价值观的重要意义，也是心理健康教育促进社会主义核心价值观培养的必要措施。

3. 心理健康教育是培养大学生掌握现代科技知识的必要手段

21 世纪要求大学生结合创新思维和社会实践，勤于学习，善于思考、激发好奇心和求知欲，在打好知识基础的前提下，提高创新思维能力。

①心理健康教育为大学生充分掌握现代科技知识提供了创新的精神动力。创新先进科

技知识的好奇心和动力源于对个人发展和自我实现的高度追求，追求全面发展和自我实现是健康人格的基本体现。换句话说，人们对现代科学技术知识的追求是他们自我实现和全面发展需要被激发的特征，是他们发挥自身能力的最佳状态。因此，心理健康教育通过激发大学生自我实现和全面发展的需要，为培养不懈追求现代科技知识的精神提供了支撑性环境。

②心理健康教育创造了坚毅的个性和心理品质，提升了获取现代科技知识的能力。充分的好奇心和创新精神只是具有展示才华的内在品质，能否产生社会价值和个人价值需要实践能力。它可以将掌握现代科技知识的潜力转化为社会效益，从而实现社会发展进步。心理健康教育为从业者培养了乐观进取的个性品质，为实践的实施提供了充分的动机和理性的情感调节，并提供了在实践遇到挫折时克服困难的意志品质；帮助大学生充分了解自己在现代科技知识的实践和学习活动中的变化和发展，承受住困难和磨难的心理压力，平息狂暴或激动的情绪，坚决投入实践，从而实现现代科技能力不断提高。

（二）大学生心理健康教育是提高育人质量的保证

培养人才是大学的基本职能，提高大学教育质量意味着通过新的努力来满足新的需求，创造新的价值，有必要明确质量改进的目标和途径。加强大学生心理健康教育，全面实施科教兴国战略和人才强国战略。一方面，它着重于塑造大学生的身心健康，满足提高大学教育质量的基本要求；另一方面，提高大学生的心理素质，应是改善大学教育质量的基本途径。

1. 塑造身心健康是提高教育质量的基本要求

提高教育质量的目的是培育有理想、有道德、有文化、有纪律的健康人才。可以看出，随着社会经济的发展和社会竞争的日益激烈，培养社会主义合格的建设者和身心健康的可靠接班人已成为高等教育的根本目标。身心健康是学生获取知识和技能的基础，也是学生全面发展智力的基础。品格、能力、创新精神的塑造也必须通过身心健康的支持来实现。一方面，心理健康教育已经成为整个大学生活中不断的需求，并已成为确保大学学习和生活质量的必要条件。心理健康教育从大学生心理发展问题入手，帮助大学生解决身心健康问题，为大学生不同阶段、不同时期的综合发展提供健康的身心保障。例如，帮助低年级大学生解决心理断奶期的困惑和问题，帮助高年级学生充分了解生理成熟和心理成熟的发展，然后稳步向独立和成人意识发展，促进人格发展的稳定性，并提升情绪认知、意志和其他方面的成长和进步，增加挫折感和压力承受能力。另一方面，它还旨在提高特殊群体大学生的心理素质，确保每个学生的教育质量。例如，一些独生子女受到家庭和特定生活环境的客观影响，他们很容易陷入心理不健康的状态。一旦他们的自尊和自我实现要求得不到满足，他们就会有情绪波动，轻者悲伤、颓废，重者离家出走，甚至毁了自己，这一特定群体的大学生的教育质量从根本上反映在心理和行为的社会化，以及健康人格和心理素质的提高上。心理健康教育通过营造积极健康的乐观心理氛围，提高思想认识，采用科学训练方法，探索自律，促进身心健康。了解他人，了解社会，以显示社会、他人与自身危机的密切关系，通过心理咨询和同伴咨询，以解决心理危机，拯救生命，促进身心健康发展。因此，保证每个大学生的生命价值和身心健康，也是提高教育质量的保证。

2. 心理健康教育是实现教育人才素质内涵发展的基础

育人质量的提升要朝着内涵式方向发展，必然要提炼校本精神，注重大学生的可持续发展，创新课堂教学，提高教师素质。心理健康教育为大学生可持续发展提供健康、个性化的心理素质，为课堂教学提供新颖的学术辅导，引导师资队伍素质全面发展。

①心理健康教育营造积极健康的心理氛围，培育健康向上的心理素质。在大学生成长过程中，心理健康教育不仅使其心理认知过程合理化，而且使学生乐于学习和接受新知识，努力实现学生在成长过程中探寻与世界接触的最佳途径。在校园内营造一种倡导健康人格、追求个性心理素质和社会发展的校园精神和文化氛围，充分整合大学生自身发展与价值实现，以及对校园精神的追求，充分调动内在需求和动力。

②心理健康教育指导教师的教学和素质提升朝着生活化方向发展。一方面，心理健康教育正在创新教学方法。基于教育学、心理学和思想政治教育咨询、咨询和教学方法等最新研究，指导教师在生活化方向上创新教学模式和方法。例如，心理健康教育学辅导、角色扮演、沙盘游戏等，直指人类的思维和成长，让学生体会社会人际氛围，让学习知识并得以成长，专注对每个学生的心理感知实践全面发展。另一方面，心理健康教育作为全体教师的义务，肩负着引导大学生在日常生活中健康成长的责任，从而促进和引导全体教师提高心理素质和心理教育能力。每位教师都必须具备塑造积极和强大心理素质的能力，提高人文关怀和心理咨询的质量和能力，引导教师的素质全面发展。

（三）大学生心理健康教育是促进其自身发展的内在需要

在新时代，大学生应具有鲜明的个性特征和广阔的视野。他们强烈希望发展自己的能力和素质。在如同小社会这样的大学校园里，出色的表现是他们渴望发展和实现社会需求、尊重需求和自我需要。因此，大学生对心理健康教育有着强烈的内在需求。他们必须从心理健康教育课堂和实践活动中获得学习和生活的目标，激发从心理健康教育到心理素质全面发展的动力。

1. 实现在大学阶段成长的目标需要进行心理健康教育

年轻人进入大学最重要的是满足学习科学、文化知识的需要，提高他们的专业水平。同时，实现社会转型也是大学生的一项重要内部需求。大学是社会集中学习的最后阶段，大学生必须在此阶段完成社会人的能力和心理素质的转变。因此，他们必须认识到心理健康教育中专业学习和社会生活的内在需求，促进自身发展。

①从专业学习的发展需要来看，心理健康教育提供了积极和良好的学习动机。心理健康教育引导和激发大学生的积极性，通过寻找知识来探索真理，使学习活动在一定的方向上继续。同时，心理健康教育以健康的学习动机帮助大学生面对学习生活，保持生活的好奇心，探索学习中的各种问题，促进大学生学习目标的实现，满足他们获得专业知识和能力发展的内在需求。

②从实现社会生活发展需要的角度出发，心理健康教育为适应社会人际环境、塑造社会认同的心理素质提供了必要的帮助。人际交往是社会生活中非常重要的一个方面。它反映了大学生在社会的爱和归属方面的发展，包括被爱和爱他人，结交朋友，保持和谐的人际关系，被团体接受，有归属感等。这是大学生进入一个陌生的校园环境后的一个紧迫的发展需要。它还能够促使学生适应不熟悉的环境，建立适合自身发展的人际环境。这是大学阶段最紧迫、最重要的人生目标。正如大学生所期望的那样，心理健康教育可以帮助学生了解他们的人际关系，鼓励他们反思朋友和朋友的素质，帮助他们建立适当的友谊，为获得良好的社会友谊奠定基础。同时，要培养大学生与他人互动所必需的心理素质，提高他们学会解决冲突的策略，正确处理和应对各种人际关系，最终促进大学生社会生活目标的实现，以满足其逐步社会化的内部发展需求。

2. 激发全面发展的持久动力需要进行心理健康教育

综合发展是大学生学习和成长的终极目标，也是大学生最长久最核心的内在需求。全面发展和自我实现是人类的最高发展目标。它们是社会中人类最高价值的体现，最和谐、最完美的状态是每个人的生活追求。心理健康教育主要从两个方面促进大学生持续全面发展。一方面，心理健康教育帮助大学生尝试了解自己，发掘潜能，发现身心发生变化和成长带来的能力，帮助大学生充分体验全面发展的快乐。另一方面，心理健康教育显示了大学生的全面发展和自我实现。这就像是一次"巅峰体验"，让人感到兴奋，吸引了大学生的兴趣，不断投入到自身可持续发展的进程中。总之，心理健康教育是为了满足大学生追求全面发展的内在需求，有效地帮助大学生在个人心理素质方面保持全面发展，为大学生全面发展提供必要的精神动力支持。

二、大学生心理健康教育的重要性

现代社会把心理素质作为人才和大学教育评价的重要标准。因此，心理健康教育不仅成为思想政治教育的重要课题，也是提高大学生心理素质的必要条件。

（一）大学生心理健康教育是大学思想政治教育的重要任务

大学生心理健康教育作为大学思想政治教育的重要任务体现在两个方面：一是承担大学思想政治教育工作，成为大学思想政治教育工作的重要环节。二是承担大学思想政治。教育责任，促进大学生思想政治素质的提高。

1. 开展大学生心理健康教育是完成大学思想政治教育工作的重要内容

大学生心理健康教育在理论和实践上积极为大学思想政治教育服务，已成为教育人才的重要环节。

①心理健康教育必须服务于思想政治教育。人类发展的最高形式是"以个人全面发展为基础的自由人格与社会共同生产能力作为社会财富的结合"。思想政治教育旨在培养人才的全面发展，也一样要注意人格的发展。一方面，思想的发展离不开心理的成熟、兴趣和爱好、气质和性情、积极的活动等，它们为健全生理、心理基础的形成和稳定提供了客观和理性的认识。心理健康通过培养和发展认知、情绪、气质和其他方面综合素质，实现思想政治教育全员生活指导心理成熟的基本准备。另一方面，心理健康教育塑造了大学生独特的个性品质和健全人格，凸显了社会主义社会规范行为和健全人格在育人中的重要作用，符合思想政治教育的突出理想和观念。心理健康教育也侧重于塑造合格的建设者可靠接班人，而不是那些具有杰出技能的缺乏个性的人。

②心理健康教育已成为推动大学生思想政治工作，协助教育工作者开展思想政治工作的有效途径。《关于进一步加强和改进大学生思想政治教育的意见》充分肯定大学生心理健康教育是新形势下扩展大学生思想政治教育的有效途径。爱国主义与民族精神教育在实践中逐步显示出丰富的内涵和功能，用心理健康教育解决学生思想问题的根源，已成为完成思想政治教育任务的重要途径。《学院辅导员的专业能力标准》还将心理健康教育相关

知识和技能纳入辅导员开展思想政治教育的基本能力，成为支持思想政治教育的必要专业基础理论、知识和方法。可以看出，心理健康教育在思想政治教育中的重要性得到一致肯定。

2. 心理健康教育承担着促进大学生思想政治素质提高的重要任务

如今，大学生的思想问题不再是一个简单的政治和道德问题，它经常与心理问题交织在一起，甚至是心理问题的主要表现。因此，心理健康教育已成为思想政治问题的突破口，也是道德问题的切入点，承担着促进大学生思想政治素质提高的重要任务。

①心理健康教育肩负大学生思想政治素质内化和外化的任务。思想政治素质是一种相对稳定的心理特征、思想倾向和政治行为习惯，在形成和促进时有两个内化和外化的过程。大学生思想政治素质的内化过程是社会发展和政治思想的选择、分化、融合、适应过程，包括感觉和认知、分析和理解、选择和接受等阶段。这些阶段也对应于大学生的心理过程、心理健康支持和心理健康教育。同样，大学生思想政治素质的外化也是将已形成的思想政治信仰转化为其思想政治行为，包括行为动机、行为选择、行为实施、行为习惯等阶段。这个过程也需要在大学生健康心理活动的情形下实现。它受大学生心理健康状况的制约，从而也受大学生心理健康教育的制约。这表明大学生心理健康教育制约着思想政治素质的提高。前者的发展和进步对于促进大学生思想政治素质的提高具有重要意义。例如，心理健康教育消除了大学生反社会人格障碍的心理问题，也有助于消除以自我为中心的自私和冷漠的思想和行为特征，防止大学生表现出思想政治素质和与社会主义建设相矛盾的行为。

②心理健康教育肩负稳固思想政治素质的任务。没有心理健康教育的支持，大学生心理的迷茫和困惑将加速思想政治素质的下降，动摇思想和信仰的基础。社会关系不适等心理价值会影响大学生对自身和社会的科学认识，然后表现出理想的淡化、信仰被动摇、社会道德和责任感缺失、价值取向倾向于功利主义和其他思想道德方面问题。这些问题也必然会动摇大学生的思想政治素质和行为表现。例如，靠近党组织作为实现个人利益的手段也将导致对党的功利性理解。同时，大学生在生活发展中也面临许多实际困难，这些困难造成的心理影响，如果缺乏科学的指导和教育，也会积累不良的情绪和心理问题，导致他们的思想道德素质下降。因此，心理健康教育有助于大学生确认自我价值，为实现大学生思想政治素质的稳定提供必要的支持。

（二）大学生心理健康教育是提高心理素质的要求

心理素质是中国素质教育中提出的本土化概念。基于个体的生理条件和现有的知识和经验，它将外部获得的刺激内化为稳定的、基本的、衍生的并与个体的适应和创造行为密切相关的心理品质。提高心理素质是大学生心理健康教育的主要目标，需要长期的系统和专业教育来引导，大学生的心理健康教育应运而生。

1. 心理素质的科学体系的培养需要提高大学生心理健康教育的地位

大学生的基本素质包括身体素质、科学文化素质、思想道德素质与心理素质。相对而言，传统教育更注重前三个素质，心理素质的培养一直被忽视。事实上，心理素质与前三个素质有许多相似之处，它是人才培养的基本素质之一，是青年发展中大学生素质的系统展示。在不同的青年时期，大学生的心理发展将经历不同的过程，例如青少年早期对友谊的极度渴望、对家庭的依赖，在青年中期对亲密人际关系的需要，以及所追求社会角色的成功转型等。不同时期心理发展的成熟与心理素质的提高自然有关，这一系列不同阶段的不同心理发展和心理素质的提高并不是一种方法可以实现，这需要在科学、专业、系统的教育指导中有效实施。这就要求要对大学生心理健康教育充分重视，提高大学生心理健康教育的地位。

在实践中，大学生心理素质的科学系统培训确实在提高大学生心理健康教育现状方面取得了一定的进展。改革开放初期大学生心理健康教育处于自发组织、自发行动的状态，它的科学地位刚刚得到认可。大学没有一般的心理健康教育课程，只是通过哲学和社会科学课程和社会实践活动，才会有一些零星的教学和培训来提高心理素质。但是，这种教学和活动缺乏高度的科学性和系统性，不利于提高大学生的心理素质。如今大学生心理健康教育得到党和政府的大力支持，教育教学和活动的现状得到了充分肯定，大学生心理素质的培养进入了科学体系的发展阶段。特别是《关于进一步加强和改进大学生心理健康教育》等系列文件的相继出台，各大学都将心理健康教育纳入人才培养工程，提升了教育质量，继承了民族文化的进步，探索了大学生最大的身心潜能，注重培养自尊、自爱、自律、自我提升等良好的心理素质，提升大学生克服困难的心理素质。

2. 提高大学生心理素质需要提高心理健康教育质量

大学生心理素质的提高应以科学的标准和机制为基础，走向规范化、科学化。只有这样，大学生心理素质的提高才能从经验升级到理论，再从理论升级到科学，最后从科学升格到模式和制度。这对于认真学习和把握心理健康教育规律、提高心理健康教育水平、完善心理健康教育机制和制度、确保其质量快速提高至关重要，心理健康素质的提高最终要求大学生心理健康教育向高质量的方向发展。在改革开放以来的实践中，大学生心理素质因心理健康教育的推行确实发生了变化，但仍然需要并不断提高心理健康教育的质量。心理健康教育为学生的心理发展提供心理辅导和援助，在学生能以社会进步的方向审视自己，以民族文化认同的情感回归社会，看待生活，让大学生在社会发展方面表现出心理上的改善。大多数人在激烈的学习和社交竞争中表现出强硬的品格，并能充分展示自己的才华。他们不仅顺利毕业，而且还赢得了适合自身发展的职业和工作，有的还积极参与国际竞争，出国留学并在跨国公司工作。心理健康教育质量提高的直接效果是大学生心理素质的提高。

（三）大学生心理健康教育是营造集体心理的必备条件

集体心理是指集体成员在参与集体活动过程中形成的整体心理氛围。集体心理是集体的一个重要特征。集体心理包括集体需求、利益、意见、情绪、信念、动机、传统等，其中最重要的是集体利益和集体情感。大学生心理健康教育是建立集体心理的必要条件。

1. 为集体心理的发展奠定心理素质和归因价值的基础

高质量的心理素质是集体心理发展的前提。集体心理的发展需要健康积极的心理素质，尤其是集体合作意识和集体压力管理的心理素质，以使大学生在意识和认知层面上具有集体意识，尽最大努力争取集体目标。心理健康教育在培养和塑造健康积极的集体心理中起着不可替代的作用。一方面，心理健康教育有助于培养大学生积极向上、对他人友好、合作竞争、自信独立等集体心理素质，让大学生在感性和理性上获得集体心理意识。另一方面，各种心理健康教育方法也为大学生创造了提高集体心理素质的环境。大多数心理健康教育课程和活动都是在集体范围下进行的，不仅有标准化、系统化的团体心理咨询模式，而且还以集体团队辅导和教育的形式整合学生的心理发展问题。许多培训任务专门针对集体心理素质培训，如团队中人们之间相互信任的培训、分享个人经验和集体培训中的美好时刻、如何在集体培训中正确表达思想观点。这些任务的开发使学生能够以积极、健康的态度参与集体活动、协调集体关系、维护集体利益。因此，心理健康教育具有一套集体心理发展的心理素质训练模式和训练方法，已成为大学生集体心理发展的有力保障。归因价值是集体心理发展的基础。心理健康教育为培养大学生集体归属的集体价值奠定了基础，创造了集体所必须拥有的集体归属感。培养大学生的集体归属感是为集体心理的发展奠定基础。大学生心理健康教育通过课程、活动，搭建人与人之间的言语和非言语交流的桥梁，增强情感交流，分享经验和教训。随着人际交往与情感活动的频繁接触，大学生逐渐从自我中心转向主动融合。在这个过程中，他们尊重个体差异，建立诚实和互信，从而改善集体人际关系，最大化个人价值和集体价值，并融入集体与个人共同成长的情感状态。

2. 创造必要的心理调节能力，调和集体价值观的冲突

集体的存在有其独特的关系模式、情绪需求、标准规范、价值取向，集体中的每个成员也具有不同特征的表达方式、情绪需求、价值标准、目标方向。因此，个人与集体之间、集体与集体之间、个人与个人之间的差异使得价值冲突与矛盾不可避免地发生在集体中。如何解决集体矛盾，如何处理与集体其他成员的关系，如何调整集体价值与个人价值之间的矛盾，如何在集体矛盾等中找到自己的定位和价值，是否能在集体中长期发挥自身价值并得到集体的肯定。要解决以上问题就要求大学生具有一定的集体冲突调节能力，解决集体矛盾的能力，以及在集体中调节个人心理状态的能力。心理健康教育中的自我意识、个人成长、情绪调整、人际关系、学习能力和专业素养等主题都将渗透和整合个体价值与集体价值之间的关系，通过实现集体价值来实现个人价值。同时，在教育活动、群体辅导、扩展训练等方面，大学生还可以亲身体验群体中的人际交往、心理共享、个人幸福和集体幸福。一方面，通过了解个体与集体价值矛盾的形成过程，科学地理解冲突的存在和解决意识中的矛盾，与集体学习更多的共识，从而解决冲突，实现集体价值观的心理调和意义。另一方面，通过指导自我发展和社会人际关系的协调，我们在情感和行为中客观地将学习、表达和沟通等技巧表现在集体价值矛盾中。可接受的情绪和行为，是对调解和解决集体价值冲突的最大肯定。可以看出，心理健康教育为调节情绪与行为冲突的心理调节能力奠定了基础。

第四节　大学生心理健康教育课程

伴随着经济的快速发展、科技的进步和生活节奏的加快，人们普遍承受着比以往大得多的压力。同时，社会对人才的素质提出越来越高的要求，特别是青少年学生的身心健康发展关系到社会今后的发展。因此，心理健康教育课程已成为大学生心理健康教育的中心途径之一，如图所示为学校心理健康教育的实施途径。

从图中我们可以了解到，学校心理健康教育的中心途径主要有两类：开设专门的心理健康教育课程，开展个别心理咨询与辅导。其中，开设专门的心理健康教育课程，即把心理健康教育课程纳入学校的教学计划，做到定时、定点、定员，以保证心理健康教育课程

的实施。学校心理健康教育课程的主要形式有必修课、选修课、活动课或专题讲座。

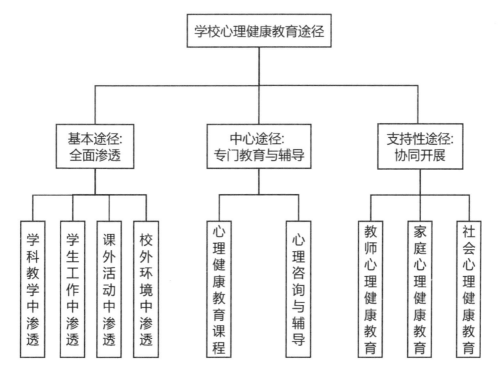

图 学校心理健康教育的实施途径

一、开设心理健康教育课程的必要性

从理论与实践层面看，开设心理健康教育课程有以下几个充分的理由。

（一）符合现代课程改革的方向

开设专门的心理健康教育课程符合我国正在实施的基础教育课程改革的要求。目前我国的基础教育课程改革除了强调有利于提高学生的全面素质、有利于促进学生的健康发展、尊重学生的主体地位等基本思想外，还强调要优化课程结构，加强活动课程，增设综合课程和选修课程，拓宽教育内容，加强思想品德教育、心理健康教育和人文教育等。心理健康教育课是一门学生本位的课程，最能体现现代教育理论所要求的"主体教育观"和"个性教育观"，同时，它既是一门活动课（至少应以活动课为主），又是一门综合课；既可以是必修的，也可以是选修的。因此，开设专门的心理健康教育课程不仅符合我国基础教育课程改革的要求，也是优化基础教育课程的必然选择之一。

（二） 有利于促进学生心理的健康成长

心理健康教育课程对学生心理健康成长的促进作用无疑是多方面的。一方面，心理健康教育课程能帮助学生形成正确的心理观念。观念是行为的先导，心理健康教育课通过有关心理健康重要性及自我观念的教育，增强学生心理健康的自我意识。另一方面，心理健康教育课能发展学生多方面的能力。心理健康教育课应采取多种方法开发、提高学生的潜能，如通过训练使学生的观察力、注意力、记忆力、思维力、想象力、存在力、适应力和承受力等都得到发展。特别是心理健康教育课以学生主体性活动为主，主张通过调动学生自身的教育资源以提升学生的心理健康水平。

二、心理健康教育课程的特征

心理健康教育课程具有以下特征。

（一） 教学对象的全体性

建立在团体动力学基础之上的心理健康教育活动课程，是以集体（班级或小组）教学为基本组织形式，以全体学生心理素质提高和心理机能发展为基本立足点和最终目标的。在教学内容的设计上，心理健康教育活动课必须以绝大多数学生的共同需要和共性问题为出发点，课程所要解决的是全体学生的发展任务和普遍存在的问题。

心理健康教育活动课虽然也要针对学生的个别差异、解决学生的个别问题，但这并不是课程的主要目标和任务，这也是心理健康教育活动课区别于个别心理咨询的主要特征之一。失去教学对象的全体性，心理健康教育活动课程就没有存在的理由。因此，心理健康教育课程的计划、目标、内容、设施和组织活动均应着眼于全体学生的发展。

（二） 教学方法的自主性

教学方法的自主性是心理健康教育课程区别于传统学科课程教学的主要特征之一。传统学科课程采取的是传授——接受式的教学模式，学生没有学习的主动权；而心理健康教育课程强调学生的主体地位，强调以学生为中心、以学生的学为中心、以全体学生的参与活动为中心。因此，心理健康教育课程在学习目标、学习内容、学习方式的设计与选择上都要以学生为出发点，都要以学生的实际心理需求为依据。在心理健康教育课程的整个教学过程中，学生在教师引导下始终处于主体地位，从而敞开自己的心扉，在师生之间和生生之间的他助、互助活动中实现学生心理自助的目的。

（三）教学过程的活动性

教学过程的活动性是心理健康教育课程的"灵魂"。心理健康教育课程的整个教学模式不只是知识教学的课堂模式，而且还是"构建性"的文本模式。文本模式也称活动模式，是一种注重自主生成、构建的教学活动。因此，从心理健康教育课程的教学过程看，它是以具有灵活性、多样性、开放性的"活动"为轴心并由师生一起活动的过程。可见，在心理健康教育课程中，活动无疑贯穿教学过程的始终。

（四）教学目的的发展性

教学目的的发展性是心理健康教育课程区别于心理咨询的主要特征之一。学校心理咨询的主要服务对象是少数甚至个别有心理困扰乃至有轻、中度心理问题的学生，其工作目标大多是补救性的，虽然也强调发展性咨询心理健康教育课程的服务对象是绝大多数正常的学生，其教学目标是预防性和发展性的。换言之，心理健康教育课程既要帮助学生解决成长过程中遇到的各种发展性问题，又要充分开发学生的潜能，促进全体学生的心理在原有基础上得到可持续的、全面的健康发展。

三、心理健康教育课程的内容

心理健康教育课程从以下三个角度来设定，既注重内容的全面性，又考虑到形式的新颖、有效性。

①从普通心理学的角度来看，心理健康教育课程的内容分为智力因素和非智力因素两部分：观察力（感觉、知觉），记忆力，注意力，想象力和创造力等的了解与培养发展；情绪，意志力，人格（能力、性格、气质），人际关系，自我探索，恋爱心理等的了解与发展。

②从心理健康教育的角度来看，心理健康教育课程的内容可以将心理学的有关知识与心理健康联系在一起来学习，即包括学习与心理健康，情绪与心理健康，人格发展与心理健康，恋爱与心理健康等。

③从课堂教学形式的角度来看，心理健康教育课程的内容可以分为理论学习和班级团体心理辅导活动课。

第二章 大学生自我意识与心理适应

第一节 大学生的自我意识及其特点

一、自我意识的概述

大学阶段是一个人逐渐走向成熟的重要时期，同时也是自我意识的重要发展时期。大学生的自我意识发展对其世界观、人生观、价值观的确立也具有重要意义。大学生自我意识发展过程中有很多矛盾冲突，要特别的注重内心的活动状态并及时调整一些不良状况，掌握一些调适策略，使自我意识朝着正确的方向发展。

（一）自我意识的概念

1. 自我意识的界定

自我意识或自我概念，主要是指个体对自己存在状态的认知，是个体对其社会角色进行自我评价的结果。在我们的经验中，觉察到自己的一切区别于周围其他的物与其他的人，也就是自我意识。

具体来说，自我意识包括对自己三个方面的认识：生理状况（如身体状况和外貌特征），心理特征（如性格、兴趣、能力、行为习惯等），以及人际关系状况（如自己与他人、与社会关系、自己的社会地位等）。自我意识包括本质的自我与自己的外表和行为的区别，我们以此确定自己，并在生活经历、反省体验和与他人的交往中加深对自己的了解。

对于任何青年人来说，自我意识的发展都非常重要，在这一年龄能够比较正确而客观地回答"我是谁"的问题，才可能在将来有一个成熟稳定的心态步入社会。

2. 自我意识的结构

自我意识是一种多维度、多层次的复杂心理现象，它由自我认识、自我体验和自我控制三个心理成分构成。这三种心理成分相互联系、相互制约，统一于个体的自我意识之中。

（1）自我认识

自我认识是主观自我对客观自我的认识与评价，自我认识是自己对自己身心特征的认识，自我评价是在这个基础上对自己作出的某种判断。自我认识的重点应放在三个方面：第一，认识到自己的身体特征和生理状况。第二，认识到自己在集体和社会中的地位及作用。第三，认识到内心的心理活动及其特征。自我评价是自我意识发展的主要成分和主要标志，是在认识自己的行为和活动的基础上产生的，是通过社会比较而实现的。由于我们自我评价能力不高，往往不是过高就是过低，大多属于过高型。

（2）自我体验

自我体验是主体对自身的认识而引发的内心情感体验，是主观的我对客观的我所持有的一种态度，如自信、自尊、自满、内疚、羞耻等都是自我体验。自我体验往往与自我认知、自我评价有关，也和自己对社会的规范、价值标准的认识有关，良好的自我体验有助于自我监控的发展。对我们进行自我体验训练，就是让你有自尊感、自信感和自豪感，不自卑，不自傲，不自满，随着年龄增长让我们懂得做错事感到内疚，做坏事感到羞耻。

（3）自我监控

自我监控是自己对自身行为与思想言语的控制，具体表现为两个方面：是发动作用，二是制止作用，也就是支配某一行为，抑制与该行为无关或有碍于该行为进行的行为。进行自我认知、自我体验训练的目的是进行自我监控，调节自己的行为，使行为符合群体规范，符合社会道德要求，通过自我监控调节自己的认知活动，提高学习效率。为提高我们自我监控能力，重点应放在促使一个转变上，即由外控制向内控制转变。我们自我约束能力较低，常常在外界压力和要求下被动地从事实践活动，比如只有教师要求做完作业后检查，你才会进行检查。针对这种现象，你应学会如何借助于外部压力，发展自我监控能力。

（二）自我意识的内容

1. 生理我

生理我又称生理自我，是指个人对自己的身体、健康状况、动作技能等方面的感受，包括身高、体重、视力、体力、相貌等可以量化或直观得到的指标。通俗来讲，就是个人对自身生理情况的认知程度。

2. 心理我

心理我又称心理自我，是一个人对自己价值与能力的评价。从职业生涯规划的角度来看，拥有一个良好的心理我是相当重要的，许多心理实验都显示：个人对心理我的正确评估会影响到他所设定的目标，进而使人产生截然不同的发展前景。心理我可以通过各种测评工具来检查，基本内容包括价值观、性格、气质、兴趣和能力等。

3. 社会我

社会我又称社会自我，是指一个人在与他人交往中感知到的他人对自己的一种看法以及自己的社会责任感。社会我会影响一个人的人际关系以及在社会中的角色定位，进而影响到职业的规划和发展。个人只有把自己融入社会才能有长足的发展，得到社会的认可。国家兴亡匹夫有责，只有把国家和社会利益放在首位，才能推进国家的发展。

4. 道德我

道德我又称道德自我，指个人的基本道德水平和职业道德。一个人除必须遵纪守法外，还要在各方面符合做人的基本道德和所从事职业的基本职业道德。做事先做人是为人处世的一条金科玉律。一个人要想在事业上成功，首先要提高自身的道德素质，人做好了，事才能做好。只把眼睛盯在具体的事情上，无视或轻视做人的道德修炼，最终是不能把事情做好的。

二、大学生的自我意识

大学阶段处于大学生世界观、人生观、价值观形成的重要阶段，在这一时期，大学生会对自我有更加全面的评价，但在这一过程中也存在许多问题，比如出现自卑、自傲、自负等心理，严重影响大学生的身心全面发展。因此，积极引导大学生正确认识自己，寻找自我疏导的方法，树立正确的自我观是非常重要的。

（一）大学生关注自我的原因

个体在青年时期生理、认识、情感等各方面的深刻变化，如思维与想象能力的发展、感受力的提高，使他开始把关注的重点转向自身内部，开始去发现和体现自己的内心世界，并迫切要求形成自己独特的个性与独特的理解方式。

个体在青年时期逐渐累积的生活经验也直接影响着自我意识的发展，特别是"成功"与"失败"的经验教训，对自我的形成与自我意识的发展影响力更为巨大。随着经历的增加，成功和失败的经验教训也随之增多，通过自己对这些经验教训的再评价，个体可以修正自我意识。

对处于青年时期的个体而言，来自他人的评价直接对自我意识的修正和自我的形成产生积极的作用。自我意识尚未确定的青年，往往对他人的评价更为敏感，他们往往通过他人对自己的态度和评价来认识并确认自我的存在价值。

大学时代正处于青年中期，或者说处于大学时代的青年正处于"延缓偿付期"。在中学阶段，个体常常被紧张的学习和考试所追逐，没有什么时间考虑自己的人生，只有进入大学，才能真正专心地考虑自我，探索自我和确立自我。这是因为如下原因。

①这个时期的自我被称为人生的第二次诞生，它包含着四个层次的含义：一是从疾风怒潮期到"相对平稳"，二是边缘人地位，三是人格的再形成，四是人生价值观的形成。

②这个时期的人际关系表现为友情与孤独、性意识的发展及恋爱结婚，对父母的矛盾情感。

③这个时期的心理具有两极性，一是意志与行动的两极性，二是人际关系的两极性，三是日常中表现的两极性，四是闭锁性与开放性。

总体而言，青年学生对自我的关注可以归为以下三点原因：一是由于身体成熟，开始注意、关心自己的身体、内驱力及内部欲求；二是由于人际关系的扩大，将自己的内在能力与他人做比较，从而关心自己的素质和天赋等问题；三是由于认识能力的发展，他们开始对自己行动的原因和结果、自己的存在价值和人生意义进行思考。大学生自我意识的发展，意味着自我矛盾冲突的加剧，其结果便是在新的水平和方向上达到协调一致，即自我统一。

（二）大学生自我意识的特点

在校大学生正处于自我意识发展的关键时期，其自我意识的发展出现了许多新的特点。确定大学生自我意识发展的水平，应以其自我意识结构之间是否协调发展为重要指标。如果要素协调发展一致，自我意识的发展水平就高；反之，如果要素协调发展不一致、不统一，自我意识的发展水平就低，就会出现障碍。

自我意识是多维度、多层次的复杂心理现象，主要由自我认知、自我体验和自我调节三部分组成。大学生的自我意识能力发展呈现以下特点。

1. 自我认知更趋主动、客观

自我认知是自我意识的认知部分。包括个人的自我感觉、自我分析和自我评价等。大学生的自我认知更具主动性和自觉性。这是因为，一方面个体生理趋于成熟；另一方面，随着交往关系的扩大，个体的独立意识与社会化意识得到强化。

大学作为青年走向社会走向工作岗位的准备过程，个体不仅要考虑自己与周围环境的关系，还要考虑个体的社会责任与前途等问题。因此，大学生跨入校门之后首要面对的问题就是对自己作出一个较为符合实际的评价，即我是什么样的人，我应该怎样，我能成为什么样的人等等。在评价的过程中，由于各类知识的增多，生活经验的扩大，大多数大学生对自己的分析、评价逐渐变得客观、现实和全面。

2. 自我体验更加丰富复杂

自我体验是自我意识的情绪成分，是人对自己情绪状态的反映。自我体验可以表现为自尊、自豪、自爱、自卑、自怜等情绪状态。大学生活实际上是个体对自我的重新认定和确证过程。中学时期的目标比较简单，就是如何考上大学。而进入大学之后，大学生面临专业选择、交友、恋爱、职业选择等一系列新的问题。处于青年中期的大学生的自我体验仍然有一定程度上的波动性。如取得成绩时就能产生积极、肯定的情绪体验，容易骄傲自满，忘乎所以。而遇到挫折时，容易自卑、悲观失望。多数大学生具有较强的自尊心，自尊心较强的人不仅对自己持肯定态度，也往往能够接纳别人，乐于参加社会活动。

3. 自我调节能力提高

自我调节是自我意识的意志部分，表明个体的自觉过程，包括监督、自我激励、自我控制、自我暗示等形式。大学生是一个特殊的群体，社会责任感和成就动力强烈，能够自觉、主动地确立自己的价值目标，并在实现自己理想的过程中调节自己，使自己的努力沿着既定的方向发展。他们期望摆脱对成人的依赖，独立的进行思考、判断；喜欢当众表达自己的主张，以显示自己的价值和存在。

(三) 大学生自我意识的发展

在个体的发展过程中，童年期是人格开始形成的时期，少年期和青年期则是人格初步形成并定型的时期，成年期是人格成熟时期。自我意识是人格发展的核心要素，在自我认知、自我体验与自我控制三者相互影响、相互作用的过程中，自我意识逐步成熟，期间经历了分化—矛盾—整合的过程。

1. 自我意识的分化

自我有主观自我与客观自我之分，英语中的 I 与 Me 能很好地区分这一含义，前者是主观自我，用来表示我是什么，我做什么；后者作宾语使用，表示怎样看待我，给我什么。主观自我是一个人对社会情境做出的反应，是自我中积极主动的一面。主观自我与客观自我应该是统一的，这种统一是个人对客体的认识与个人愿望的统一，是个人与社会的统一，是"自我同一性"的形成，更是良好的自我意识的标志。但是，由于自我的结构是多种多样的，每个人所处的社会环境存在着很大的差异，主观自我与客观自我并不总是统一的。

青年期自我意识的发展是从明显的自我分化开始的。原来完整、笼统的"我"被打破了，出现了两个"我"；主观的我（I）和客观的我（me），即大学生既是观察者又是被观察者。伴随着主我和客我的分化，"理想我"和"现实我"开始分化。自我意识分化是自我意识开始走向成熟的标志。自我意识明显的分化，使大学生生动、迅速地关注自己的内心世界和行为，产生了新的认识、体验。同时，由此而来的种种激动、不安、焦虑、喜悦增加，自我沉思增多起来，要求有属于自己的一片空间，渴望被理解、被关怀。

2. 自我意识的矛盾

大学生自我意识的矛盾主要表现在以下几个方面。

（1）主观自我与客观自我之间的矛盾

一方面，大学生作为同龄人中能够接受高等教育的人，大学生对自我有较高的积极评价，但由于他们远离社会，缺乏社会经验，在校园浓郁的学术与文化氛围中成长，对社会的了解缺乏切肤的实际与客观的眼光；另一方面，社会上对当今大学生"重理论轻实践、重专业轻基础，重科学轻人文"的评价，特别是随着高等教育大众化进程的推进，适龄青年接受高等教育机会的增加，社会对大学生的评价更趋客观。大学生回归本位，身上光环的消失使他们产生失落感。

（2）理想自我与现实自我的冲突

理想自我是指个人想要达到的完美的形象，是个人追求的目标，它引导个体实现理想中的个人自我。现实自我是个人从自己的立场出发，对现实中自我的各种特征的认识。现实自我又称个人自我，主观性较强。在现实生活中，理想自我与现实自我总是存在着一定的差距，合理的差距能够使人不断进步、奋发有为。但是，如果差距过大，则有可能引起自发的分裂，导致一系列心理问题。

当理想自我与现实自我发生冲突，积极的自我调适便非常必要。这时，大学生要重新调整和评估自己的理想，直到理想通过努力可以达到为止。

（3）独立与依附的冲突

一方面，大学生生理与心理的成熟使他们渴望独立，以独立的个体面对生活、学习与工作中遇到的问题，但由于长期的校园生活使他们应有的社会阅历与经验相对匮乏，当应急事件出现时，却又盼望亲人、老师和同学能够替自己分忧。另一方面，大学生心理上的独立与经济上的不独立也形成了明显的反差。在他们迫切希望摆脱约束、追求自立的同时，却又不可能真正摆脱家长和老师的支持和帮助。特别是对于某些独生子女来说，由于长期受到父母的溺爱，独立与依赖的矛盾就表现得尤为突出。

（4）渴望交往与心灵闭锁的冲突

没有哪个时期比青少年时期更加渴望友情与爱情，更加渴望同辈群体的认同并获得归属感。在这个时期，每个人都渴望着爱与友谊，渴望着交往与分享，渴望着自我价值得到实现，渴望着探讨人生的真谛，寻找人生的知己，希望成为群体中受尊敬与欢迎的人；另一方面，大学生的自我表露又受着心灵闭锁的影响，总是不经意地将自己的心灵深藏起来，与同学有意无意保持着一定的距离，存在着戒备心理，不能完全敞开心扉与别人进行交流和思想沟通。这也是大学生常常感到的"交往不如中学那么自如真诚"的原因所在。

（5）理智与情感的冲突

大学生情绪的一个显著特点是容易两极分化，或高或低，波动性大，易冲动，不易控制。但随着身心的发展和认知水平的提高，大学生渐渐成熟，在遇到客观问题时，既想满足自己情绪与情感的要求，又想服从于社会及他人的需求。特别是当遇到失恋等人生打击时，尽管理智上能够理解，却在感情上难以接受。

3. 自我意识的统合

自我意识的矛盾冲突，常常会给大学生带来不安或心理痛苦，他们总是力图通过自我探究来摆脱这种不安与痛苦。在自我意识的矛盾冲突中，大学生的自我意识也在不断调整和发展。在自我意识的不断调整和发展的过程中，他们极易寻求新的支点，寻找自我意识的统一点，统合自我意识。由于自我意识具有复杂性与多维性，大学生逐渐在多维度中审视自我、调整自我，向理想自我靠近。这也是我们常说的自我同一性的建立。从多维度观察的自我同一性越高，大学生自我意识的发展越好，人格越完善。但是，由于大学生的成长背景、家庭教养方式、社会经济地位、个人人生志向和职业目标的不同，他们自我意识统合的结果与类型也不同。从自我意识的性质看，大学生自我意识的统合结果表现在以下三个方面。

（1）积极自我的建立——自我肯定

自我肯定，即对自我的认识比较清晰、客观、全面、深刻。这种积极自我的特点是在经过痛苦的选择与调整之后，大学生逐渐成长，使理想自我与现实自我趋于统一，主观自我与客观自我趋于一致，对自我的认识更加深刻、客观和理性。积极的自我不仅了解自己的长处与优势，也了解自己的不足与劣势，能够分析哪些是通过努力可以达到的，哪些是属于无法企及的，从而进行积极的自我肯定，向着理想自我迈进。

（2）消极自我的建立——自我否定

消极自我意识分为两个方面：自我贬损型与自我夸大型。自我贬损型的人由于总在积累失败与挫折的经历，对现实自我的评价较低，并时常伴有没有价值感、自我排斥、自我否定。他们不但不接纳自己，甚至自我拒绝、自我放弃，表现为没有朝气、随波逐流、缺少激情，生活没有目标，其结果则更加自卑，从而失去进取的动力。自我夸大型的人正好相反，他们对自我的评价非常高，往往脱离客观实际，常常以理想自我代替现实自我，盲目自尊，虚荣心强，心理防御意识强。其行为结果要么表现为缺乏理智，情绪冲动，忘记现实自我而沉浸于虚无缥缈的自我设计中；要么自吹自擂、自我陶醉，却不去为实现自我做出努力。自我贬损型与自我夸大型的共同特点是对自我评估不正确、理想自我不健全，缺乏实现理想自我的手段，形成后的自我虚弱而不完整，是一种不健康的自我统合。虽然大学生中这种类型的人较少，但严重者可能会用违反社会规范或违法犯罪的手段来谋求自我意识的统合。

（3）自我冲突

自我冲突是难以达到统合的自我意识，表现为自我评价始终在真实自我上下徘徊，自我认知或高或低，自我体验或好或坏，自我控制时强时弱，心理发展极不平衡，有时显得自信而成熟，有时又表现出自卑而不成熟，让人无法评估。自我冲突的人表现为两种类型：自我矛盾型与自我萎缩型。自我矛盾型的大学生，内心冲突激烈，持续时间长，自我认识、自我体验和自我控制不稳定，新的自我无法统合。自我萎缩型大学生，是指自我意识中无法确立自我的大学生。其特征为：理想自我极度缺乏，对现实自我极度不满，自我无法成长而处于弱小、退化或严重扭曲的状态。

引起自我萎缩型意识的原因有以下两种情况：一是长期依赖家庭和他人，缺乏独立性、自主性、顽强性等，难以确立自我。在面对人生和社会时，由于无法适应而处于退缩状态；二是理想自我与现实自我差距较大，经努力难以达到或差距并不大，但主观不努力，体验到挫折感，进而对自己不满，并逐渐发展为自轻自贱、消极悲观、自我拒绝，引起自我萎缩。

第二节　大学生自我意识的完善

自我意识对人的心理健康起着很重要的作用，它制约着人格的形成及发展，在人格的优化中发挥着强大的动力功能。健全的自我意识是心理健康的重要标准，是人类自身内在的一种成功机制，在人才发展中发挥着重要作用。健全的自我意识有以下五个标准。

①自我意识健全的人，应该是一个自我肯定、自我统合的人。

②自我意识健全的人，应该是一个自我认识、自我体验、自我控制协调一致的人。

③自我意识健全的人，应该是一个独立的同时又与外界保持协调的人。

④自我意识健全的人，应该是一个自我发展的人，其自我具有灵活性。

⑤自我意识健全的人，应该是一个心理健康的人，不仅自己能健康发展，而且能促进社会文明和进步。

那么，大学生应该如何培养健全的自我意识，促进自我的健康成长呢？

一、正确认识自我

（一）全面地认识自我

正确地认识自我必须建立在全面的自我认识基础之上。人在认知世界和人自身的时候，都有一种习惯，就是根据直觉注意选择知觉的对象，古人所谓"一叶障目"就是这样的。这种心理功能在远古时期，为我们的祖先保护自身创造了条件，但是在 21 世纪这样一个社会高度发展、人的心理功能和社会功能高度分化的时代，我们凭着直觉注意已经不能准确地完成对世界和自我的认识了。人在认识自我的时候，需要有更多的理性思维，从更为丰富的角度认识自我。理性的认知意味着全面、丰富而辩证地认识问题。

真正地认识自己、全面评价自我的方法很多，主要有以下五种：

①与他人比较认识自己。个人认识自己的能力、自己的价值、自己的品德以及个性特征往往是通过与他人的比较而实现的。与他人比较，最重要的是要选择恰当的参照人。大学生不仅仅要与自己情况差不多的人相比，更要与优秀的人们相比，与理想的人物和标准相比，"见贤思齐焉"。

②从他人对自己的态度中认识和评价自我。人们总是要在与他人的相互交往中不断深化对自己的认识，同时也在认识和评价他人，在评价他人的过程中，也接受他人对自己的评价。

③通过反省自己的心理活动和行为来认识、评价自我。随着大学生自我认识与自我评价能力的提高，大学生必须经常反思自我，勇于并善于将自我作为一个认识的对象，严于解剖自我，敢于批评自我。

④积极参加实践活动，借活动成果认识和评价自我。大学生应打破自我封闭，增加生活阅历，在积极参加实践与交往中使自己的天赋与才能得以发挥，以便进一步全面评价自

我和发展自我。

⑤综合分析评价。将通过各个途径获得的关于自我的信息进行分析、综合与比较，实事求是地全面评价自我。

（二）正确地评价自我

学会正确地评价自我，在认识自我的过程中既要能够认识到自己的优点，也要能够准确地把握自己的缺点。人如果不了解自己的优点与缺点，就会迷迷糊糊；如果刻意夸大自己的优点，掩饰自己的缺点，就可能变得狂妄自大；如果仅看到自己的缺点，见不到自己的优点，就可能变得自卑萎缩；如果放弃了自己原有的实在，去追寻那缥缈的希望，那么生活就会充满痛苦、无奈。

（三）主动地悦纳自我

悦纳自我是形成健全的自我意识的核心和关键。有的人从生下来就不满意自己，天天审判自己：如我为什么是个女孩，不是男孩；我为什么是单眼皮，不是双眼皮；我为什么生在穷人家，没有生在富人家；我为什么拥有天使的身材，却无漂亮的脸蛋；我为什么不如别人那么优秀；等等。这种过度的审判就是不接纳自己。心理学研究表明，人的很多心理问题是由于不接纳自己造成的。

悦纳自我就是相信自我。有人说世界上没有两片相同的叶子，同样，你就是世界上独一无二的，有史以来，曾经有亿万人生活在这个地球上，但从未有过第二个你。所以我们要自尊自爱，哪怕遭受挫折、历经坎坷。如果你连自己都怀疑，还能指望谁能相信你？要相信自己的能力，对于贬抑性的评价不要盲目接受。事实上，社会上有些评价并不总是正确的。例如，发明大王爱迪生，上小学时被老师认为"智力迟钝"，刚念了三个月小学就被学校开除了；爱因斯坦在学生时代被老师斥责为"永远不会有出息"。而事实上呢，他们都在科学领域做出了杰出贡献。同学们，要学会把贬抑性的评价化为向上的动力，看成是对自己的鞭策和督促，这样就能防止自卑感的产生。

悦纳自我就要原谅自己。人生的大道并不总是平坦的，总会有太多的不如意，如某件事没有做好，考试没有考好，等等，假如你总是无休止地埋怨自己，惩罚自己，你将陷入一种自卑和自暴自弃的恶性循环之中。不要把一次偶然的失败看得太重，把失败当成给自己心理施加压力的包袱。有效的方法就是原谅自己，把用于挖精神陷阱的时间，用于分析失败原因，用于研究重新取胜的办法，走出失败的陷阱，重现当年的辉煌。

悦纳自我就要正视自己。"尺有所短，寸有所长"①，每个人都有短处和缺陷，其中有的是无法补救的，或只能做有限的改善。在这种情况下，应该正视自己，坦然接受这种缺陷，并不为此羞愧，不在别人面前加以掩饰，不采取其他防御行为。如只注意自身不足的人，容易产生自卑心理。例如，有些学生认为自己长得丑而有意把自己封闭起来，拒绝与人交往，幻想与世隔绝，躲到深山或沙漠里去。殊不知这样做往往事与愿违，内在美表现不出来，反而增添了孤独苦闷。人的美与丑从来就不是绝对的，相貌的好坏并不是人的本质内容。人的美包含有面貌、身材、心灵、气质等多种因素，其外在美与内在美相比较，后者重要得多，有价值得多。人不是因为美才可爱，而是因为可爱才美丽。

(四) 自觉地调控自我

世界上只要同时存在两个人，任何一方都要考虑到自己的行为对对方的影响。有效地控制自我是健全自我意识的根本途径，有效地进行自我调控是为了保证自我的健康发展。

1. 注意培养顽强的意志力

很多大学生为自己树立了远大的目标和理想，在努力的过程中，没有足够的自制能力和意志，经受不住挫折和打击，就无法实现自我理想。因此，大学生要发展坚持性和自制力，增强挫折耐受力，使自己能自觉主动地认清目标，为实现目标而努力排除干扰、克服困难。

2. 建立合乎自身实际的目标

要使自我控制积极有效，大学生应该建立合乎自身实际的目标，首先，要合理定位理想我。理想我是大学生将来要实现的目标，在确立其内容时，要立足社会需要，符合社会对大学生的要求和规范。其次，要从大学生自身的实际出发，既不好高骛远，也不过于简单，把远大的目标分解成一个个远近高低不同的具体目标，目标要符合自己的实际能力，不苛求自己，不被他人的要求所左右。只有明确这一点，才可能真正地认清自己，规划自己的发展方向，最终建立独立的自我。

3. 积极参加社会实践

自我评价、自我锻炼和自我教育是一个实践过程。因为参加社会实践，用学到的知识和智慧为社会服务，可以认清自己的责任和义务，确立科学的人生观、价值观。在实践中，学会用乐观的情绪和积极的心态去对待问题，客观公正地看待事物，增加自我意识中

---

① 出自屈原《卜居》。

的理性成分，消除偏激和肤浅，使自己得到和谐发展。

4．塑造健全的人格

人格不仅是人的心理面貌的集中反映，而且是人心理行为的基础，它在很大程度上决定了人对外界的刺激做出怎样的反应，因而会直接影响人的身心健康、活动效果、社会适应情况，进而也将影响到一个人的生理、心理和社会文化素质在内的综合素质的发展。健全的自我意识的形成，除了要有对自我的正确认识外，还要有健全的人格支持。

二、寻找理想自我

理想自我代表个体最希望拥有的自我概念、理想概念，即他人为我们设定的或我们为自己设定的特征。它包括潜在的与自我有关的、且被个人高度评价的感知和意义。现实自我包括对已存在的感知、对自己意识流的意识。通过对自己体验的无偏见地反映及对自我的客观观察和评价，个人可以认识现实自我。对于一个人的个性和行为具有重要意义的是他的自我概念，而不只是现实自我。他在临床实践中发现，现实自我和理想自我之间的不一致或者巨大差距是导致个体迷失自我的重要原因。

人的生命，似洪水奔流，不遇着岛屿和暗礁，难以激起美丽的浪花。人的价值是由自己决定的。燧石受到的敲打越厉害，发出的光芒就越灿烂。正如恶劣的品质可以在幸运中暴露一样，最美好的品质也是在厄运中被显示的。《自卑与超越》是很受大学生们喜爱的一本书，作者阿德勒（Alfred Adler）在书中表述的最核心的观念就是自卑感是创造力的源泉，对自卑的超越的动机是我们达到理想彼岸的动力。

很多人在谈及理想的时候，总喜欢把理想和崇高联系在一起，认为只有崇高的理想才是理想，理想是少部分人的事情。其实不然，理想是每一个人的事情，是关乎个人存在意义的事情，理想是自我的拷问。德国哲学家尼采（（Friedrich Wilhelm Nietzsche）曾经说过一句话"He who has a why to live for can bear almost any how."（人如果知道了为什么而活着，那他就可以面对任何生活。)[1]

人们能以三种不同的途径去发现生命的意义：创造或工作、体认价值、受苦。

工作的意义：工作使人的特殊性在对社会的贡献中体现出来，从而使人的创造性价值得以实现。这是发现生命意义的一条重要途径。因此，人所从事的工作是什么并不重要，关键在于他是如何从事这项工作的，或者说他对工作采取了何种态度。正是积极的、创造性的、有责任感的态度给工作赋予了意义。然而，工作常常被有些人用作填补生活的空虚

---

[1]　出自尼采《偶像的黄昏》格言与剑一章。

与无意义感的手段。于是，一旦一周的工作匆忙结束，无目的、无意义感便再度袭来，并使人觉察到对自己生命的不满意。

爱的意义：发现生命的意义的第二条途径是体认价值。可以通过体验某种事物，如工作的本质或文化，尤其可以通过爱体验某个人。爱是将某个人当作独特的个体去体验。只有借助爱，才能进入另一个人的灵魂深处，也只有借助爱，才能发现所爱者的潜能，并促使他发挥那些潜能。在这种超越自己的爱中，潜藏着生活的意义和价值，等待着人们去发现。

苦难的意义：当一个人面临无可改变的厄运，创造性价值和体验的价值都难于实现时，人们也得到了一个机会，去实现最深的意义与最高的价值——态度的价值。因为坦然正视命运所带来的痛苦本身就是一种进取，而且是人所具有的最高层次的进取。苦难让人远离冷漠与无聊，让人更为积极，从而能不断成长与成熟。当然，只有在痛苦是不可避免的时候，忍受痛苦才具有巨大的价值。否则，苦难不称其为苦难，忍受也就没有意义。

生命的理想与意义是选择与承担的过程。当前，有一句话很流行，就是"态度决定一切"。如果我们在态度上选择了迎接生命的挑战与拷问，那么我们将是最强大的。

三、做最好的自己

美国心理学家马斯洛（Abraham H. Maslow）在《一流菜汤与二流绘画》中写道：如果一个家庭主妇认真仔细地做出了自己认为最好的菜汤，那么此时她已经做到了自我实现。如果一个一流的画家草草画了一副二流的画，这时相比一流的菜汤，这个画家就没有做到自我实现。因此，并非只有干出一番轰轰烈烈大事业的人才算成功，真正的成功应是多元化的，每个人都有属于自己的成功，那就是做最好的自己。

（一）发挥优势

天生其人必有才，天生其才必有用。每个人都与别人不同，都具有个别性和特殊性，经营好自己，谁都能成就自我。

成功心理学发现，每个正常人都有其独特的优势。才干、知识和技能三者结合在一起就构成了一个人的优势。一个人需要识别自己的主导才干，然后有针对性地获得相应的知识和技能，继而将它们转化为优势。最重要的是每个人应该知道自己的优势是什么，之后要做的则是将自己的生活、工作和事业发展都建立在这个优势之上，这样方能成功。美国数学家盖洛普（Gallup）曾做过上万个成功企业家的研究，通过对案例分析发现，尽管其路径各异，但成功者有一个共同点，就是扬长避短。而"传统智慧"则鼓励人们不遗余力地去纠错补缺，然而当人们把精力和时间用于弥补缺点时，就无暇顾及增强和发挥优势，它会消耗大量的精力，使人越来越难以保持热情。因此，成就自我的两大原则就是：最大限度地发挥优势，而不是克服缺点；通过学习和实践获得成功品质以形成和保持自身的优势。无论你是怎样一个人，由于你的独特性，总有适合你的事情。"吹毛求疵"的人是好的质量监督员，"谨小慎微"的人是安全生产监督员，"斤斤计较"的人是最合适的仓库验收员，爱"抛头露面"的人是公关的最佳人选。所有这些看似的缺点，只要放到了合适的地方，就是最大的优点。

（二）打造成功品质

1. 不要等待机会，而要创造机会

在当今社会，消极被动的人常常错失良机、无所作为，只有积极主动的人才能在瞬息万变的竞争环境中获得成功，只有善于展示自己的人才能在事业中获得真正的机会。我们不要被动地等待别人的吩咐和安排，而要主动去了解自己想做什么，规划它们，然后全力以赴地去实现。

（1）拥有积极、乐观的人生态度

积极的心态是成功人士的重要标志，从困境中看到希望，从失败中领悟教训，积极应对、乐观向前，这些才能决定你的成功。

（2）改变消极、被动的习惯

不要习惯性地盲从别人，要有自己的想法。遇事习惯性地先问别人："你怎么看?"何不问自己："我怎么想?"我们应该有自己独立的见解和追求，而不是随波逐流。从现在开始，主动表达出自己的意见，而不是人云亦云。

不要等事情找上你，应主动对事情施加影响。被动就是弃权，不做决定也是一种决定，而且是最坏的决定。要让每一件发生在你身上的事都是因你的决定而发展、变化的，而不是因你无所作为才变成现实。

不说"我做不到"，应当努力去尝试。遇到困难和挑战时，不找借口，要变消极退缩为积极尝试。

（3）主动把握和创造机遇

等待的方法有两种：一种是什么事也不做的空等；另一种是一边等，一边把事情向前推动。

有两种人永远与机遇不沾边：一种是只做别人交代的事的人；另一种是从不做好别人交代的事的人。所以当机遇尚未出现时，我们应该主动地为自己创造机遇，积极主动地尝

试不同的事情；机遇往往一去不复返，机遇来临时就要全力以赴，抓住契机发展自我，切忌瞻前顾后、优柔寡断。

（4）主动展示自己

如果你想成为一个不平凡的人，就要学会怎样推销自己。

社会上存在三种人：只肯做不愿说的人；不肯做只会说的人；既肯做又能说的人。在这个竞争激烈的时代里，哪类人更容易脱颖而出呢？答案不言而喻。如果你到现在还觉得怀才不遇、壮志未酬，不要埋怨没有"伯乐"来赏识、器重你，因为只有那些能够积极推销和表达自己，有进取心的人才能出类拔萃、一展宏图。我们不但要恪尽职守，更需要主动献计献策；主动请缨，承担任务和责任，向别人推销自己、展示自己。把握转瞬即逝的机会，是金子就自己发光，是千里马就主动向伯乐展示。

2. 坚持不懈地做下去

常言道："有志之人立长志，无志之人常立志。"成功的路上难免有困难和挫折，但认准的目标一定得坚持。能否在困境中继续前行常常是成功和失败的分水岭。也许，我们的人生旅途上沼泽遍布、荆棘丛生；也许，我们追求的风景总是山重水复，不见柳暗花明；也许，我们需要在黑暗中摸索很长时间，才能找到光明……但这只是暂时的，很多时候，越是到了困难时，就越是接近成功。成功只属于少数人，困难却是用来淘汰多数人的。因此，困难时要对自己说："再坚持一会吧，可能成功就在前面一点点。"

3. 学会分享与协作

虽然每个人的步伐有快有慢，作为个体行为这无可厚非，但在一个团队中必须保持步调一致。你的步子不能走得太快，走得太快反倒没用，走得太慢也不行，我们需要团队一致。

分享体现出"舍"与"得"的智慧，你付出得越多，你得到的就越多。在资源共享过程中，团队每个成员都在收获，都在进步，团队的整体实力将大大提升。这是独占者和独享者无法体会到的成长快乐。

尺有所短，寸有所长，个人的成功离不开与他人的优势互补。强与弱是整体而言的。单从某个局部来看，强者会有其薄弱之处，弱者也会有强的一面。结合所有资源和优势，并懂得团队合作，取长补短，兼顾互利，共同发展，便会形成强大的整体优势，同舟共济走向成功。以下几条可供借鉴。

①在学习过程中，施行资源共享，把好的思路、想法和结果与别人分享。

②在读书之余积极参加各种社团工作，在与他人分工合作、互助互惠、分享成果的过

程中，体会团队精神的重要性。

③掌握团体沟通的技巧，互相尊重、互相信任，协调利益冲突和个人矛盾。

4. 注重灵活变通与坚持不懈相结合

成功之路有时候会荆棘丛生、障碍重重，我们没有必要盲目硬冲、硬闯，可以选择灵活应对，有困难绕过去，有障碍跳过去，这种智慧更能确保目标的实现。

世间并没有真正意义上的障碍，有的只是不同的心态、不同的路径。人有时候应该像水一样前进，如果前面是座山，就绕过去；如果前面是平原，就漫过去；如果前面是张网，就渗过去；如果前面是道闸门，就停下来，等待时机。平面上两点之间，直线最短；而在现实生活中，更多的时候，走"曲线"，则反而更容易达成目标。

第三节　大学生心理适应概述及常见适应问题

一、适应概述

（一）心理适应的概念

心理学范畴里使用适应概念时通常有三个角度，一是生物学意义上的适应，即生理适应，如感官对声、光、味等刺激物的适应；二是心理上的适应，通常是指遭受挫折后借助心理防御机制来使人减轻压力，恢复平衡的自我调节过程，这是一种狭义的适应概念；三是对社会生活环境的适应，包括为了生存而使自己的行为符合社会要求的适应和努力改变环境以使自己能够获得更好发展的适应，这是社会适应的概念。

目前解释适应概念比较权威的定义来自我国心理学家、教育家朱智贤主编的《心理学大辞典》，该词典中对适应的定义是这样下的："适应是来源于生物学的一个名词，用来表示能增加有机体生存机会的那些身体上和行为上的改变。心理学中用来表示对环境变化做出的反应。如对光的变化的适应和人的社会行为的变化等。智慧的本质从生物学来说是一种适应，它既可以是一个过程，也可以是一种状态。有机体是在不断运动变化中与环境取得平衡的，它可以概括为两种相反相成的作用：同化和顺应。适应状态则是这两种作用之间取得相对平衡的结果。这种平衡不是绝对静止的，某一个水平的平衡会成为另一个水平的平衡运动的开始。如果机体与环境失去平衡，就需要改变行为以重建平衡。这种平衡——不平衡——平衡……的动态变化过程就是适应，也是儿童智慧发展的实质和原因。"

这一定义至少从以下三个方面说明了适应这一心理现象的性质与特点：①心理适应是主体对环境变化所做出的一种反应；②心理适应是一个重建平衡的动态变化过程；③心理适应的内部机制是同化与顺应的平衡。这三点对于理解适应的概念具有重要的作用。但是，从全面理解适应概念的角度看，这一定义中有几个要点还需要做出进一步的说明：

第一，要明确适应现象是伴随着环境的变化而出现的，没有环境的变化也就无所谓适应或不适应。但是由于人们生活的环境（包括自然环境、心理环境和社会环境）实际上是处在不间断的变化中的，因此每个人每时每刻都存在着适应的问题，都会产生不断适应新环境的需要。从这个意义上说，适应是人的一种基本需要，是人的一生中随时都要面临的任务，也是人应当具备的一种基本素质。适应能力是个体生存与发展的必备能力，对不同个体来说，由于适应水平不同，最终会导致其发展水平上的差异。

第二，心理适应的根本目的是达到或恢复主客体之间的平衡状态，这是用平衡论对心理适应本质所做的一种解释。在用平衡论来解释适应本质的时候，还应该进一步说明平衡与发展之间的关系。应当承认，平衡是适应的直接目标，适应的主要任务就是使主客体之间的不平衡状态重新恢复平衡。但从个体发展的全过程看，平衡只是相对的、暂时的，而不平衡则是绝对的，经常的。在个体发展过程中，由于一时的不平衡而引起的内部矛盾现象往往正是个体发展的动力，如果一味地保持平衡，反而会成为发展的阻力。因此在指出适应的直接目标是建立平衡的同时，还应该指出适应的根本目标是主体自身的发展。这样才能更好地反映出适应的本质。这种平衡与不平衡的辩证关系，反映了心理发展过程中矛盾运动的基本规律，因此也是我们理解适应过程的基本理论依据。

第三，用同化与顺应来解释心理适应的内部机制可以从一定程度上说明问题，但并不能说明全部问题。定义中所提到的同化与顺应都是心理调节的不同方式。所谓同化是指将客体纳入主体已有认知结构或行为模式的过程；而顺应则是指调整原有认知结构或行为模式以适应环境变化的过程。显然，同化与顺应都是对环境做出反应和对自身进行调节的过程。在此应强调指出，同化与顺应作为认知与行为的调节过程是受主体的自我意识支配，借助自我监控系统的作用来实现的。所以心理适应实际上是一个自我调节的过程，在这一过程中，自我意识的发展水平起着决定性的作用。

将以上几点补充进心理适应的定义后，比较完整的表述应当是：当外部环境发生变化时，主体通过自我调节系统做出能动反应，使自己的心理活动和行为方式更加符合环境变化和自身发展的要求，使主体与环境达到新的平衡的过程。

（二）适应的分类

关于适应的类型，可以依据不同的标准将其分为不同的类型。根据适应的对象可以将其分为对自然环境的适应和对社会环境的适应；根据适应的基础可以分为生理适应和心理适应；根据适应的程度可以分为浅层适应和深层适应；根据适应过程中是否有意识的参与可以分为有意识的适应和无意识的适应；根据适应过程中态度的积极或消极又可分为主动适应与被动适应等。这些分类各有自己的依据，都有一定的道理。

除了以上几种分类外，还可以根据适应的效果分出消极适应和积极适应；根据适应表现的方式分为内部适应与外部适应；根据适应的内涵分为狭义适应和广义适应等。

消极适应是个体改变自己的行为或态度以适合外部环境的要求，是一种基本的、比较被动的适应方式，其作用只是求得一时的内心平衡，积极适应是主体充分发挥自身的主观能动性，尽最大可能去改变环境使之适合自己发展的需要，是一种比较高级、比较主动的适应方式。在个体发展过程中，生存与发展之间存在着十分密切的、相辅相成的关联，因此这两种适应方式之间也存在着不可分割的联系。事实上，两种适应对人都有重要价值，首先要能够生存，然后才谈得到发展。生存是发展的基础，发展是生存的目的。但从个体适应能力形成的过程看，通常是要先学会生存适应，然后才能达到发展适应的水平。

内部适应是指在心理上达到认知和情感上的平衡状态的适应；外部适应是指在行为上能够符合外部环境要求的适应。一般而论，可以认为，内部适应是外部适应的基础，外部适应是内部适应的外在表现，二者应该是一致的。但在某些特殊条件下，也可能存在不一致的情况。比如，有时候屈从于某种外部压力，为了避免更大的挫折，尽管内心并不情愿，但有可能在行为上暂时遵从某种规范，表现为表面上的顺从或服从，这就是一种外部适应与内部适应不一致的情况。

狭义的适应是指在遭受心理挫折后人们采用自我防卫机制来减轻压力，恢复心理平衡的过程。广义的适应是指当外部环境发生变化时，主体通过自我调节系统做出有效反应，使自己的潜能得以充分发挥，使内外环境重新恢复平衡的心理过程。前者更多地表现为无意识的适应过程，具有一定的自发性；后者则主要表现为有意识的适应过程，带有更明显的自主性。在个体发展过程中，前者出现得较早，而后者出现得较晚。但是，随着个体心理成熟水平和思维水平的提高，后者的作用就会越来越大并逐渐占据主导地位。

在这里，对社会适应的概念要特别加以说明。社会适应是指个体对社会生活环境的适应，即人的认识、行为方式和价值观因为社会环境的变化而发生相应的变化。从局部或具体的事件看，社会适应是个体社会行为的自我调节过程；而从个体发展的全过程看，社会适应实际上就是个体实现社会化的过程。从社会化的角度看，社会适应的内容应当包括以下几项：第一，对社会生活环境的适应，包括对不同生活条件与方式的适应；第二，对各种社会角色的适应，包括各种角色意识的形成以及对不同角色行为规范的掌握；第三，对社会活动的适应，包括各种活动规则的掌握和活动能力的形成，如学习、交往、工作、休闲等能力的形成与发展。联合国教科文组织提出的关于现代教育的四大支柱（即四项培养目标：学会做事、学会求知、学会与人共处、学会生存）所反映的都是社会适应方面的基本要求。有人认为，社会适应最重要的就是对人际交往和人际关系的适应。这一观点也有一定道理，因为不论从事哪个方面的活动都离不开人际交往，都要同人打交道。生活也好，学习也好，工作也好，都是与人交往的过程，都要以良好的人际关系为基础。所以，善于与人相处，善于协调人际关系，是生活美满，事业成功的重要保证。

心理适应与社会适应的关系十分密切。心理适应作为一种综合性的心理功能，是社会适应的心理基础。离开以同化、顺应以及其他一系列复杂的心理活动为基础的内化过程，个体社会化的实现是不可能的。反之，如果脱离开对社会环境的良好适应，那么心理适应本身也就失去了实际的意义。

(三) 适应的方式、目标和影响因素

1. 适应的方式

心理学的理论认为，在应激状态下，人们的反应有两种情况，一是正向的积极反应，即面对突如其来的外在危险，迅速做出正确的判断，并调动自己的潜能，摆脱困境，脱离危险。另一种是负面的消极反应，即面对突然发生的事件，思维迟钝，大脑一片空白，手足无措，任凭危险发生。如果平时不注意培养和锻炼自己的心理适应性，往往会在"养兵千日，用兵一时"之际，招致本应避免的灾祸。因此，大学生应逐渐认识环境，改变观念，适应环境，建立积极的心理防御机制，培养和提高自己的适应能力，即所谓的"学会适应"和"学会生存"。

在心理适应的方式上，我国古人留下了许多宝贵的经验，以某种形式维护自己的心理平衡，形成了我国独特的心理防御机制。如我们常说的"知足者常乐""破财消灾""失败是成功之母""比上不足比下有余"等等。有时也以对事件的归因分析实现心理平衡，比如失败后归结为客观环境的不可改变，或者强调其他因素的干扰，以此来寻求个人的心理平衡。人类心理适应的不同方式改变了客观现实和愿望之间的紧张冲突关系，对缓解心理挫折起到了重要的作用，有利于人们建立适合自己的心理防御机制，维护个人的心理健康。

总起来说，人的心理适应的方式可以分为两大类。一种是前进的适应，这种适应与人的心理发展的方向是一致的，是一种积极的心理防御机制。比如，一个学生考试失败后，努力学习，积极向别人求教，掌握足够的知识，形成扎实的技能，以达到掌握某门课程的

目的，实现该门课程的考试及格，而不是抱怨学习环境不良，或者教师授课水平低等客观环境因素。另一种是倒退的适应，这种适应是为了将来或者整体上对环境的适应，而表现出来的倒退与不适应，实际上是一种通过倒退而迂回前进的适应。我们常说的"好汉不吃眼前亏"，也属于这种适应，"好汉"之所以这样做，是为了免于当时自己不利的局势给自己造成的吃亏而表现出的倒退行为，同时也能够使自己与当前环境要求之间取得整体上的一致，这是一种复杂的整体上的适应，它表现出人类自我的整体机能，是人类权衡利弊得失而进行的选择，也是人类与动物适应的最主要的区别之一。

2. 适应的目标

人类的适应是个人通过与特定的生活环境的相互作用，实现认识环境、适应环境，形成并维持健康心理和完整人格的过程。对个人来说，环境适应是其一生的连续过程，也是个人主动努力缩小个人与环境要求的差距的过程。在这样的过程中，个人通过各种方式，不断地学习，获取知识、经验和技能，应对人生中所遇到的各种压力和障碍，促使个人心理逐渐发展，成熟起来。对于社会来说，环境适应是一个继承和发扬的过程，整个社会通过个人对环境的适应而使民族文化一代一代地传递下去，在传递中得以进一步的发展，保证其能够适应不断变化的新环境。无论从个人角度还是从社会发展角度来说，人类对环境的适应都反映了个人与环境的互动关系。但是从个人角度看，一个人适应环境的目标就是个人在与环境的互动中，学习各种知识和技能，获得各方面的生存和发展能力，这些能力主要包括学习能力、交际能力、认知能力、独立生活能力、劳动能力、应对压力的能力、自我发展能力等综合适应能力。

3. 环境适应的影响因素

在社会生活中，每个人都应该积极主动地去适应生活的环境，人对环境适应的作用主要表现在三个方面：一是社会发展的需要。社会的发展离不开社会人的不断继承和创新，所以，人们必须首先适应环境，学会现有的知识和技能，然后在此基础上，结合现实环境的实际情况，不断地创新，推动社会不断地进步。二是形成和完善个人健康个性的需要。人格是一个人在一定社会条件下形成的具有一定倾向的、比较稳定的、独特的心理和行为特征的总和，包括心理倾向性和个性特征，它决定着我们为什么去做和怎样去做一件事情。个性是在一系列的心理活动和行为中形成的，人们在这些一系列的认识活动、情感活动和意志活动等适应环境的活动中逐步了解和认识环境、感受环境，应对社会生活中所遇到的各种压力和障碍，并逐渐形成自己的个性特点，它一旦形成，就具有相对的稳定性，会对人们的每一个活动产生决定性的影响。所以，我们要形成和完善良好的个性，就要更好适应环境。三是培养和保持健康心理的需要。身体健康、心理健康、良好的社会适应是现代人对健康的基本认识，只有三者都同时健康，才称得上真正的健康。我们要形成和保持健康的心理，就必须具备良好的对社会和生活环境的适应。

影响个人环境适应的因素是多方面的，但主要有以下几个方面。

①家庭环境的影响。我们常说"父母是孩子的第一任老师"。从个人的成长过程来看，一个人适应环境的基本生活常识和行为方式首先是从家庭中学来的。在家庭环境中，家长的受教育程度、经济收入、居住条件、家长对孩子的教育观念和风格、家庭的文化氛围等对孩子的个性特征和行为方式都会起着潜移默化的作用。

②学校教育的影响。进入学龄期后，学校就成为影响个人环境适应的又一重要因素。学校教育对学生的影响是以有目的、有计划的方式进行的，它按照一定的培养目标和教育方针向学生系统地传授各种知识、技能和社会行为规范。同时，学校的课外教育为学生更好地适应环境奠定了坚实的知识、技能等方面的基础。

③社会环境的影响。社会环境是指家庭和学校以外的社会因素的影响，任何一个人都离不开社会这个大的生活环境，一个人要生存和发展，必须要遵守社会公德，形成和维持个人良好的人际关系，而这些对形成人的环境适应性发挥着很重要的作用。在社会环境影响的因素中，社会舆论和社会道德是较为常见的，它包括传播媒体的宣传和人们的传统观念等，对人的影响既有积极的一面，也有消极的一面，在实践中，要注意充分利用它积极的一面，促进人的观念和行为的健康发展，尽力避开它消极的一面，以形成个人良好的适应环境的能力和健康的心理。

（四）适应的意义

大学阶段是个体自我意识形成、自我同一性确立及人生观、价值观形成的重要时期。大学适应从本质上讲属于个体社会化的范畴，大学生们除了完成一般青年人的社会化的任务外，还要完成一系列大学生这一特殊角色的社会化任务，从而使大学生这一社会化过程具有其独特性。大学阶段是个体在身心、知识各方面承上启下的转折期，也是个体完全走向社会、独立承担社会重任的准备期，因而它是人生的第二个关键期。

大学生在大学的生活和学习的条件及环境改变了，自身的社会角色也改变了，家庭和社会的要求以及自身的要求都高了，生理、心理和社会行为上的适应问题就变得尤为突出，如果解决不好，就有可能导致适应不良，感到不习惯，不适应，不能忍受，以至于不能从容不迫解决所面临的问题，从而造成孤独、困惑、烦恼、缺乏安全感和自信心等心理问题，表现为退缩、逃避。因而心理适应问题是每一个大学生所面临和必须解决的重要的心理健康问题。

面对全新的学习和生活环境，许多大学生都不能适应。大学生对方方面面的生活都可能存在适应不良问题，如果处理不好，很容易引起一系列的其他心理问题，不利于大学生的健康成长。

每一位大学生都应正确认识大学生活的多姿多彩、新奇与期盼，正确对待大学生活的繁重学习任务，不断调整学习方式以适应大学学习的需要，否则就会出现焦虑、不知所措、无奈、迷茫等新生适应不良综合征。大学生社会适应的好坏不仅影响其大学阶段的学习和生活，还会影响其成人后的工作和生活。大学生可以通过积极的、自觉的、有目的的，有意识的学习，积极主动地去适应新的环境，新的生活。

二、大学生常见的适应问题

随着新生在大学生活、学习的推进，在此过程中暴露出的适应问题也会越来越多。按照时间先后顺序和适应的易难程度，新生可能经历的适应内容分为生活适应、学习适应、心理适应、协调多种发展任务共四个层次的适应。多数新生都会产生由上述适应内容（其中的一个或几个方面）引起的程度各异的失落感和其他不适心理，其中以失落感为核心特征，极少数新生因其他身心健康问题而不能或难以坚持正常的生活、学习。

（一）生活适应问题

1. 自然环境的适应问题

自然环境适应主要是指新生对就学地的气候、空气湿度等自然环境的适应。由于我国地域广阔，长期以来形成了南方、北方在气候、空气湿度以及人们采取应对方式的明显不同。北方的气候特征通常是冬天比较寒冷，四季少雨干旱，空气湿度低；而南方则是冬天比较温暖，常年多雨湿润空气湿度高。与这两种迥然不同的气候特征相适应，南方人与北方人采取的应对方式也迥异。尽管北方冬天室外非常寒冷，但室内都安装暖气设备，因而室内外温差极大。南方大多数室内没有安装暖气设备，因此室内外温度相差无几。在第一学期的后半学期，不少南北跨越求学的新生就因上述自然环境的差异而导致各种水土不服，出现不同程度的身体不适甚至是严重身体疾病，有的新生因长期不能适应就学地的自然环境而主动要求转学或退学。

2. 生活（社会）环境的适应问题

新生的生活（社会）环境适应主要包括居住环境、生活习惯、饮食习惯三方面的内容，其中生活习惯往往因和外界存在显著差异而导致适应难度较大。寝室是大学生生活、学习的重要场所，同学们大部分时间是在寝室度过，但是这也会导致新生因自己的生活方式和其他同学的差异而产生各种摩擦、矛盾，冲突的机会大为增加，容易滋生新生的人际不适甚至是冲突，有的新生因此难以适应大学生活。生活习惯适应的最大挑战是他们在上大学前形成的生活（包括学习）规律与学校作息制度、寝室其他同学的生活规律不一致、不协调，其中以睡眠规律所引起的冲突最为突出。例如有的同学喜欢早睡早起，有的同学偏爱晚上挑灯夜战，由于生活（包括学习）规律的不一致常常导致新生睡眠困扰。饮食习惯的适应与前两者比难度虽有所降低，却更有普遍性，尤其是对饮食有特殊要求的少数民族新生来说，饮食习适尤为艰难。

3. 生活（生存）技能的适应问题

新生在上大学前，除了学习以外一切事务都由父母操办，基本上过着"饭来张口，衣来伸手"的生活，由此造成新生的生活技能普遍欠缺。新生上大学后离父母，除了学习外，还必须掌握一些基本的也是必需的生活技能或自理能力，如合理安排开支，妥善安排衣食住行、保存好现金及贵重物品、及时熟悉学校和生活区的基本环境等，这些对个刚刚开始独立生活的新生来说是个不小的挑战。此外，新生还需及时学习并掌握必要的生存技能，如防盗、防身、自救等。这些生活（生存）技能的不足常常导致新生出现异常强烈的恋家、迷茫、焦虑恐惧等心理，有的新生因此而主动要求休学、退学。

（二）学习的适应问题

1. 学习目标变化不适应

进入大学前，学习目标明确而单一，就是为了上大学；进入大学后，这一目标实现了，新生本应该确定新的学习目标，但大多数学生强烈感受到学习目标反而变得不明确了，即"不知道学习是为了什么"或"想学的内容太多而一时不知从哪里下手"。

2. 评价标准变化不适应

进入大学前，学习成绩几乎是唯一的衡量标准，优异的学习成绩几乎是他们全部价值的体现和最高追求。而对于多数大学生来说，学习成绩只是衡量的标准之一，学习在大学生个人发展中的地位明显下降。除了学习外，人际交往能力、社会工作能力、创新创业能力、特长专长（如文体、艺术）等，都是评价大学生的重要标准。

3. 学习方法变化不适应

新生在学习适应中最易出现的问题是多数学生不能或难以对学习的努力程度和放松程

度进行合理掌握，协调。大部分新生对能否完成大学学习因缺乏指导而产生迷茫、困惑与焦虑，少数新生因没有处理好"玩"和"学"的关系，过分放松自己而导致在第一学期期末考试结束后，陡然面临一次性数门课程不及格而被退学，有的因此而引发各种心理应激事件或严重的违纪违规行为。

(三) 心理的适应问题

1. 理想与现实的反差

新生在进大学前与上大学后形成的真实感受之间的巨大反差表现在三个方面：第一，对一般性大学的期望和现实状况之间的巨大差别；第二，对自己所就读的某个特定大学的期望与现实之间的反差；第三，学生对社会赋予的期望、认识与自己亲身接触社会、经历事件后，形成对社会的感受之间的反差。理想与现实的反差给多数新生带来了强烈的整体性心理冲击，它往往延长了新生上大学的适应期限，增加了新生适应大学的难度。

2. 角色与地位的陡跌

多数新生进入大学后会发现，原来自己在同学眼中是佼佼者，是老师眼中的宠儿，可是到了大学里竟然变成了无人问津的"丑小鸭"，很多学生不能接受自己这样的角色，产生强烈的挫败感，自我否定感，这种情绪严重影响了他们的学习效率和生活情趣。

3. 情感与归属的失落

在上大学前，每个学生都有一个相对稳定而又比较熟悉的情感与归属网络，即父母（兄弟姐妹）、老师、同学、朋友。而进入大学后，面临一个全新而陌生的人际环境，多数新生深深体验到"独在异乡为异客"的孤独，其突出表现为"没有朋友""没有好朋友""心烦时连找个说话的人也没有"等。这种失落感往往造成新生难以对其学校、班级、寝室产生认同感，容易导致一种隐蔽而深刻的认同危机、孤独感、疏远感，并很可能由此而引发其他各种心理不适。

(四) 协调发展的适应问题

大学生的发展任务比较多样，除了学习之外，还有生活自理、人际交往、社会工作、个性完善等多种发展任务。对一个新生来说，如何协调好学习与其他多种发展任务之间的关系，是一个很大的挑战。不少新生往往"顾此失彼"，走向了"两极"，要么是只完成学习的发展任务，无暇顾及其他发展任务；要么是投入到社会工作等其他发展任务中，而忽视学习这个基本发展任务的完成，导致期末考试成绩不及格；很少有新生能够统筹兼顾综合规划、合理协调地完成各种发展任务，实现全面发展。协调完成各种发展任务不仅对新生顺利适应大学起着重要的促进作用，而且对他们以后在整个大学阶段的全面发展和潜能大开发也有着重要的奠基作用。

第四节　大学生心理适应能力的提升

大学新生初入校时，都感觉面临着一个全新的环境。对他们来说，无论是生活条件还是人际关系，无论是学习方法还是学习环境，以及还可能遇到学校、专业与想象中不同，体检不能通过等诸多问题，这些都需要新生学会自我调节，都需要尽快适应。他们只有尽快调整身心，转变角色，才能为大学学习生活打下良好的基础。总之，大学新生的适应能力在他们进步途中起着关键的作用。

一、适应学校的自然环境

第一次离家远行的入学旅程，是大学生独立处理事情的开始。入校后能否迅速地了解和熟悉校园环境，将决定大学生能否在这个环境中自在的生活、学习。升入大学的新生，绝大多数年龄在十七八岁左右，很少有单独外出旅行的经验，所以入学旅程中一般由父母或亲戚陪同。随着近年来大学新生中独生子女的比例的增大，由家长专程护送新生上大学的现象越来越普遍。

相比之下，那些家庭经济条件不好，出不起太多的路费或是希望锻炼独立处事能力的学生，反而上了人生有益的一课。虽然很多大学生第一次独自离家远行，的确对自己没有多大的信心，但是经过这第一次独立处理事情的锻炼，如买车票、转车签票、托运行李等，就觉得自己有点儿像个大人了，谈起来很有自豪感。而这种感觉正是他们走向成熟的良好起点。入学旅程是大学生独立处理事情的开端，入校后能否迅速地了解和熟悉校园环境，则决定了大学生能否在这个环境中迅速适应的问题，所以，大学生应首先尽快熟悉校园的"地形"。安排好行李以后马上就到校园的各处熟悉情况，例如，了解教学楼、图书馆、食堂、商店、电话亭在什么地方，什么时候开饭，如何购买澡票，甚至学校有几个门等等，都应在短时间内了解清楚。这样，在办理各种手续、解决各种问题的时候就会更顺利、更节省时间，更不至于不敢单独做什么事，或者做什么事要依赖送行的家人或者其他学生。

二、适应大学的语言环境

新生在大学校园里应尽量用普通话进行交流，使自己消除陌生感，这样有利于大学新生角色的转变。在大学新生的群体中，大多数学生是从中小城市或乡镇农村到大城市来读书的，由于部分地区基础教育实力的不平衡，许多新生入学时普通话水平不高，这样不仅会影响到他（她）的人际交往，还将对自己的自尊心和自信心产生负面的影响，进而影响到学习、生活的方方面面。因此，大学新生对语言环境的适应是不可忽视的。语言环境的适应并不太难。新生在平时的生活和学习中，应多向字典学习，向普通话好的同学学习，尽量掌握标准的发音。此外，在发音准确的基础上，还要进行不懈地练习，发现错误及时纠正。有些同学出错的时候生怕别人笑话，因此要尽量多开口说话，克服害羞或爱面子思想，下决心学好普通话。如果能和其他同学结伴练习普通话，互相纠正，互相促进、提高，效果可能就会更好，重要的是要形成良好的使用普通话的环境，养成学习说普通话的习惯。除此之外，掌握一些必要的地方方言也有助于适应环境。比如，出门办事或上街买东西都可能与讲方言的当地人打交道，如果会说当地的方言，交流起来更方便。

三、适应大学的管理模式

目前，我国大学的管理在体制上实行党委领导下的校长负责制，其管理属于全面管理，学校、系部、各职能部门和辅导员（班主任）都直接参与学生的管理，包括政治思想教育、学籍、宿舍、教学、心理健康、课外活动、就业指导等各方面的管理。在管理方法上，现在较多地采取学年制和学分制，只要修满三年或四年，学习成绩合格，或者修完规定的学分就能毕业。在这种管理模式下，大学的辅导员也不可能像中学的班主任那样每天跟着学生，对每个学生的情况也不是了如指掌，况且还有一些辅导员和班主任是兼职人员，而教师除教课外还承担着繁重的科研任务，很少每天给学生补课、辅导。所以大学校园更多地强调学生的自主学习、自我管理、自我教育和自我服务，着重培养学生的实践操作技能和各种生活、工作的能力，来增强大学生的社会竞争力和适应能力，许多活动大多是由学生自己组织安排，以达到学校的教育目标，这对刚入学的大学生来说是一个严峻的考验。

作为一名大学生，首先，要认识到自己来到大学的目的，而不是去感受别人对你的看法或者说法。大学是个人社会化的重要阶段，是知识学习和技能培养向合格社会成员转变的这样场所，是"求学期"向"工作期"和"创造期"转变的过渡时期，社会是所大学校，大学是个小社会。要尽快地认识到大学校园是自己一个新的起点，是自己难得的机遇，认识到大学校园的特色，去掉自卑感，让自己适应大学校园的各种要求。其次，明确自己作为大学生求学的目的。来到大学校园不是寻求解脱，也不是远离高三艰辛备考的享受，更不是一种逃避。在大学里学习，最重要的不是你学到了多少，而是你学会了什么，以后在社会上做事，需要的是你做事的能力。在我国目前的形势下，大学生有自己的特色和长处，只要有真才实学，也能找到自己成就事业和理想的舞台。因此，在大学校园，除了要学习专业文化知识和专业技能，还要培养个人管理、人际交往等各方面的能力。最后，大学生要真正认识到自己在学校该做什么，认真地学习，刻苦锻炼，提高自己的专业理论和技能水平，形成良好的竞争意识和正确的成功理念。而不是没有目标，随心所欲地只去做自己感兴趣的事情。

四、适应大学的学习环境

（一）正确认识大学的学习特点，寻找合适的学习方法

从以老师讲授为主的应试教学环境，一下子来到老师授课进度快，内容多、信息涵盖量大的大学校园，很多新生觉得跟不上学校的节奏。面对"爆炸式"发展的信息，我们要从学习知识的过程中学会多角度思考问题。

①就要做到不把分数看得太重，在大学里分数并不能代表一切，要认识到大学是一个人步入社会的过渡阶段，不仅仅要学习专业知识，学好专业知识只是大学学习的一部分，要注重能力的培养和提高，重要的是形成能够适应社会生活的能力，提高自己的就业竞争力。因此，培养和提高自己的各种能力才是主要的学习目的。

②应该积极地摸索自己的学习方法，逐渐调整状态，达到平衡。一般刚进大学的新生，都会有3~4个月的调适期。在这段时间里，需要完成从应试教育模式到开放式教学的转换。在中学，只学习具体的知识，而在大学则应该学习一种思维方式，即找出适合自己的学习方法，培养自己的学习能力。

③在学习过程中，要保持良好的心理状态。不管遇到什么样的困难，都要保持积极的心态，不要被困难和暂时的失败所击倒，克服急躁心理才能找到适合自己的学习方法。

④克服此前养成的"一切依赖老师"的定式心理，提高学习的自觉性和主动性，加强自学能力的培养。大学生要适应大学的教学特点，学会支配自己的课余时间，制定个人的学习计划，发展自己的创造性思维能力。学会利用学校的一切学习资源，掌握计算机、英语等工具性的基本知识，懂得使用网络、图书馆、阅览室、资料室等帮助自己学习，培养学习能力。

⑤虚心接受别人的帮助，积极地向老师和辅导员求教，主动向同学和高年级优秀的学生学习，根据专业的学习要求和教师的教学风格等具体情况，形成与个人水平、基础相适应的学习方法。

（二）在整个大学期间，要恰当地确定新的学习目标

目标是人们活动所追求的预期结果，也是激发人的积极性的前提条件。要积极调节主观状态和认识客观环境，获得良好的心理适应，大学生还必须确定新的目标。但是目标的确立又必须科学，不切合实际的目标和违背规律的目标，不仅不能使大学生适应环境，而且会把人引入歧途，甚至达到不能自拔的境地。从大的方向来说，大学生要恰当地确定自己新的目标体系，应该尽力做到"四个"结合。即个人的目标要与社会发展的需要相结合；个人的目标要与自身条件相结合；个人目标要与现实的可能性相结合；长远目标要与近期目标（或者具体目标）相结合。所以，给自己制定目标，要考虑综合因素，有大目标，也要有小目标，小目标要细，这样你才会不断有成就感，才会对学习始终保持一种激情。按照你的目标，合理地安排时间，你的大学生活就会很充实。

（三）积极参加学校组织的各种活动，培养自己的各方面能力

大学里有很多学生组织和社团，在学会知识的同时要积极参加这些学生组织，在学生组织的活动中不断锻炼自己，养成和发展自己走向社会，拥有一个优秀公民的社会适应能力。

五、要培养自己的独立生活能力

大学生培养独立生活的能力，不仅是适应大学环境的要求，也是个人社会化的必要条件。大学生一般远离父母和亲人，离开了他们的照顾，就要学会独立生活。因此，大学生要摆脱自己以前形成的事事依赖别人的习惯，从头做起，勇于尝试，不怕失败，主动地积累生活经验，自觉地参加集体活动，学会自己照顾自己，独立处理生活中的问题。要积极向辅导员和他人学习，形成互相帮助的生活习惯，尽快培养和提高个人的独立生活的能力。

第三章 大学生人际关系

第一节 人际关系概述

人际关系是社会人群中因交往而构成的相互依存和相互联系的社会关系。人是社交动物，每个个体都有自己独特的思想、背景、态度、个性、行为模式和价值观，然而人际关系对于每个人的情绪、生活、工作有很大的影响，甚至对组织气氛、组织沟通、组织效率和个人与组织之间有着极大的影响。

一、人际关系的概念

（一）概念界定

人际关系的定义有广义和狭义之分。从广义上看，人际关系包括社会中所有的人与人的关系，以及人与人之间关系的一切方面，包括经济关系、政治关系、法律关系、心理关系等。显然，这种定义主要从社会学的角度进行概括，没有揭示出人际关系的特殊性。从狭义上看，人际关系是人与人之间通过交往和相互作用而形成的直接的心理关系。它反映了个人或群体满足其社会需要的心理状态，它的发展变化决定于双方社会需要的满足程度。在人们相互交往的过程中，如果各自的社会需要得到了满足，相互之间就能形成接近的心理关系，表现为友好、接纳的情感；如果人们之间的社会需要受到了损害或人与人之间发生了矛盾和冲突，心理上的距离就会拉大，彼此之间就会形成不愉快的关系甚至敌对状态。

人际关系是社会关系中较低层次的关系，受生产关系和政治关系的制约；同时，它又渗透在社会关系的各个方面，是社会关系的"横切面"，直接影响着人们的心理环境和社会环境。每个个体都是活在各种各样现实的，具体的人际关系之中。

人际关系指的是人们在共同活动中彼此为寻求满足各种需要而建立起的相互间的心理关系。此定义包含三个特点：

①人际关系主要指的是人与人之间的心理关系，属于社会心理学的范畴。它反映人与人之间心理关系的亲密性、融洽性和协调性，如友好关系、亲密关系、敌对关系等。这种心理上的关系是由心理倾向性及其相应的行为反映出来的。

②人际关系由认知成分、情感成分和行为成分等一系列心理成分所构成。认知成分是心理关系的基础，反映个体对人际关系状况的认知和理解。人际关系的发展、变化，往往是由认知成分的改变而引起的，相互之间信息交流越多，了解越深刻，彼此之间的心理距离就越接近。情感成分是对交往的评价态度的体验，人与人之间的情感如何是人际关系的动力成分。它可以分为两类：一是亲密情感，促使彼此心理相容；二是分离性情感，促进人们疏远排斥。行为成分是双方实际交往的外在表现和结果，如言行举止、仪表风度等。这些行为越相似，越容易形成良好的人际关系。

③积极地进行交往是建立、巩固和发展良好人际关系的重要条件，因为人际关系是在彼此交往的过程中建立和发展起来的。没有人际交往，就无所谓人际关系。人际关系建立之后，也需要通过不断的交往加以巩固和发展。人际关系是现实社会生活的产物，离开现实客观的生活活动是不可能产生人际关系的。

（二）人际关系和社会关系

人际关系和社会关系是两个不同的概念，不能混为一谈。社会关系是一个非常广泛的范畴，它是指人们在社会生活实践过程中结成的一切关系的总和。这是广义上的社会关系，即人与人之间的一切关系。可以说，社会关系是人与人一切关系的科学抽象。另一种是狭义上的社会关系，指一定生产过程中人们所结成的相互关系，即社会生产关系。

社会关系是个复杂的多层次系统，这个系统可分为三个相互联系的层次，一是生产关系，它是各种各样社会关系的基础；二是社会意识形态关系，这是在生产关系的基础上形成的其他一系列性质不同的社会关系；三是人际关系，人与人之间的其他关系都必须透过人际关系这一中介因素对人们发生作用。

这3种关系在整个社会关系中处于不同的地位，其中生产关系是最高层次的，它决定着意识形态和人际关系的性质。社会意识形态关系是社会生产关系的反映，由生产关系所决定，但是它具有相对独立性，可以反作用于生产关系和人际关系。人际关系作为角色间的一种社会关系和其他社会关系一样，必然受生产关系的制约，还要受其他社会关系的影响，因而应该把人际关系置于社会关系中加以考察。只有这样，才能真正认识各种人际关系背后的社会意义及其与社会因素和心理因素的直接关系。

作为两个级别的概念，社会关系和人际关系具有不同的理论概括力。它们的不同之处体现在以下几个方面：

①社会关系强调现实关系的整体方面，而非个性方面，而人际关系则更多从个体、个性方面来表现现实。西方心理学将人际关系与社会关系混淆起来是不利于研究的。俄罗斯社会心理学家安德烈耶娃（Andreyeva）认为，要正确认识人际关系的性质，就不要把人际关系和社会关系放在"同一类"，而要把它看成是社会关系中一个特殊的"类"，它产生于每一种社会关系之中，而不是产生于社会关系之外。她还进一步指出，在人际关系之外再也找不到某个地方有"纯粹"的社会关系。

②社会关系是社会学研究的主要对象。一方面，它研究人与物的关系，如生产资料的分配和继承；另一方面，它还包括意识形态的关系，主要有法律关系和道德关系等。而人际关系则是人与人直接的心理关系，它受社会关系所制约，是社会关系的反映，却具有某种相对独立性。

③社会关系和人际关系是从属关系，同时，社会关系决定着人际关系的性质。人类从事的物质文明和精神文明活动是人际关系变化的基础。一旦个人参与的社会活动和社会关系发生了变化，人际关系自然也就发生了变化。

二、人际关系的特征

（一）个体性

人际关系的第一特点就是个体性，人际关系的本质表现在具体个人的互动过程中，其主要问题是对方是不是自己所喜欢或者愿意亲近的人，在人际关系中，"教师"与"学生""上司"与"下属"等角色地位退居其次。这就是人际关系的个体性特点的表现。

（二）直接性、可感性

人际关系的第二个特点，即人际关系的直接性（可感性），直接的、面对面的交往，为人们所直接体验到，不通过第三者或是中介，而是双方对于对方的直接感受，这样会增加真实性和可靠性。

（三）情感性

人际关系的第三个特点是人际关系的情感性，人际关系的基础是人们彼此之间的情感活动，动之以情，这样的情既包括喜欢、关心等积极的情感因素，也包括厌恶、憎恨等消极的情感因素。

人际间的情感倾向可以归结为两大类：一是使人们互相接近或吸引的情感，即连属情感。这种情况下，对方总是自己所希望的、满意的客体，个体有强烈的与其合作或结合的行为倾向。二是人们互相排斥和反对的情感，即分离的情感。在这种情况下，对方则是自己不能被接受的、难以容忍的，甚至是感到厌恶的客体。

三、人际关系的分类

人际关系作为一种社会关系的具体表现是十分复杂的，根据不同的标准可以分为多个种类：

①根据人际关系形成的基础媒介分类：血缘、趣缘（友谊是纽带）、业缘、地缘人际关系。

②根据人际关系的固定程度分类：固定的人际关系，又叫长期人际关系或恒定人际关系。这种关系对人的作用大，影响深，对人的内在心理作用强，人对其依赖性也大。非固定的人际关系是随一定的时间、地点和条件的改变而改变的。两者可以转化。

③根据人际关系的不同维度：纵向的人际关系是不考虑心理距离，只对人际的社会地位高低作出认识上的反应的一种心理关系，以社会角色认知为基础；横向的人际关系是不考虑人际的社会地位高低，只关注人际心理距离，以人际情感为基础。在现实中交织在一起。

④根据人际关系的外部表现：外露型、内涵型和伪装型。外露型对亲疏关系反应非常明显。内涵型的人对人际关系亲疏不动声色，看似平静实际上内涵深沉。伪装型的人表里不一，反复无常，待人处世以利益和环境为转移。

⑤根据人际关系的影响程度：利害关系和非利害关系。这是根据物质和精神利益的密切程度划分的。

⑥根据人际关系的需求分类：包容型、控制型和感情型。包容型的人主要表现为希望和别人进行交往，希望和别人建立和维持和谐的关系。由此产生的行为特征是交往、沟通、协同、参与等。控制型的人在交往中主要专注于权力、权威等问题上，行为特征为运用权力、权威控制和领导他人。感情型的人特别需要的是喜爱、亲密、同情、友善和照顾等，主要表现在爱情和友谊上。

四、雷维奇的八种人际关系类型

在人际关系类型的划分中，以心理学家雷维奇（P. Lewicki）的划分方法较有代表性，他把人际关系归纳为如下八种类型：

（一）主从型

主从型的人际关系特点是，一方处于主导的支配地位，而另一方则处于被支配或服从的地位。主从型的人际关系是八种类型中最基本的一种，几乎在所有的人际关系中都有主从型的因素。同时，主从型的人际关系也是最牢固的一种关系。属于这种关系的夫妇在共同的生活中，虽然一方感到有一定的压力，但是他们不会轻易离婚。

（二）合作型

在合作型的人际关系中，两个人有共同的目标，为了达到既定的目标，彼此能默契配合和互相忍让。在双方发生分歧时，往往能够互相谦让。一般来说，人们都希望与他人结成这种类型的关系。但是，大量的研究表明合作型关系的双方更适宜做好朋友，而并不十分适宜做夫妇。因为尽管这样的夫妇能够和睦相处，但是他们也会感到单调乏味，容易产生厌烦的情绪。

（三）竞争型

竞争型的人际关系是一种令人兴奋、又使人精疲力竭的不安宁的关系。竞争的双方为了达到各自的目标，常常会竭尽全力去争取胜利。这种人际关系的主要优点是有生气、有活力，缺点是竞争时间过久，难免令人感到精疲力竭。所有这是一种既令人兴奋又使人精疲力竭的不安宁的关系。

（四）主从—竞争型

这是一种难以相处的人际关系。双方在相互作用时，有时呈现为主从型的人际关系，有时则呈现为竞争型的人际关系。这种不断的变化使双方不得安宁、无所适从。而且，在这种混合型的关系中，常常包含了主从和竞争型中最不好的特点。这种关系的结局常常是在他们忍无可忍时，不得不中断他们的联系。

（五）主从—合作型

这是一种互补和对称的混合型人际关系。此种人际关系较为理想，在这种关系中双方能够和谐共处，即使有些摩擦也没有多大危害性。如果在这种关系中合作因素超过主从因素，那么双方会感到更加融洽。

（六）　竞争—合作型

这是一种自相矛盾的混合型人际关系。此种人际关系的双方，时而呈现出竞争关系，时而呈现出合作关系，如此反复循环。这种关系类型最适合朋友之间，而对夫妻关系来说则不甚适合，这是因为，要维持这种关系需要有一定的距离以避免双方过于频繁的互动。

（七）　主从—合作—竞争型

这也是一种混合型的人际关系。属于这种关系的双方，往往陷入困境，因为在他们的相互关系中，同时具有主从、合作、竞争三大类人际关系的特点，所以他们生活中的矛盾冲突比其他类型的关系要多。

（八）　无规则型

这种类型的人际关系较为少见。特点是双方毫无规则，不清楚他们在干什么，只要外界对他们施加一种外力，就会转变成其他类型的人际关系。

雷维奇的八种人际关系类型，尽管是来自对夫妇关系的测试，但是对于大部分具有经常性的互动者之间的关系来说，是具有一定的普遍意义的。对于人们选择什么样的人际关系以及如何处理好与他人的关系，也具有一定的指导作用。

第二节　大学生人际关系的建立与发展过程

人际关系是人类存在于社会生活中的必修课，学校的教育往往教学生学科知识、组织考试，但是对学生的人际关系能力缺乏一定的关注。大学生这样一个处于社会和校园边界的群体，感受到的人情世故和压力是极其特殊的。良好的人际关系不仅是大学生心理健康水平、社会适应能力的重要指标，是大学生成才的重要保证，也是今后事业发展的基石。

一、大学生人际交往的意义

大学生正处于身心全面发展的时期，学会建立良好的人际关系更有其特殊意义。

（一）　良好的人际关系有助于大学生智力的开发和学习效率的提高

大学生的主要任务是学习知识，开发潜能。而学习效率的提高、智力的开发不仅取决于个人的努力，而且与其他诸多因素有关。其中良好的人际关系有助于大学生的信息交流，有助于大学生的智力开发和技能的提高，进而提高大学生的学习效率。

（二）良好的人际关系有助于大学生自我意识的发展和完善

大学生的自我意识归根到底是由社会存在决定的，而大学生所处的生活环境特别是人际关系起着重要作用。置身于良好的人际关系中，大学生时时感到自己为他人所接受、所承认，从而满足了自尊心，提高了自信心，意识到自己对他人和社会的价值。与此同时，大学生通过别人对自己的态度、评价，可以提高自我评价的能力，使自我评价变得更客观、全面。置身于良好的社会关系中，大学生可以感受到自己哪些认识是错误的，哪些要求是不合理的，哪些想法与社会的需要、他人的要求格格不入，以及哪些目标、理想不切实际……从而不断地进行调整、修正，使自己达到自我意识与社会意识的有机统一。

（三）良好的人际关系有利于促进大学生心理健康

人际交往活动不可或缺。人际交往的时间和空间越大，人的精神生活就越丰富，得到支持与帮助的机会就越多，就越能保持心理平衡。特别是青年学生，通过交往，他们可以获得友谊、支持、理解，得到内心的慰藉，提高自信和自尊，增强自我价值感和力量感，降低挫折感，缓解内心的冲突与苦闷，宣泄愤怒、压抑与痛苦，减少孤独感和失落感。如果人际交往的需要得不到满足，就会增加大学生的挫折感，引发一系列的不良情绪反应，如孤寂、惆怅、空虚等。而不良的情绪作用于生理活动，会削弱人的抗病能力，使正常机能减退，出现相应的身心疾病。

（四）良好的人际关系有利于促进大学生的全面发展

当今世界，国家之间、地区之间的联系较过去大大增强，人与人之间的交往和联系也日益密切。生活于现代社会中的每一个个体，其知识的积累、能力和水平的提高、事业的成功等都离不开一定的社会条件，离不开与他人、集体、社会的交流。在交往中，每个人都可以用别人创造的物质文化和精神文化成果充实自己，使自身得到发展。可以说，离开了交往，人就无法生存，更谈不上全面发展。

（五）良好的人际交往可促进大学生的社会化进程

社会化是个体获得态度、价值、需要　交往技能及其他能使个人参与社会生活的品质的过程。通过社会化，个体学会以社会所允许的方式行动，从一个单纯的生物个体变成一个社会成员。人的社会化进程是在与他人交往中进行和实现的。人际交往是社会化的起点。随着人的成长，交往范围不断扩大，交往内容逐步深化，交往形式日趋多样。大学生的交往性质和交往水平直接影响着其社会化的水平。

二、大学生人际关系的内容与特点

（一）大学生人际关系内容

1. 宿舍室友之间的人际关系

在大学里，每天自己待的时间最长的地方就是宿舍，同时面对自己的室友也是占了大学生活的一大半时间，那么"我"是怎么处理与室友之间的联系呢？我国社会学家费孝通认为，中国社会结构好像是把一块石头丢在水面上所发生的一圈圈推出去的波纹，是"差序格局"的社会，其社会关系是以"己"为中心，逐渐从一个一个推出去的，是私人关系的增加。这就是一种同心圆的模式，"我"在圆圈的中心。离开家之后，室友与自己只有一个床铺的距离，室友很容易成为自己的倾诉心事和烦恼的对象，而一旦选择了室友作为自己的聆听者，那室友在自己心中的地位势必比自己其他的大学生活中遇到的人更加亲近。

2. 大学组织里的人际关系

大学里面有很多社团组织和学生自我管理自我服务的学生性组织，这种组织为大学生提供很多展示自己的舞台。在这里，在一起共事的同学似乎都默认了一种潜行规则，他们交往的方式更多的是交换。交换其实就是社会互动的社会交换论。社会交换论着眼于人们在社会生活中相互交往的外显行为，用代价和报酬来分析社会关系，认为社会互动的本质是人们交换酬赏和惩罚的过程。就如同刚谈到那个实例，学生加入学生组织是秉承着交换的原则，即"我"加入学生会，努力工作是为了考研的加分。那么，以这种价值观参与到社会互动中会让参与者拿自己得到利益作为前提去考虑问题。如果一个人需要找你帮忙，你会考虑除了口头上的感谢之外，在今后工作上他是否在日后也能给予你帮助。一旦对自己有利，那么自己会尽全力去帮助他；如果完全没有利，自己可能会委婉的拒绝他人的请求。可以看出，在组织这一特定的社会交往环境中，自己对待其他共事同学中所谓的"帮个小忙"其实隐含着自己对对方未来可能发生的利益的考量。

3. 同班同学以及老师的人际关系

在与同班同学和老师的交往互动中，如何能给对方一个好的印象就显得十分的重要了。美国心理学博士戈尔曼（Gorman）对此提出了"戏剧理论"，他的理论主要研究人们运用哪些技巧来创造在别人心目中的印象。他认为，互动的一方总想控制对方的行为，使对方通过自己行为的理解自己。无论是面对老师还是同班同学，我们首先是希望通过自己良好的形象给他人留下好的印象，就有了这样的四种人际礼仪：表达式礼仪、回避式礼仪、维系式礼仪、认可式礼仪。我们通过这些礼仪去对待自己的同班同学和老师，选择相对应的礼仪方式与他们对话和相处，使自己做的有"面子"。这些人际礼仪在日常社会生活中具有重要的作用，是个人维持和加强与他人的联系，表达对他人的尊敬与关怀的重要方式。假如自己不在乎"面子工程"或者滥用这些交际礼仪，会致使他人对自己角色定位的混乱，最终渐渐疏远自己。

4. 情侣之间的人际关系

有人说，大学里面最刻骨铭心的一堂大学课程便是爱情。在大学生活中，自己的另一半异性朋友也占据了自己相当多的时间，那我们在面对自己的另一半异性朋友时又是如何表现的呢？很大程度上，要想保持爱情的良好发展，拥有一个和谐的爱情生活，重要的是转变角色。

角色与互动是密不可分的。日常生活中，人际互动之所以能够有条不紊地进行，是因为互动的双方都遵循着一定的角色规范而进行交往。就像爱情一样，作为依然走在一起的两个人都要及时转变自己的角色，即自己是对方的伴侣，这就要求双方去做情侣应该去做的事情，这就是一个角色的行为规范。如果一方角色失调，就可能使互动中断。许多情侣争吵的根源所在，就是一方或者双方对于自己角色还没有完全转变过来，导致自己的行为与特定的行为规范不符合。

（二）大学生人际关系的特点

大学生交往呈多元与开放交往。大学生渴望友谊，渴望结交更多的朋友，交流更多的信息，接受更多的新思想。大学生人际交往呈现出前所未有的开放式交往趋势，表现出以下特点：

①交往范围扩大。交往对象由以前的亲缘、朋友交往转向更广泛的社会交往群体。同学交往不局限于同班同学，而逐渐发展到同级、同院系甚至是同校的可认识的同学；不仅包括同性交往，异性交往也是交往的重要方式。

②交往频率提高和交往手段多元化。大学生交往由偶尔的相聚发展到经常的聊天、社团活动、体育活动、娱乐以及其他一些集体活动。网络和电子产品的发展为大学生的交往提供了更加广阔的交往空间，交往手段的发展使大学生的人际交往变得更方便、更快捷。

③从交往方式看，以寝室为中心，社会工作和网络社交占主导。大学生由于时间、精力、生活环境、经济条件等方面的限制，交往的主要场所在校园，中心是学生的寝室和教室，新型的社交方式微信、微博和 QQ 等发挥着重要作用。

④交往目的的多样性。随着社会的发展变化，大学生选择什么样的人交朋友，并不纯粹是由于情感和志同道合，交往动机变得很复杂，越来越注重与自身社会利益相关的务实性，呈现出情感型交往与功利型交往并重的趋势。

三、大学生人际关系的发展过程

（一）定向交往阶段

定向阶段包含着对交往对象的注意、抉择和初步沟通等多方面的心理活动。在公共场所和工作环境中，我们对交往的对象和交往的深度是有选择的，并不是和任何人都建立良好的人际关系。在通常情况下，只有当对方的某些特质能引起我们情感上的共鸣，才会引起我们的特别注意，成为我们自觉选择的对象。选择交往对象的过程本身就反映了交往者的某种需要倾向、兴趣特征等个性心理特征。

注意性的选择可能是自发和非理性的。当我们理性地思考可以进行交往的对象并与之保持良好的人际关系时，已经属于抉择过程了。只有在价值观念等方面具有共识时，才可能成为进一步交往的对象。

初步沟通是我们在选定一定的交往对象后，试图与之建立某种联系，希望对对方有一个初步的了解，以便使自己知道是否有必要与对方进行更进一步的交往。同时，我们也希望给对方留下良好的第一印象，为可能形成的稳定的人际关系准备更好的心理基础。

（二）情感探索阶段

彼此探索双方在哪些方面可以建立真实情感联系，而不是仅仅停留在一般的正式交往模式上。在这一阶段，双方沟通会越来越广泛，自我暴露的深度和广度也逐渐增加。但暴露自我大都是表面信息。

（三）感情交流阶段

人际关系发展到这一阶段，双方谈话开始涉及自我的许多方面，并有中度的情感卷入。双方关系的性质已经发生实质性的变化。此时交往双方的安全感已近确立，如果关系在这一阶段破裂，将会给人带来相当大的心理压力。在这一阶段，双方的表现已经超出正式交往的范围，正式交往模式的压力已经趋于消失。此时，人们会相互提供真实的评价性的反馈信息，提供建议，彼此进行真诚的赞赏和批评。

（四）稳定交往阶段

随着交往双方接触次数的增多，情感联系也越来越密切并伴随着深度的情感卷入，人们心理上的共同领域会进一步增加，自我暴露也更深刻广泛。此时，人们已经可以允许对方进入自己高度私密性的个人领域。但在实际生活中，很少有人达到这一层次的友谊关系。

（五）人际关系恶化阶段

一般来说，人际关系的恶化是由于人际冲突和人际侵犯的结果，根据这种冲突和侵犯的性质和程度，可以把人际关系的恶化过程分为冷漠、疏远和终止三个阶段。

1. 冷漠阶段

即指交往的一方把交往视为一种负担，在心理上形成一种压力，并伴随交往活动而产生一种痛苦情绪体验。人际关系的恶化始于冷漠，不但对交往者持漠不关心的消极态度，严重者甚至表现为一种否定性的评价和行为。如对交往者注意力的转移，不断故意地扩大与对方的心理距离，不愿与对方进行交往、沟通，更谈不上情感联系了；在公共场合，千方百计避免与对方的接触，迫不得已时的交往也是纯粹出于客套和应酬，或者是心不在焉，一副与己无关、高高挂起的旁观者心态。实际上，在内心深处，已不愿意交往了。

2. 疏远阶段

交往者在痛苦情绪体验的基础上，进而产生一种对交往双方人际关系的厌恶反感情绪。人际关系的恶化从冷漠开始，以疏远的具体形式表现出来，并渗透到彼此人际交往的各个角落。在这个阶段，双方又回到了原来的交往位置，形成了一种远离的状态，或零接触状态。所不同的是，这时并不是双方互不认识，而是一方故意不理睬另一方。在双方均出现的交际场合，彼此避免接触，即使不得不寒暄，也是以嘲弄、讽刺、挖苦对方为能事，并在非言语行为上也有所表现，如表情的不自然、脸部肌肉的呆板以及举手投足的生硬等等。出现这种现象，表明双方的人际关系很难在维持下去了。

3. 终止阶段

交往双方冷漠、疏远的必然产物和符合逻辑的推论，便是结束这种人际关系，双方处于完全失去联系的状态。在这个阶段，交往者不仅把相互间的接触视为一种强加给他的额外负担，感到烦恼、不安、焦虑、痛苦，而且把这种对交往的厌恶情绪用来指导自己的行动——终止人际关系。人际关系的恶化，一般均是从冷漠开始，经过疏远阶段的恶性发展，进而出现终止这种人际关系的动机和行为。人际关系的终止，可能是自然造成的，但更多的情形是人为造成的。

四、人际关系的影响因素

在大学生群体中，人与人之间交往的程度或深度往往有很大的差别。有的一见如故；有的"鸡犬之声相闻，老死不相往来"；有的情同手足，形影不离；有的时冷时热，若即若离。这些差别主要与交往双方的人际吸引力有关。人际吸引指的是人与人之间彼此具有注意、欣赏、倾慕等心理上的好感，并进而彼此接近，以建立感情关系的心路历程。人际吸引也是人与人之间建立感情关系的基础。一个人如果毫无吸引别人之处，就不能引起别人的注意；如果两人之间不能彼此吸引，也就无法建立亲密的人际关系。大学生在人际交往中所受影响的因素主要有以下几种：

（一）时空的接近性

俗话说，"远亲不如近邻，近邻不如对门"。这说明时空距离是人际关系密切与否的一个重要条件。空间距离越接近的人，越容易发生人际交往，如同班同学、同桌、同室的人，不仅容易交往，而且交往频率高。交往频繁也容易使双方相互了解和相互支持。因接触机会多而相识，因相识而彼此吸引，因彼此吸引而容易有共同的经验、共同的话题、共同的体会、共同的兴趣及共同的利益，从而建立友谊，甚至彼此相爱。另外，时间上的接近，如同龄、同期入学、同期毕业等，也易于在感情上相互接近，产生相互吸引。时空接近性是人际关系密切的重要条件，但也不是绝对的。有的时候，时空过于接近，交往过于频繁，反而容易造成摩擦和冲突，影响人际关系的巩固和发展。

（二）态度的相似性

成语"惺惺相惜"指的是才智相近的人会彼此珍惜。人们倾向于喜欢在某方面或多方面与自己相似的人，包括思想、信念、价值观、道德观、兴趣、爱好及年龄、学历、社会地位、职业、修养等方面的相似性，都会导致彼此间关系融洽。

这种因为两人之间有很多相似点而彼此吸引的现象，说明了相似性是建立良好人际关系的基础。物以类聚，人以群分。这句话言简意赅地表明了人际吸引中相似性的作用。相似性有助于交往，原因如下：

①各种相似的因素使人具有较多的共同参与社会活动的机会，因而人们接触机会多，容易彼此熟悉和互相喜欢。

②相似性可使交往双方在交往过程中得到相互肯定、相互激励；反之，如果双方态度差异大，则容易相互否定，增加心理压力，使交往出现不愉快，从而在心理上不愿意与对方继续交往。

③相似性因素可以使交往双方容易沟通，减少误会、曲解和冲突，从而形成良好的人际关系。

如果人与人之间有着共同的理想信念、人生观、价值观及共同的爱好、兴趣等，在工作和生活中就容易有共同语言，从而容易产生心理共鸣，感情也易于交流，相处也比较融洽。相反，如果人与人之间的态度不相似，彼此之间就很难有共同语言，相处就比较困难。

（三）需要的互补性

需要和满足需要的期望是推动人们相互交往的根本原因，也是人际关系的动机和目的。良好人际关系的形成取决于交往双方彼此满足需要的方式和程度。成语"刚柔相济"，指的是两个性情极端不同的人却能和谐相处。这种两人之间彼此吸引的原因，就称为互补性。人们重视虽与自己不同但能与自己互补的朋友，因为彼此可以取长补短、各得其所。互补因素在婚姻生活中更为突出，有助于爱情的巩固。例如，一个支配型的男性与一个依赖型的女性，一个喜欢控制人的泼辣女性与一个被动型不愿做决定的沉默男性结为夫妇，婚姻都可能幸福美满，而支配型的男性与支配型的女性则很难做一对平和的夫妻。除了两性之间男刚女柔的自然互补之外，在个人兴趣、专业、特殊才能等方面，多数人都会有希冀自己所欠缺的部分由别人来补足的心理倾向。人在追寻成长的过程中，不可能把握所有的机会，顾此失彼的遗憾总是难免，因此，当发现自身所欠缺而对方所擅长的某种特征时，就会自然而然地对之产生好感。

（四）外表与个性特征

爱美之心，人皆有之。人们常常把外貌有吸引力的人视为拥有较多优良人格特征的人，一个人的长相、性格、能力等往往是构成人际吸引力的重要因素。性格本身更是引人注意与令人欣赏的重要条件。

1. 长相因素

人们总是倾向于结交长相有魅力并且心灵也美的人，其中更强调的是心灵美。如果一个人空有美丽的长相而没有美丽的心灵，那么人们会更加厌恶其漂亮的外表。但是，人们常误认为长相好，品质也一定好。其实，人的长相是天生的，很难改变；而道德品质是后天的，是靠自身修养形成的。外貌堂堂正正的人，未必是正人君子；体态纤细瘦弱的人，也许性格坚毅刚强。

2. 性格因素

人们对乐观开朗、助人为乐、富于幽默感、有进取精神的人非常倾慕，因为与这种人相处，能给人带来欢乐。美国心理学家安德森（John Robert Anderson）在其进行的一项研究中，将555个描绘个性品质的形容词制成表格，让大学生按照喜欢程度由高到低排列。结果显示，大学生最喜爱的个性品质前十位是真诚、诚实、理解、忠诚、真实、可信、聪慧、可依赖、有头脑和体贴；最厌恶的品质前十位是古怪、不友好、敌意、饶舌、自私、狭隘、粗鲁、自负、贪婪和不真诚。

3. 能力因素

人们都比较喜欢聪明能干的人，觉得与能力强的人结交是一种幸福并感到自豪。为此，不少人常与有某种特殊才能的人结为良师益友。但有研究发现，群体中最有能力的成员，往往不是最受喜爱的人。可以看出，才能与被人喜欢的程度在一定限度内成正比关系。如果别人的才能超出一定范围，使自己可望而不可即的时候，其才能所造成的压力就成了主要的作用因素，并倾向于逃避或拒绝与这个人交往。因为任何一个人，无论如何都不会去选择一个总是提醒自己无能和低劣的对象做朋友。因此，有研究显示，个很有才华而又有小缺点或过错的人，反而使一般人更喜欢接近他，比那些有才华又完美无缺的人更具有吸引力。

（五）沟通能力与语言障碍

缺乏沟通能力或技巧、沟通不畅、沟通失效、语言障碍等都是影响建立良好人际关系的因素。例如，有人口齿不清，语言表达不准确，常常词不达意，别人误解或不能确切理解其意；也有人说话的语调不当，很少用商量的语调，而习惯用命令式语调，因而引起对方反感；还有些人存在偏见，不能正确地看待和认识他人，妄自尊大，口出狂言。这些因素都会妨碍良好人际关系的建立。

第三节　大学生人际关系中的心理问题及调试

大学阶段是人生最宝贵的时期，每个大学生都希望拥有良好的人际关系，以便促使身心健康发展，为自己以后的就业和工作打下一个良好的基础。然而随着社会和经济的发展以及生活节奏的加快，人与人之间的关系也越来越复杂，大学生面临最大的问题不是学习和就业，而是形形色色的人际交往问题。如今大学生在交往过程中往往因为一些客观因素和主观认知的偏差而走入心理误区，导致出现一些心理障碍。在出现人际关系心理问题后，大学生要正视问题，积极寻求帮助，建立良好的人际关系和人际心理。

一、大学生人际心理问题的类型

（一）猜疑心理

猜疑心是在交往中由主观推测而产生的对他人不信任的复杂情感体验。这类大学生对别人总是持不信任的态度，不肯讲真话，戴着假面具与人交往。一些人由怀疑他人到怀疑自己，失去信心，变得自卑、怯懦、消极和被动，人际交往陷入困境。因为找不到交心的知己，所以，他们不免感到孤独和无奈。

（二）自我中心

这类大学生虽然能与其他人交往，但是关系非常一般，沟通质量不高，与多数人的关系仅是"点头之交"，没有知心朋友，既没有人值得他牵挂也没有人会想念他，他们希望周围的人以他为中心，服从于他。这种人强烈希望别人尊重他，却不懂得尊重别人。只从自己的经验角度去认识人和事，而不能意识到别人对同一事物的看法和观点，对人和事的看法带有强烈的主观性。

（三）自卑心理

交往困难自卑是一种过低的自我评价，认为自己在某个方面或几个方面不如他人的情感体验。有自卑心理的大学生大多较为敏感，缺乏自信，他们处事过分谨慎，为减少挫折，尽力避开人群，因而丧失许多发展机会。还有一部分有自卑心理的大学生表现为凡事对自己要求很高，在交往中总是力求完美，以免于遭到他人的耻笑。以一种盛气凌人的架势来掩饰自己自卑而脆弱的心理，这使他们将自己的社交圈子限制得非常狭小。

（四）孤僻心理

孤僻心理的大学生总是不愿和他人交谈，不愿参加集体活动，时间长了以后，他们就会出现寡言少语、感情冷淡、不善交际等表现。他们认为人际关系不重要，甚至瞧不起所有的人，自我封闭，孤芳自赏，性情内向，少言寡语，有些人可能还存在某些怪癖。

二、大学生良好人际关系的构建

正确地看待自己，就是要客观地认识自己，有积极健康的自我体验，悦纳自己。具体来说就是要客观地认识自己，评价自己，同时要接受自己，喜欢自己，满意自己，有自豪感、成功感、顺心感和愉快感；能确定适度的奋斗目标，有积极的自我体验，开朗、乐观，对生活充满憧憬；能够冷静地、积极地对待自己的得与失，充满信心地认定自己的长处与短处，既不"夜郎自大"，也不盲目自卑，在人际交往中，确定自己的角色，摆正自己的位置。

如何搞好人际关系，如何加强人际交往，是每一位大学生迫切希望解决的问题。人际交往也是一种复杂的社会互动，有着独特的交往原则和技能技巧。只要有可能，就要努力提高自己，改进自己。每个人身上都有很多值得学习的东西，大学生要注意，在与其他同学的交往中，学习别人的优点，不论是水平比自己高的，还是水平比自己低的，我们都能够从他们身上吸取一些有益的东西。通过不断学习，提高自身的品质。

在与别人接触时，对别人的印象不完全是直接获得的，而往往是间接推断的结果，间接推断往往会带有不少主观因素，需要我们加以注意。首先要尽量避免人际交往中认识偏差的影响，充分认识它们的规律；其次积极对待他人的情绪，用心去倾听他人的心声，感同身受，将心比心；最后要以平等的态度对待别人，避免自己对他人产生绝对化要求，不要以自己的意愿为出发点来要求别人。

在交往中，如果发现自己出现不良交往情绪时，可以对自己进行积极的自我暗示。比如：我不过是这么多同学当中普普通通的一员，谁也不会对我特别留意；或者告诉自己"天生我材必有用"。用这种自我暗示，不断提醒自己，逐步摆脱过于关注他人评价的思维方式。

加强大学生人际交往的管理工作，创造良好的校园文化环境。学校要采取多种形式，积极为大学生提供更多、更有益的交往空间。丰富大学生人际交往的内容，增加交流机会，扩大交往的范围，让学生有广泛地与人交往的机会，既在交往的实践中锻炼自己，又在互相帮助、互相尊重的群体氛围中协调人际关系。建立和完善心理辅导机构，解决学生遇到的各种心理问题，提高学生的心理健康水平。大学开设一系列的心理健康教育课程，通过教学使学生学会正确认识大学生中常见的心理问题及其表现形式，掌握增进心理健康的方法，提高心理调适能力。同时充分发挥心理咨询的作用，对有人际交往障碍的学生通过专门的心理辅导或咨询，帮助他们正确认识自己，找到问题症结，增强调适人际关系的能力。

三、大学生人际交往原则和技巧

人际交往，是人类活动的基本形式，也是当代大学生成长的重要过程。然而，置身于纷繁复杂的人际关系中，不少大学生迷茫不解、无所适从，甚至感到苦恼。如果这些问题得不到及时解决，就会对大学生的生活、学习乃至身心健康产生影响。因此，了解大学生人际交往的基本理论，探讨大学生人际交往的原则及技巧，将会对大学生成功地进行人际交往提供有益的帮助。

（一）人际交往的原则

大学生都希望有丰富的人际交往，拥有令人感到友善和温暖的人际关系。大学生要想获得良好的人际关系，能够在一个温暖、和谐和友善的集体中生活和健康成长，就需要了解并遵循大学生交往的基本原则。

1. 平等原则

这是大学生人际交往最基本的原则。社会中人际交往的双方可能年龄悬殊、分工不同、经历各异，交往的原则和方式相对较复杂。但就大学生而言，年龄、经历、文化水平等都大体相似，不论是来自城市还是来自农村，也不论家庭出身如何，都无尊卑贵贱之别，所以大学生之间的人际交往应该是平等的。无论何时何地、无论年级高低，任何大学生都要自觉做到平等待人，绝不能自视特殊，居高临下，傲视他人。否则就会脱离集体，成为"孤家寡人"，造成心理上的孤独感。

2. 尊重原则

生活中每个人都有自己的人格尊严，并期望在各种场合得到他人的尊重。生活的实践告诉人们，只有尊重别人的人，才能获得别人的尊重。所以大学生首先必须学会尊重别人，包括尊重别人的人格、权利和劳动成果。无论什么人，无论地位高低，渴求得到尊重的心情是一样的。所以大学生在人际交往中一定要学会尊重别人。

3. 真诚原则

真诚待人通常被认为是人际交往中最有价值、最重要的原则。大学生在交往中，定要恪守诚信的原则，坚持做到真诚坦率，一是一，二是二，表里如一，言行一致，说老实话，办老实事，做老实人。古人说："以诚感人者，人亦以诚应。"① 这个道理值得大学生铭记。

4. 宽容原则

有一副对联是："大腹能忍，忍尽人间难忍之事；慈颜常笑，笑尽天下可笑之人。"这副对联固然有其消极意义，但在人际交往中也有借鉴意义。人际交往中难免会遇到一些不愉快的人和事，总不能豁出去拼了或因噎废食干脆从此就与其老死不相往来。从长计议，还是要学会宽容，学会克制和忍耐。苏轼说得好："匹夫见辱，拔剑而起，挺身而斗，此不足为勇也。天下有大勇者，卒然临之而不惊，无故加之而不怒，此其所挟持者甚大，而其志甚远也。"② 大学生在人际交往中，心胸一定要宽，气量要大，遇事要权衡利弊，切不可斤斤计较，苛求他人，固执己见，要尽量团结那些与自己有歧见的人，营造宽松的交际环境。

5. 谦逊原则

谦逊是一种美德。谦虚好学者，人们总乐于与之交往；反之，狂妄自负、目无他人者，人们往往避而远之。在人际交往中，大学生一定要有豁达的胸怀，谦虚谨慎，戒骄戒躁，虚心学习他人之长，切勿狂妄自大、傲视他人，更不能不懂装懂、知错不改。

6. 理解原则

金玉易得，知己难寻。所谓知己，即能够理解和关心自己的人。相互理解是人际沟通、促进交往的条件。理解也不等于知道和了解。就人际交往而言，大学生不仅要细心了解他人的处境、心理、特性、好恶、需求等，还要根据彼此的情况，主动调整或约束自己的行为，尽量给他人以关心、帮助和方便，多为他人着想，处处体恤别人，自己不爱听的话别送给别人，自己反感的行为别强加于人。"己欲立而立人，己欲达而达人"③ "己所不欲，勿施于人"④，说的就是这个道理。大学生在交往中，一定要耳聪目明，善解人意，处处理解和关心他人，这样别人也不会亏待你。

---

① 出自曾国藩《读书录》。
② 出自苏轼《留侯论》。
③ 出自《论语·雍也》。
④ 出自《论语十则》。

(二) 人际交往的技巧

人人都希望自己能有良好的人际关系，都希望拥有多一些的朋友。人际交往是人与人之间的心理互动过程。只要注意观察和体验，调整自己的认知结构，形成积极的、正确的人际交往观念，掌握一定的人际交往技巧和规律，就能够提高大学生的交往素质。

1. 消除戒备，敞开心扉

有的大学生虽然很想和他人建立良好的人际关系，但是由于对交往存在错误的认知，认为"先同别人打招呼显得自己低人一等"或"如果我先同他人打招呼，他人不理自己怎么办？"还有的学生认为害人之心不可有，防人之心不可无，认为人与人之间充满尔虞我诈，害怕在交往中遭到他人的算计，因此处处小心谨慎，缺乏主动和热情。其实，要赢得别人的友谊，自己首先要向对方主动发出友善的信息，要接纳他们，喜爱他们，所谓"爱人者，人恒爱之；敬人者，人恒敬之。"① 尽管大学生中有个别人只想占便宜不想吃亏，但是多数大学生的交往动机是纯正的，交往行为是符合道德的。大学生不要因为害怕在交往中遭到个别人的算计而把自己的心封闭起来。

2. 真诚地肯定对方

人类本质最殷切的需要是被肯定。人类对肯定的渴望绝不亚于对食物和睡眠的需要。人们在交往中总是倾向于选择能肯定自己的人。特别是处于青春期的大学生，自尊心极强，在交往中首先必须肯定对方，尊重对方，努力去发现对方的优点、成绩，并真诚地、慷慨地赞美他人，这样就能成功地打开交往的大门。

3. 礼尚往来、学会回报

在人际交往中，若对方感受到了你的真诚与热情，那么你也会得到肯定评价的回报。社会心理学家霍曼斯提出，人与人之间的交往，本质上是一个社会交换过程。但是这种交换与市场上买卖关系中发生的交换不完全一样。生活中常常可以发现，互相帮助的人与人之间，交往比较密切，关系也比较亲密、持久。但是，人际交往中回报的内容是多方面的：有物质的，也有精神的；有直接的，也有间接的。但应注意的是，人际交往中的回报，并不存在一般等价物，在很多时候也不是同步、等量的。大学生要注意给他人提供帮助时不要以他人相应的回报为条件，而对他人的帮助应懂得适时予以回报。

4. 重视建立良好的第一印象

初入校门的大学生，在和一些不熟悉的人交往时，首先要注意给对方留下良好的第一

① 出自《孟子·离娄章句下》。

印象。结交新认识的人时，头四分钟至关重要。为了给对方一个好的第一印象，在结交新朋友时，起码要高度集中精神于头四分钟，而不应一面与对方交谈，一面东张西望，或另有所思，或匆匆改变话题，这些都会引起对方不悦。可见，要建立良好的人际关系，必须要善于建立良好的第一印象。

5. 学会表达，善于聆听

语言交流是人际交往中最直接、最经常的方式。其中，口头交谈对良好的人际关系的建立最为关键。乐于交谈、善于表达、称呼得当、注意聆听，这些都会使人们在良好的心理气氛下顺利交往。因此，要学会正确运用语言的艺术。

①准确表达

用清楚、简练、幽默、生动、通俗、流利的语言表达自己的思想和观点。在表达时切忌不理会对方的意见和反馈，只顾喋喋不休地发表自己的意见。同时要避免急于巴结对方，避免语气措辞肉麻，让人难以忍受；也要避免总是质问对方，让对方觉得自己像被审问的嫌疑人一样。交谈的话题内容和形式应适合对方的知识范围、经验，合乎对方的心理需要和兴趣。

②善于聆听

在交谈中要注意聆听。最好的方式是能站在对方的立场上，投入对方的情感中，集中精力了解对方谈话的内容，同时还应通过适当的提问、点头、对视等方法来表明自己对其谈话内容的兴趣。切忌在聆听中频频打岔或表现出不耐烦的情绪。

四、大学生的网络人际交往

互联网使人们的人际交往方式发生了极大变化，尤其在大学生群体中，微信、微博、QQ 等社交平台成为重要的交友途径，占据了大学生人际交往的大量时间，也给人际交往方式带来新变化。

（一）大学生网络人际交往的特点

1. 网络交流的自主性和广泛性

随着互联网信息技术飞速发展，各种各样的社交平台与网络聊天工具层出不穷，使用非常便捷，很快为大学生所接受，这就极大突破了以往人际交流中的时空限制，使得大学生可以在各种虚拟空间中与他人进行频繁互动，互动范围也在进一步扩大，大学生已经形成了相当规模的交际朋友圈。

2. 网络人际交往更加凸显平等性和随意性

在人际交往过程之中，人和人之间非常平等，网络空间没有上下级关系，更没有长辈与晚辈之间的称呼，现实生活中人们的身份地位在网络世界中完全不起作用。在这样的背景之下，人们常常在一种不受限制的状态下进行自由沟通，打破了传统文化中所应有的等级观念，从而使得人们获得了前所未有的感官体验。

3. 人际交往中出现的匿名性和虚拟性

在网络虚拟社会之中，学生们常常扮演着各种各样的角色，以不同身份出现在各种不同场合之中，随心所欲地选择自我交往对象，畅所欲言，无须承担种种道义上的责任，这就使得学生的表达更随意，也更真实。

（二）网络人际交往对大学生的影响

1. 网络人际交往降低了大学生的交往成本，使交往空间更广阔

传统的人际交往中是通过会面、书信、电话等多种不同形式来完成交流的，但是在网络环境之下，人们可以通过微信、QQ、微博等多种不同社交平台进行交流，人际交往跨越了空间和地域限制，极大地降低了交流成本，提高了人际交往效率。无论是在家乡的父母亲戚，还是在异国他乡的朋友知己，只要通过一部手机就可以随时随地联系，及时发送信息和沟通感情，提高交往的效率。另一方面，互联网上广阔的资源和海量的信息也使得大学生可以认识很多新朋友。大学生群体接受新事物的能力很强，他们时刻保持对社会的好奇心，非常渴望结识志同道合的伙伴来充实自己的社交生活。借助网络社交工具能够让大学生结交心灵相通的朋友，因此他们很乐于在网络上建立新的人际关系，拓宽朋友圈范围，还能收获纯真的友情与爱情。

2. 网络人际交往有利于情感交流，激发大学生交往中的主动性和积极性

正是由于网络在人际交往中存在着平等性及匿名性等特征，不像现实生活中的交往需要顾及很多因素，大学生可以不受外在条件的限制，隐藏自己的真实身份，选择自己喜欢的交流方式和交往对象，交往过程中双方的地位是平等的，没有利益关系甚至素未谋面，这就使得交往主体能够放平心态、敞开心扉，轻松愉悦地进行自我展示与自我表达，此时情感沟通更加真实自然。网络平台的交流方式也相对丰富多样，有时候一个字一个表情包、一堆字母符号就可以轻松表达自己的感受和想法，双方在会心一笑的同时，充分地感受到被理解、接受的满足感，这种满足感可以更好地激发大学生的交往积极性。

3. 网络人际交往是大学生获得社会支持的一种途径

社会支持通常是指来自社会各方面，包括父母、亲戚、朋友等给予个体的精神或物质上的帮助和支持的系统。大学阶段人的自我意识逐渐稳定，但是应对问题的能力不足，较容易产生挫折感和情绪问题。社会支持在大学生处于逆境中时是十分重要的，但他们在与人交往的关系过程中虽具有强烈交往需求，但由于自身性格、交往技巧等问题无法交到更多的朋友，在遇到困难之时也无法向他人诉说，这就导致大学生压力非常大，内心苦闷。而由于网络自身独有的特点，大学生可以在网上结交网友，获得网友的理解支持。有研究发现，频繁使用网络社交平台的大学生会感觉自己内心的孤独感明显减少。社交平台在一定程度上能够缓解使用者内心的孤独与烦恼，大学生可以通过与网友聊天、在社交网站分享自己的喜怒哀乐等形式来获取心灵的慰藉。有些人会上网寻找同类的群体，病友之间互诉衷肠、相互鼓励，从而得到积极的力量，帮助他们勇敢地面对困境。对于一些现实生活中缺乏社会支持的大学生来说，网络人际关系不失为一种好的补充。

（三）对大学生网络人际交往的建议

1. 理性看待网络交往与现实交往

不可否认，网络世界具有极强的诱惑力与吸引力。但我们要清醒地认识到，网络交友不能代替现实的人际关系，因此要珍惜身边的亲人和朋友，诚以待人，注重跟他们的沟通交流，不要让网络占据自己的主要时间，而忽略了与身边人的交往；认清网络虚拟性和现实生活的差别，切勿沉浸在网络的虚假信息中，如有些人喜欢在微博、朋友圈上卖"人设"，以获得别人关注，这些都需要我们有冷静的判断能力，鉴别信息真伪。

2. 加强自律，避免形成网络社交依赖

网络交往是现实交往的延伸，而不能取代自己在现实生活中的各种交往，因此在工作学习之余，尽量控制使用网络交友平台的时间，避免对网络社交的过度依赖。可以通过制订时间计划等方式控制上网时间，将精力投入到现实生活中，积极参加校内活动和社会实践，扩大人际交往圈。学习人际交往技巧，主动与身边的朋友进行沟通。当现实生活中建立起正常的社交圈，对网络交往的依赖就会减少。

3. 提高警惕，预防网络交友被骗

由于网络隐匿性比较高，法律监管存在一定困难，网络诈骗层出不穷。大学生社会经验少，容易相信别人，上网一定要注意安全，对网络扑面而来的信息要有理性判断能力，不要轻信网上认识的朋友，注意个人信息的保密。互联网的发达极大地扩大了我们的交际圈，很多人微信上有几百个联系人，但大学生要清醒地认识到，不是朋友圈里点过赞的就是朋友，不是网上聊过天的人就能信任，网络交友更需要谨慎。

第四章 大学生学习心理健康与品德心理健康

第一节 大学生学习心理健康与自我管理

学习是人类生活的永恒主题，理想的人生就是不断学习的人生。广义上讲，从咿呀学语到掌握各门深奥的科学知识，从蹒跚学步到掌握各种复杂的运动技能，从具体的行为习惯到掌握抽象的道德伦理规范等，都可称为学习。学习贯穿于人类的始终。狭义上讲，通过学校教育，系统地掌握前人的科学知识和获得技能，是学生的主要活动。学习是大学生的首要任务和主要的活动方式，是大学生获得广博知识和社会规范，从而健康成长的重要保证。"从人才培养的角度看，积极心理资本有助于激发学生的潜能、调动其积极性、拓展社会资源，促使自身综合素质提高和良好习惯的养成。一个大学生的就业成功和未来事业发展，很大程度上取决于其大学期间自身积极心理资本的积累和对自身潜能的发掘"。①

一、大学生的学习与心理健康

大学学习的主要方式是实施专业教育和专门技能训练，由于学习是一种十分复杂的心理过程，它需要全部智力因素和各种非智力因素的积极参与，因此，大学生的心理健康状况和心理发展水平，对大学生的学习过程和学习效果会产生直接的影响。培养良好的学习心理是大学生心理健康教育的重要内容，同时，它对于提高大学生的学习质量和效率也具有特别重要的意义。

（一）大学生的学习与人类学习

学习是一种十分复杂的心理现象，学习的概念有广义和狭义之分。广义的学习指人和动物在生活过程中，凭借经验而产生的行为或行为潜能的相对持久的变化。这一定义首先

---

① 武传伟，吴翌琳. 大学生积极心理资本与就业压力关系调查分析 [J/OL]. 调研世界. 2018. 12. 004.

说明，学习是一个介乎经验与行为之间的中间变量。学习者必须凭借反复的练习与经验，才有可能产生行为或行为潜能的持久变化。同时，我们可以凭借行为或行为潜能的改变，来推断学习的发生。当人们表现出一种新的技能，如游泳、驾车、打字、编织等，我们即可推知学习已经发生了。有时，人们通过学习获得的是一些一般性的知识经验和行为准则，比如对现代艺术的鉴赏或对道德规范的领会，这类学习往往不一定在人们的当前行为中立即表现出来，但它们却影响着人们在将来对待某些事物的态度和价值观，即它们改变了人的行为潜能。其次，学习所引起的行为或行为潜能的变化是相对持久的。药物、疲劳、疾病等因素均能引起行为或行为潜能的变化，如运动员服用兴奋剂而提高了比赛成绩、大学生因疲劳而降低了学习效率等。但是这些变化都是非常短暂的，一旦药效消失或疲劳恢复，行为表现又会与过去等同。而学习则不然，一旦我们学会了操作机床、游泳滑冰、骑车打球等，这些技能就几乎终生不忘。习得的知识观念虽然有时会随着时间的推进而发生遗忘或被以后新的学习内容所干扰，但相对于那些因药物或疲劳等引起的暂时性行为变化来说，它们的保持时间仍是比较持久的。再次，学习是由反复经验而引起的。我们知道，个体的成熟乃至衰老也会使其行为产生持久的改变，如青春期的少年的嗓音变化，这种变化是由于身体的生理发育而引起的，是成熟的结果，与经验无关，因而不能称之为学习。由经验而产生的学习主要有两种类型：一种是由有计划的练习或训练而产生的正规学习，如大学生在学校中学习，遵守交通法规的训练等等。不过，学习固然是由于经验而产生的，但它也离不开个体成熟的影响，只有当个体具有一定的成熟准备时，经验才会发生作用。

从上述分析可知，最广义的学习是动物和人类所共有的心理现象。学习不是本能活动，而是后天习得的活动，是由经验或实践引起的。任何水平的学习都将引起适应性的行为变化，不仅有外显行为的变化，也有潜在的个体内部经验的改组和重建，而且这些变化是相对持久的。但是也不能把个体一切持久的行为变化都归之为学习，那些由于疲劳成熟、机体损伤以及其他生理变化所导致的行为变化就不属于学习，只有通过反复练习、训练使个体行为或行为潜能发生相对持久的变化才能称为学习。

次广义的学习指人类的学习。由于人类的学习与动物的学习有许多相似之处，因此长期以来，心理学家把从动物学习的实验中找出的一些规律用以解释人类的学习过程。例如，人在解决问题或遇到困难情境时，也要一次次地"尝试错误"，最后才能找到解决问题的办法，学会解决问题的技能。但有时也会在百思不解的过程中突然顿悟，发现问题的关键，使问题迎刃而解。但事实上，人类学习和动物学习有着本质的区别。首先，人的学习除了要获得个体的行为经验外，还要掌握人类世世代代积累起来的社会历史经验和科学文化知识；其次，人的学习是在改造客观世界的生活实践中，在与其他人的交往过程中，通过语言的中介作用而进行的；最后，人的学习是有目的的、自觉的、积极主动的过程。因此，我国著名心理学家潘菽把人的学习定义为在社会生活实践中，以语言为中介，自觉地、积极主动地掌握社会和个体经验的过程。

狭义的学习专指学生的学习。它是人类学习中的一种特殊形式，是在教师的指导下，有目的、有组织、有系统地进行的，是在较短时间内接受前人所积累的文化科学知识，并以此来充实自己的过程。大学生的学习不但要掌握知识经验和技能，还要发展智能，培养行为习惯，以及修养道德品质和促进人格的发展。因此，大学生的学习内容大致可分为三个方面：一是知识的掌握和技能的形成；二是智能的开发和非智力因素的发展；三是行为规范的学习和道德品质的培养。

（二）大学生学习的特点

大学生的学习是学生学习的一种，属于更为狭义的学习。就学习特点而言，大学与中学由于教学目的、教学内容和教学方法的不同，而有着明显的不同，并由此给大学生带来一系列心理问题。

1. 专业性和职业倾向性

大学教育更多的是专业定向教育，其教学计划是针对专业培养目标制定。大学的课程设置、教学活动都是围绕培养各类专门人才的需要组织的。一个人只要上了大学，其职业倾向性就比较明确。这种职业倾向性必然决定大学教学过程要为专业培养方向服务，制约着大学教学的各个环节。所以对专业是否有兴趣会直接影响大学生的学习兴趣，进而影响学习动力、学业完成状况乃至一生事业的成功。

2. 独立自主性

在大学生的学习生活中，由于教学内容大幅度增多和培养学生能力的需要，学生对教师的依赖程度已大大减弱。教师的讲解通常是起引路的作用，往往只是讲授有关内容的重点、难点，介绍一些学习和思考问题的方法，较多的学习内容则要求学生通过自学去掌握。因此要求学生逐步增强学习的独立性。同时，大学阶段的教学活动，学生自己在学习时间的支配、学习计划的安排、学习潜力的发挥上，具有较强的自主性。大学学习的这种特点，要求大学生要有较强的学习计划能力，合理安排学习内容、学习形式，需要有较强的自学能力和自制能力。否则或是无所事事，或是忙乱不堪，不得要领，所学甚少。

3. 探索性

由于科学研究进入了大学的教学过程，因而大学生的学习必然具有一定的探索成分。

特别是高年级的大学生，在教师的指导下，往往不仅仅满足于教学大纲的要求，而且还要注意利用图书馆、实验室以及开展实际调查等多种渠道收集本学科的各种信息，在信息交流中辨别与确定方向。学生不再只满足于接受书本的现成结论，开始向结论的来由、发展去探索。学生从在教师指导下写课题论文，到独立完成毕业论文，尤其目前的毕业设计和毕业论文大都是以社会上的实际科研项目为题。因此，大学生可以在科研活动中积极探索。大学阶段是学生系统地接受学校教育的最后阶段，也是由"求学期"向"工作期"和"创造期"转变的过渡过程。因此要求大学生不仅要理解、巩固知识，还要在学习中培养独立思考、探索创新的精神。而死记硬背、高分低能、缺乏灵活性、创造性的大学生将会较多地受到挫折。

4. 多元性

虽然课堂教学在高等教育中仍是主要的学习途径，但已不是唯一的途径。进入大学后，大学生普遍感到知识浩如烟海，各类活动繁多，为每个人的发展提供了广阔的天地。然而，如何正确处理好课本知识和课外知识，课内活动和课外活动的关系以及专业学习和能力培养诸方面的关系，是许多大学生深感矛盾和头痛的问题，常常使一些大学生左右为难、焦虑不安，以至顾此失彼，影响全面发展。

以上诸如此类的特点决定了大学生的学习活动是复杂、紧张的。学习是一种艰苦的脑力劳动，需要花费很大的心智能量，需要有良好的心理素质，多方面的智能特征以及健康的身体素质来保障。

(三) 大学生学习心理健康

就学习活动本身而言，学习是人和动物与环境保持平衡，维持生存和发展所必需的条件，也是适应环境的手段。学习能促进人的全面发展以适应社会的需要。因此，学习对心理健康是非常有益的。然而，对学什么、学多少、怎样学等与学习有关的问题如何把握、如何选择和规划，却会对心理健康带来不同性质、不同程度的影响。这些影响大体上可分为两类：积极的影响和消极的影响。

1. 大学生学习对心理健康的积极影响

首先，学习能够开发大学生的智力和潜能。每个人都有与生俱来的潜能，但是这些潜能只有通过学习才能得以表现并进一步得到开发。并且，一个人的智力也是在学习过程中不断发展的。心理卫生学认为，一定的智力水平是心理健康的基础，而潜能的开发状况则与心理健康状况直接相关。其次，学习能促进大学生认知水平的提高和自我概念的发展。

古人云："玉不琢，不成器；人不学，不知义。"① "学然后知不足，知不足然后能反也。"② 只有多学习，才能提高理论水平，从而提高认识问题、分析问题的能力，掌握科学的认知方法；也只有多学习，才能发现自身的不足，才能正确认识和评价自己和他人，也才能不断根据社会需要进行自我调节。最后，学习能带来心理上的满足，使人体验愉快的情绪。心理卫生专家认为，献身于某些引人入胜的工作，是实现心理健康的基本条件。乐于工作的人常常能从工作中找到乐趣，每当完成一项任务，取得一项成绩，就会感受到自己的价值和尊严，就会有一种自我效能感，就会有一份喜悦和满足。而在遇到不如意的事情时，若能埋头于工作，就可以实现"注意转移"，使自己忘掉烦恼，从工作成绩中得到安慰。大学生的"工作"就是学习。因此努力学习，善于学习，有助于人的发展与心理健康。

2. 大学生学习对心理健康的消极影响

学习是一项艰苦的脑力劳动，在学习活动中，需要消耗大量的生理、心理能量。如果学习方式不当，就会事倍功半，影响学习积极性；如果学习内容过多，负荷过重，就会由于压力过大而引起身体不适；如果搞"疲劳战术"，不注意劳逸结合，则会损害身心健康；如果学习环境嘈杂、肮脏，则会使人心烦意乱，效率低下等等。这些伴随学习活动而带来的种种不利因素都会直接或间接地影响大学生的心理健康。

3. 心理健康状况对学习的影响

一般而言，心理健康的大学生，学习成绩优于心理不健康者。对于具备一定智力基础的大学生来说，非智力因素比智力因素对学习更具有影响力。非智力因素指的是不直接参与认识活动，即不具有加工、处理信息的功能，而是个体内部的动力系统，它影响人们认识和行为的方式及积极性。这个系统包括需要、动机、情感、兴趣、意志、性格、价值观等因素，它实现着对人的认识活动和行为的驱动、定向、引导、持续、调节和强化等功能。学习活动是智力和非智力因素共同参与的过程。在学习过程中，非智力因素能够转化为学习动机，成为推动人们进行学习的内在动力。学生选择什么学科作为自己的主攻方向、探索哪一方面的课题，这都和学生的需要、兴趣、情绪、态度、意志、个性特点等心理因素直接有关系。但是学习活动毕竟是艰苦的脑力劳动，长时间的学习也会产生疲倦、松懈、枯燥、乏味等情绪，如果不消除这些不良的心理状态，就不可能推动智力活动的继续深入。这时就需要有顽强的意志、强烈的求知欲、热情、勤奋进取的性格介入。总之，良好的心理健康状况，即正常的智力、健康的情绪、坚强的意志、良好的个性、正确的自

---

① 出自王应麟《三字经》。

② 出自戴圣（相传）《虽有嘉肴》。

我意识、和谐的人际关系、较强的适应能力等等，对大学生的学习有很大的促进作用；反之，如果心理健康状况不佳，甚至有心理疾患，则会不同程度地妨碍大学生的学习，抑制大学生潜能的开发，甚至使某些大学生中断学业。

二、大学生常见的学习心理障碍

在大学校园里，大多数学生能经受住紧张的学习对大学生各方面素质的综合考验，顺利地完成学业。但是也必须看到确有相当数量的大学生存在时间或长或短、程度或轻或重的学习困难。导致学习困难的原因虽然多种多样，但是分析的结果表明心理障碍是重要的原因之一。所谓学习中的心理障碍，是指影响个体正常学习行为和学习效能的心理因素或心理状态。大学生中常见的学习心理障碍有：缺乏学习动力、学习动机过强、严重的学习焦虑、学习心理倦怠、考试应激等。

（一）缺乏学习动力

大学生的学习动力缺乏是指学习上没有动力，没有明确的学习方向，无知识需求，无学习兴趣，学习上得过且过，不求进取。这种心理障碍也是大学生中常见的一种综合性的心理障碍。某些同学常说的"学习没劲"即是这种类型的心态。心理学认为，学习动力系统由学习动机、学习兴趣和学习态度组成。学习动机是学生将学习愿望转变为学习行动的心理动因，是发动和维持学习的力量。它反映了学生的学习需求和学习愿望，并体现在意志行动的过程中。学习兴趣是学生的内部动机在学习上的体现，是来自学生内部的好奇心、求知欲和抱负。有学习兴趣的学生总是表现出兴致勃勃、孜孜以求，从学习中体验到喜悦和满足。学习态度对学习动力系统具有推动功能、反馈功能和调节功能。若学生有良好的学习动力系统，他就不仅能有明确的学习方向，有浓厚的学习兴趣，有自尊和抱负，勤奋学习、刻苦钻研；而且还会自觉排除内外干扰，不断调整学习策略和方法，积极应变，适应新的学习环境。良好的学习动力系统中的学习动机、学习兴趣和学习态度这三个要素密切联系，互相促进，贯穿于学习的全过程。若这三要素之中有一个要素出了问题，就不能形成良好的学习动力系统。

缺乏学习动力的主要表现是：

①逃避学习。不愿上课，上课无精打采，不能积极思考；课后不学习，常把主要精力放在打扑克、刷朋友圈、打网游等与学习无关的活动上；无成就感、无抱负和期望，无求知上进的愿望。

②焦虑过低。缺乏自尊心、自信心，学习不好不觉得丢面子，考试成绩不及格也不在

乎。这些学生缺少必要的压力、必要的唤起水平和认知反应，因而懒于学习。

③注意分散。学习动力缺乏会使注意涣散、兴趣转移，易受各种内外因素的干扰，因而上课时听课不专心，不能集中精神思考问题，课后不肯花功夫复习巩固所学的知识，作业不认真，满足于一知半解，对学习基本采取的是"对付"的策略。对学习以外的事反而兴致勃勃，如不惜花时间，看录像、电影、经商等，常常喧宾夺主、主次颠倒。

④缺乏适宜的学习方法。学习动力缺乏的学生由于对学习总体上是一种消极的态度，所以也不可能努力地摸索一套适合自己的学习方法，因而难以适应紧张、繁忙的学习情境。总之，当一个学生缺乏动力时，相对广大学生紧张而有节奏的学习生活，他如同一个局外人，与学习群体不相融，如不及时矫治就不可能坚持学习，不可能完成学习任务。

造成大学生学习动力缺乏的原因是多方面的，有主观原因也有客观原因，主要还是来自学生自身的原因。

一是学习动机不明确。凡动力缺乏的学生被问到为什么学习、为什么读书、为什么上大学等问题时，他们便会给出一个共同的答案：以前念书就是为了考大学，考大学是为父母，为了将来找一个好工作，为了躲开穷乡僻壤等等。这些学生由于没有确立起学习目标、人生理想，没有把自己的学习和社会的发展联系在一起，更没有和国家、民族的振兴相连，所以缺少或者没有什么奋发向上努力学习的原动力。对待学习基本上采取一种放任的态度。

二是对所学专业缺少兴趣。这是造成学习动力缺乏的重要原因之一。在高考填报志愿时，由于学生和家长对专业缺乏了解，到校开始学习后才发现对本专业并不喜欢；另一种情况则是家长的意志，家长从当前社会就业热点出发为子女填报了所谓好找工作又挣钱多或相比之下轻松的专业，事实上学生本人对家长选定的专业并无兴趣；还有些学生则是受考试成绩的限制，只能服从分配，不具备选择专业的条件。心理学认为兴趣是力求认识、探究某种事物的心理倾向，是一个人对某事物所抱的积极态度。既然对所学专业没兴趣，必然就不会有学好它的积极态度。

三是复杂的社会影响。改革开放以来，商品经济大浪潮的冲击，知识贬值、脑体倒挂长期没得到根本解决。有的家庭急功近利，更多地考虑什么专业挣钱多、好找工作就让子女学什么专业，而不考虑他们对这些专业是否有兴趣，是否适合子女学习等，这些因素都对学生造成不良影响。

(二) 学习心理焦虑

焦虑是一种负性情绪反应，是个体对当前或预感的挫折的一种十分复杂的消极情绪状态。包括自尊心的损伤、自信心的丧失、失败感和愧疚感等交织而成的紧张、不安、焦虑、恐惧等情绪状态。学习焦虑对学生的学习效果、学业水平发挥、考试成绩及综合素质培养均有重要影响，它是造成大学生心理问题的主要原因之一。过度的内源性学习焦虑及附着于学习活动的外源性焦虑，不仅会导致学生产生多种焦虑倾向，甚至会导致心理异常或心理障碍。但适度的、来自学习活动本身的内源性学习焦虑，不仅是学生学习活动正常进行所必需的，而且能使学生处于最佳的学习状态，取得最优的学习效果和最好的学业成绩。

学习焦虑是指学生由于不能达到预期目标或不能克服障碍的威胁，致使自尊心、自信心受挫，或失败感、内疚感增加而形成的一种紧张不安、带有恐惧的情绪状态。有些学生在家长、亲友、老师等各方面因素的影响下，为自己确定了过高的学习目标或抱负，虽竭尽努力仍和目标相差甚远，造成很大的心理压力，这时就会出现严重的学习焦虑。现代心理学把焦虑分为三种情况：低、中、高焦虑，并且认为适当水平的焦虑，可以增强学习效果，但是若焦虑过度会对学习起不良作用。美国心理学家考克斯（P. N. Cox）的焦虑实验表明，中等焦虑组的学生成绩显著地高于低焦虑组和高焦虑组，高焦虑组最差。研究还证明，高焦虑只有同高能力相结合才能促进学习；高焦虑若与一般能力或低能力相结合则会抑制学习，把焦虑控制在中等程度才有利于一般能力和水平者的学习。所以学生要注意把握好这个度。

学习心理焦虑直接导致考试应激障碍，即考试焦虑。所谓应激，是指人在适应社会的过程中，实际的或认识到的要求与实际的或认识到的满足要求的能力不平衡所引起的心身紧张状态。启动应激过程的客观变化称为应激源。适度的应激是维持心身正常功能的必要条件。强烈而持久的应激可能造成心身功能迅速出现障碍或崩溃。考试是学校检查学生学习情况和教师教学效果的重要方法之一。对学生来说，通过考试可以检查学习效果和知识掌握的程度。每个大学生都无一例外地要经历许多次大大小小的考试。考试对大学生来说，是一种紧张的刺激，也是学生面临的主要应激源之一。考试对大学生心身健康的影响既可能是积极的，也可能是消极的，这取决于大学生个体对考试的看法、态度以及对考试成绩的评价。考试应激障碍是大学生学习活动中的一种重要心理障碍，主要表现为过度考试焦虑，考试怯场等。

过度考试焦虑是对考试过于紧张，担心自己考试失败有损自尊的高度忧虑的一种负面情绪反应。表现为考前紧张恐惧、心烦意乱、喜怒无常、无精打采；胃肠不适、莫名的腹泻、多汗、尿频、头痛、失眠；记忆力减退、注意力不易集中、思维迟钝、学习效率下降等。考试怯场是过度考试焦虑在应考时的反应，是学生在考试中因情绪激动、过度焦虑、恐慌而造成思维和操作困难的一种心理现象。主要表现有：心跳加快、呼吸急促、满脸通红、出汗、头昏、烦躁、恶心、软弱无力、思维迟钝，甚至晕倒等。过度考试焦虑容易分散和阻断注意过程，使注意力不能集中于学习和应试，总是为各种莫须有的事情担忧。过度考试焦虑会干扰识记和回忆，使该记的没记住，该想的想不起来；还会使思维呆滞凝固，比较、分析、综合、抽象、概括等具体思维能力无法正常发挥，更谈不上创造、联想等。

过度考试焦虑是一种负性情绪反应，它会危及学生的心理健康，特别是在考试之后，若考生仍陷于焦虑中不能自拔，很容易转为慢性焦虑，甚至转为焦虑症。过度考试焦虑会还影响心血管系统的功能，出现心律不齐、高血压、冠心病等，会使消化系统功能紊乱。若这种状态长期持续，就会导致胃炎、胃溃疡等肠胃疾病。过度考试焦虑还会影响呼吸系统和内分泌系统的功能，诱发支气管哮喘和甲亢等等。

(三) 学习心理倦怠

由于学生长时期处在繁重的课业压力中，他们的身体、心理、精神、情感长时期处于耗竭的状态中，时常会出现一些负面消极的情绪。[①] 也有学者认为，学习倦怠是指一种发生在正常人身上的与学习有关的持续的、负面的心理状态。主要表现为身心耗竭、学业疏离和低成就感。[②]

学习心理倦怠是因长时间持续进行学习，在生理、心理方面产生的劳累，致使学习效率下降，甚至头晕目眩不能继续学习的状态。学习心理倦怠可分为生理疲劳和心理疲劳两种。生理疲劳的直接原因主要是长时间从事学习活动，不注意劳逸结合，大脑得不到休息而引起肌体受力过久或肌肉持续重复伸缩造成肌肉痉挛、麻木、眼球发疼发胀、腰酸背痛、动作不准确、打瞌睡等。常见的是心理疲劳，这是由于长时间从事心智活动，大脑皮层兴奋区域的代谢逐步提高，消耗过程超过恢复过程，脑细胞会处于抑制状态而使大脑得不到休息所引起的疲劳。症状是感觉器官活动机能降低、注意力涣散、思维迟钝、情绪躁动、忧郁厌烦易怒，学习效率下降。学习心理倦怠是一种保护性抑制，经过适当的休息即可得到恢复，这是合乎生理心理规律的。但是如果长期处于疲劳状态，使大脑有关部位持续保持兴奋，就会导致兴奋和抑制过程的失调，严重的还会引起神经衰弱。具体言之：① 学生的个性特征影响学习倦怠情绪的产生。性格活泼、开朗、乐观、坚强勇敢、率真坦

---

① 杨丽娴，连榕. 学习倦怠的研究现状及展望 [J]. 集美大学学报，2005 (1)：54-58.

② 余丽. 大学生学习倦怠状况及其与压力性生活事件的关系 [J]. 中国健康心理学杂志，2017 (8)：1251.

诚、容易适应新环境，具有好奇心、冒险探索精神、求知欲强，这种性格类型的学生相对不太容易产生学习倦怠的情绪，他们能够承受外界施加给他们的压力，能够独立解决问题，能够及时调整学习生活中出现的负面消极情绪。然而，性格孤僻内向、悲观忧郁、敏感、自卑、软弱、不善于与人交流、难以适应新环境、意志力较弱、自律性较差的学生会更容易出现学习倦怠的情绪。②学习成绩影响学习倦怠情绪的产生。学习成绩会影响学生学习倦怠的程度，学习成绩好的学生会受到社会、学校、教师、家长和同学的关注与支持，会获得更多的关心、爱护和鼓励。这促使他们更愿意投入到学习中去，促进了他们的学习积极性、学习热情和学习动力，他们的学习倦怠程度较低。学习成绩较差的学生会受到外界的责备和打击，造成身体和心理的创伤，对心理健康造成不良影响。因此，学习成绩差的学生更容易出现学习倦怠。③学生的自主学习能力和自控力影响学习倦怠情绪的产生。当学生的自主学习能力较差时，会觉得自己在学习上花了很多努力却没有任何成效，会对学习感到力不从心，束手无策。当学生的自控力较差时，在没有教师和家长的监督和管理下，他们在学习的过程中会不自觉地想要逃避。

三、大学生学习心理的自我管理

学习心理健康的核心是有正确的学习动机。学习动机是学生学习活动的主观意图，是推动学生进行学习的内在力量。学生学习的自觉性是和动机分不开的。事实上，有正确学习动机的学生才有主动性，学习劲头大，能克服困难提高学习效果。学习动机虽不是提高学习效果的唯一心理因素，但却是极其重要的因素。有的心理学家提出，学习动机正确还是不正确，要以时代的道德标准来判断。一切从自私的、利己的目的出发的学习动机，是不正确的；一切从集体、社会、国家利益出发的学习动机，是正确的。强烈的求知欲、稳定的兴趣和高度的社会责任感能使人专心致志，勤奋学习，刻苦钻研。相反，如果学习动机是出于想找一种轻松而工资又高的工作，那么他在顺利的情况下很可能会勤奋学习，但在逆境中就容易情绪低落、意志消沉、半途而废。

（一）强化学习动力

动机不正确的学生，学习动力不足，对待学习往往是偷工减料、投机取巧、弄虚作假等，对一生的发展造成不良影响。因此，学校有关部门和老师应启发学生对社会需要、社会期望形成正确认识，并创造条件以利于学生自我定向、自我定位，这样才能激发学生正确的学习动机。作为大学生本人更要加强学习心理健康的自我管理。

1. 培养学习兴趣，端正学习态度

兴趣是指积极探究某种事物或从事某种活动的过程中，伴随着一定的情感体验的心理倾向。兴趣是引起和维持注意的一个重要内部因素，是学习过程中一种积极的心理倾向。大学生要想在学习中发挥积极性和创造性，就要对自己所学的知识培养浓厚的兴趣，才会心向神往，保持积极的学习态度。学习兴趣，是可以在学习过程中逐步培养的。学习是学生深入而创造性地领会和掌握科学技术，为未来从事某项事业的必要条件，也是智能开发的主要前提。兴趣和爱好是最好的老师，它远远超过责任感。可以通过多种方式，如通过具体事例，从克服困难中唤起好奇心等，从而可以改变由于没兴趣而缺乏学习动力的状况。学习态度是指学生对学习的较为持久的肯定或否定的内在反应倾向，通常可以从学生对待学习的注意状况、情绪倾向与意志状态等方面来加以判定和说明。如喜欢还是厌倦、积极还是消极等情绪情感。学习态度受学习动机的制约，是影响学习效果的一个重要因素。端正学习态度最根本的是要有正确的学习目标。一个人追求的目标越高，他的才能就发展得越快，对社会就越有益。在我们确立奋斗目标时，不妨看得高远一点，从而全力以赴。这样的学习才能显示出强有力的动力。

2. 防止学习心理倦怠

造成学习心理倦怠的主要原因是：学习时过分紧张，注意力高度集中；持久的积极思维和记忆；学习的内容单调乏味；缺乏学习的兴趣；在异常的气温、湿度、噪音和光线不足等环境下学习；睡眠不足等。大脑是神经系统中最重要、最核心的部位，是产生心理、意识的器官。人的大脑结构最复杂、功能最显赫，是任何高等动物所不及的。人之所以成为万物之灵，主要受惠于我们高度发达的大脑。那么怎样科学地用脑呢？大脑两半球具有不同功能，左半球与逻辑思维有关，主管智力活动中的计算、语言逻辑、分析、书写及其他类似活动；右半球则与形象思维有关，主管想象、色觉、音乐、韵律、幻想及类似的其他活动。如果长时间地运用一侧大脑半球，就容易产生疲劳。因此，应根据大脑两半球的不同分工而交替使用大脑，就可以延缓疲劳现象的发生。

一是不要用脑过度。连续用脑时间不要太长，不要等到"脑袋麻木"了才停止学习和工作。因为大学生在学习活动中，大脑兴奋区的代谢过程要逐步加强，血流量和耗氧量都在增加，从而使脑的工作能力逐步提高，如果长时间用脑，消耗过程超过恢复过程，就会产生疲劳。研究发现，大学生用脑过度疲劳，会导致大脑两半球出现非常顽固的慢性充血现象，它不仅使其产生感觉迟钝，动作不协调，思维缓慢，理解力、记忆力减退，还会造成头痛失眠、食欲不振，情感淡漠等，极易引起各种心身疾病。

二是要有规律地用脑。现代科学已经成功地揭示了大脑两半球的秘密。曾获诺贝尔生理学医学奖的美国著名生理学家罗杰斯佩里（Roger Wolcott Sperry）通过多年的研究，发现大脑左、右两半球的功能既独立，又完整，高度专门化。他证实，左脑与抽象思维、象征性关系和对细节逻辑分析有关，具有语言、理念、分析、连续和计算能力；而右半球则与形象思维有关，具有想象、色觉、音乐、韵律、识别等方面的能力。如果一个人长时间地运用一侧大脑半球，则相对地容易产生疲劳。因此，应根据大脑两半球的不同分工，采取动静相依，文理相间的方式，把每日的学习内容，复习科目适当地穿插、交替，使文理各科、听说读写、计算与写作轮换排开。让一部分脑细胞兴奋一段时间后转入抑制状态；使另一部分原来抑制的细胞又兴奋起来，就能防止疲劳，达到事半功倍的效果。

三是注意劳逸结合，养成良好的生活习惯。疲劳就要休息，休息有各种不同的形式。经过一天的学习之后，晚上要按时睡觉，并保证有八小时的睡眠，以便第二天有充沛的精力继续学习。俄罗斯生理学家巴甫洛夫（Ivan Petrovich Pavlov）称睡眠为大脑的救星。经过一段较长时间的学习之后，去打球、散步、做课间操等体育锻炼，尽管时间不长，也会收到良好的效果。这是因为脑力劳动和体力劳动交替进行是一种积极的休息形式，它可以改善血液循环，有利于消除脑的疲劳，调节脑的机能。养成良好的生活习惯，在大脑中建立起一个合理的"动力定势"，使脑神经的兴奋与抑制保持平衡。生活规律化、制度化就会在大脑中形成一种自动化的反应系统，形成动力定势，这时大脑的兴奋和抑制就会有规律地进行，而减少脑力和体力的消耗从而有效地学习和工作。因此，大学生养成良好的生活、学习习惯不仅是遵守学校规章制度的要求，而且是防止学习心理倦怠，有效地进行学习活动的需要。

四是克服学习焦虑。出现严重学习焦虑怎么办呢？首先，要充分发挥自我调节的能力，控制焦虑的程度。其次，要努力创造一个班级、宿舍同学间关系和谐的轻松愉快的学习气氛。师生之间情感的交流，同学之间互助友爱的关系，都有助于学生心理趋于平衡，形成正常焦虑。再次，激发和保护学生的好奇心是培养正常焦虑的良策。而创造恰当的焦虑水平的方法就是要引起学生的好奇心，因为好奇心就是焦虑的一种隐蔽形式。有了好奇心，相应地会出现一定的紧张，这种紧张包含着愉快色彩，活动效率因此而大大提高。最后，学生要正确认识和评价自己的能力，确立切合自身实际的学习目标；增强自信和毅力，不怕困难和失败。

五是克服考试应激障碍。出现过度考试焦虑的原因主要是，一些学生把分数看得太重，对以往的考试失败心有余悸；自尊心过强，又缺乏自信，担心因为考试失败而损害了自己的形象、前途，担心自己对考试准备不充分；身体健康欠佳等等。因此预防过度考试焦虑和怯场可从以下几方面入手：首先，对考试应有正确的认识。考试只是衡量学习效果的手段之一，考试成绩不能全面反映一个人的学习能力和知识水平，更不能决定一个人的前途和命运，所以不必把考试看得过重。其次，认真制订学习与复习计划。平时勤奋学习，及时掌握所学知识，对各科的学习"不欠账"。再次，考试前认真总结复习，熟悉考试要求，做到"心中有数"，考试就自然不会出现异常现象。对考试成绩的期望要从自己的实际出发，不可过高，否则就会给自己造成心理压力，容易出现高焦虑。又次，注意身体健康及营养。考前虽然应认真复习，但不可搞疲劳战术，在百忙中也要注意劳逸结合，保证有充足的睡眠，并且要加强营养以提供足够的能量和热量。这样就可以保证有充沛的精力、清醒的头脑、健康的身体、良好的情绪参加考试。学会自我暗示与放松。如果考试时，由于过度紧张焦虑，以致思维混乱或感到大脑一片空白，手脚发颤，头昏脑胀时，应立即停止答卷，轻闭双眼全身放松，作几次深呼吸，均匀而有节奏；反复地自我暗示：不要着急、我很放松；适当地舒展身体。待情绪平稳时，再审题答题。最后，寻求专业人员帮助。考前若感到难以克服考试焦虑或曾出现过几次怯场现象，应主动寻求心理咨询帮助。咨询员可通过放松训练、自信训练和系统脱敏法等方法来帮助学生摆脱考试紧张。

（二）确立高尚目标

追求高目标是指既有目标性，又有动力性的目标体系。大学生一方面应有高目标，另一方面还要有实现高目标的推动力，其实质是大学生对未来的需要。该目标体系为大学生成才指明了行动的方向和实现的进程，包括总目标和具体目标。总目标是高层的长远的人生目标，是人的终生追求和理想，它为大学生成才指明方向。具体目标是中、短期的行为目标。行为目标比现有的能力水平稍高一些，促使大学生的成才行为向高一级目标努力，为大学生成才指明进程。

大学生的学习目标差异很大。首先是年级差异。大学一年级普遍存在目标失落现象，伴随着焦虑不安心理应付上大学后的两次期末考试。因此，大学一年级的学生非常渴望有人帮助他们重建目标。大学二年级在经历了目标失落后，开始分析得失、总结经验、吸取教训，重建学习目标。大学三年级基本上完成目标建立，表现为专业发展方向和专业目标初具眉目，但还是感到心中没底。大学四年级是准备实现成才目标的关键时期，成才活动多与就业发生联系，自觉、主动地，也不排除在就业压力演变的动力作用下，为成才做各种准备。其次是个体差异。从大学生个体的横向分析，从目标失落到目标重建直至目标实现的过程，显示出较大的个体差异。构成差异的因素是多方面的，诸如个性心理特征、个性倾向性、成熟度、城乡差别、独生与非独生子女、学校及教师引导程度、学生互动规模、学习基础和学习能力及方法等。总体而言，大学生目标结构上重个人发展目标，轻社会目标；重智力、能力、体能目标，轻德育、心理目标；重职业目标、生活目标，轻事业目标和创业目标。目标是行动的指南，目标结构不合理，成才难实现。目标体系上表现为目标内容不全面，目标层次不完整，缺乏中间过渡层次，未构成层次阶梯，从而加大了目标实现的难度。目标组成上有总目标而缺少切实可行的行为目标，不知何时何地做什么，做到什么程度，缺乏从每一次行为积累中逐步实现总目标的自觉行为能力。

因此，在大学生学习心理健康的自我管理上，有必要强调重构合理的学习与发展目标。第一，确立成才目标，蕴含社会和时代要求。为实现国家给大学生在德、智、体等方面的总要求和对专业人才的具体要求，符合国家制定的培养目标，大学生在确立自己的成才目标时，必须蕴涵社会发展和时代进步的要求，同时又有个人发展的需要。个人发展目标要服从社会发展和时代进步的要求。第二，适合个体特点，有利发展个性和发挥专长。目标体系是大学生成才的导向系统，要适合个体特点不能盲目从众，别人做什么，自己也做什么；别人确立什么目标，自己也是这个目标。重建目标要有利于体现自己的长处和潜能的发挥，有利于个性的发展。第三，形成合理的结构，促进全面发展。合理的目标结构，从纵向看，有终端目标、中程目标和短程目标；从横向看，有总目标、分目标和行为目标；从目标构成看，有目标内容、步骤、方法、途径等。目标结构合理表现在内容全面、层次完整、主次分明、重点突出。第四，建立层级阶梯，推进成才进程。重建目标中很关键的一点是要有具备操作性的行为目标，因为任何目标的实现都要靠去做每一件事，即按行为目标去一一加以实现。例如要实现提高社交能力的目标，你的行为目标就要从与你同宿舍的上下层床的同学交流开始，直至与社会任何人群都能自如交往。因此，行为目标要具体明确易于理解；层次清楚，由低到高，层层递进；操作性强，便于实施。从目标失落到目标重建直至目标实现的过程，就是大学生成才的进程，谁能加快这一过程，就等于加快了成才的进程。

（三）培养学习毅力

毅力的心理前提是恒心，恒心和毅力相辅相成。恒心是指方向明确的持久性和恒定性心理品质；毅力则指不惧怕困难并勇于克服困难，百折不挠的精神和品质。二者共同形成人的坚韧、顽强、执着进取和承受挫折的品质。大学生只有具备恒心和毅力，才能使其成才活动持续积淀而不会轻易被困难、挫折中断。缺乏恒心与毅力的人朝三暮四、见异思迁；毅力欠缺的人经不起挫折，惧怕困难，均不能真正成才。自控力是指人的自主性心理品质和行为品质，表现为不受不利因素干扰，不为一时情感冲动，依据意志和意愿驾驭和控制自己的行为。有自控力的大学生在成才活动中善于控制情绪、约束言行、指挥行动，去做自己应做之事，不做自己不应做之事，始终追求既定目标。自控力弱的大学生其成才活动常因放任自己、随心所欲，应做之事未做而不应做之事又无法控制，事后总后悔不迭。大学生恒心毅力与自控力是成才监控系统中的意志调节系统，是大学生实现成才目标必不可少的基本保证，直接关系到成才活动的有效性和价值。这是因为即使有了再好的成才目标，如缺少恒心、毅力和自控力，成才最终也会成为泡影。因此，大学生成才心理品质中的恒心、毅力与自控力颇受大学生关注。

相关研究表明，大学生的自我评价高于心理测验的结果，自控力的自我评价和测验结果都高于恒心、毅力。大学生恒心、毅力与自控力的自我评价与心理测验结果二者相比，自我评价高于测验结果，比较符合大学生自我期望较高，自我评价偏优的心理特点，而自控力优于恒心、毅力则具有一定的客观性和现实性。一般说来大学生自制性和自我约束能力在同龄人群中应该是比较优秀的，恒心、毅力也要优于同年龄人群，但恒心、毅力相对于自控力，就大学生自身而言，则略显逊色，这是因恒心、毅力的培养难度大，水平提高更需功夫。从大学生对恒心、毅力与自控力的现状与优化目标的评定上，还可发现他们对自己的这些方面的现状不够满意，而改变现状，优化恒心、毅力与自控力的愿望十分迫切，自信心比较大。研究发现，大学生恒心、毅力与自控力水平随年龄增长得到一定程度的同步发展。在对自己行为的调节上，理智性调节高于情绪性调节，通常在面临重大问题、有压力时，自我控制和调节水平提高。受过专门训练或生活中经历过困难、挫折的大学生，在恒心、毅力和自控力方面都较其他大学生优秀。一般情况下，优秀学生与落后学生在恒心、毅力和自控力上，优秀学生明显偏高。

大学生要培养恒心、毅力与自控力，首先要培养自己的社会责任感。大学生作为社会主义建设者的准成员，其行为已不再是纯粹的个人行为，而是社会行为的一个组成部分，大学生行为的积极性，要靠恒心、毅力与自控力，而最终表现为他面对个人利益和社会利益动机斗争的结果，责任感从根本上决定着这个结果。其次要培养自己的意志力。意志的锻炼在于持续地做。劳动特别是艰苦的、沉重的劳动就是一种不从兴趣出发、不存在直接吸引力但有实际意义的行动。这种活动对于培养大学生的吃苦精神进而形成坚强意志有很重要的作用。

最后要加强自身的社会规范和道德准则意识。恒心、毅力与自控力显示出人的共同社会规范和道德面貌，展示着人的生活道路。在许多场合，借助于恒心、毅力与自控力，人才意识到他自己决定自己的生活道路和命运。因此，加强社会规范和道德准则的意识，是恒心毅力与自控力优化的关键。

第二节　大学生品德心理健康与自我管理

我们的教育目标是培养德、智、体、美、劳全面发展的人。大学是培养人才的摇篮，它不仅要培养富有创造才能的高级专门技术人才，更重要的是要培养大学生成为有理想、有道德、有文化、有纪律的"四有"新人。"从唯物史观和社会学、德育层面出发，人的个性发展有一种自我完善的趋势，当然这种发展趋势必须有规范教育作基础保障，大学生个性发展与社会秩序具有不可分割的内在联系，大学生个性发展与规范教育在大学生实践活动基础上具有一致性，因此大学生个性发展离不开规范教育的指导和规训"。[①] 处于改革开放的中国更迫切地需要这些德才兼备的优秀人才。目前我国道德建设还存在许多问题：传统道德的滑坡与失范，符合社会主义市场经济的道德体系还不完善。大学生必须在继承传统美德时不断接受新的道德观念，把自己培养成具有高尚品德的人。由此大学生才能成为国家的栋梁，实现自我价值与社会价值的统一。要想成为品德高尚的人，大学生必须按照品德形成的要求去塑造和锻炼自己，不断提高自己的品德心理修养。

一、大学生品德心理结构及特征

（一）道德与品德

道德与品德是密切相关而又有区别的两个概念。道德是社会调整人们相互关系的行为规范的总和，是人类所特有的社会现象，属于社会意识形态。道德的这种规范行为不具有强制力，是靠内心信念、社会舆论、传统习惯来维持的。

道德是一定社会生活的产物，它随着社会的发展而发展，随着经济基础的改变而改变，但它具有一定的继承性。在阶级社会，道德成了各阶级内部协调关系和维护本阶级利益的手段，各阶级对于善与恶往往有各自的标准，因而道德从总体上说也就有了阶级性。社会上占统治地位的道德总是统治阶级的道德。在我国提倡的"有道德"是指有共产主义道德，它是以忠于社会主义事业的集体主义为基本原则的，以追求共产主义事业的整体利益为基础的，以全心全意为人民服务为主要规范的，最终促进我国实现共产主义的道德。

品德即道德品质，是一种个体现象，是社会道德现象在个人身上的反映。品德是一定

---

① 王菁菁. 大学生个性发展与大学规范教育平衡点探析 [J]. 江苏高教，2018 (12)：104.

的社会或阶级的道德准则转化成个人的道德信念和道德意向在言行中表现出来的稳固的心理特征，比如勤奋学习、助人为乐、大公无私、勇于探索、遵守纪律、热爱集体等，都是当代大学生所应具备的品德。品德是通过个人的道德行为来显示的，离开了道德行为也就无所谓道德品质。但是，一时一事所显示出来的道德行为，并不足以说明一个人已具备了某种品德，只有一个人在某种稳定的道德观念支配下一贯地表现出道德行为时，我们才能说他具有某一品德。实际上，品德就是个体凭选择所习得的习性，是道德行为长期积累的结果。品德是现实社会的关系与道德规范在人脑中的反映，有赖于个体的存在和发展，但主要是在社会舆论的熏陶和制约下，在家庭和学校的道德教育下，在各种活动的潜移默化中逐渐形成的。它的形成和发展既受社会制约，也服从于人的心理活动规律。

社会道德和个体品德有密切联系。个体品德是社会道德在个人身上的内化，而许多个体品德则构成或影响着社会道德的面貌和风气。社会道德若不通过个体品德具体表现出来也就失去了存在的意义。

（二）品德的心理结构

品德是人的心理活动的产物，它具有一个完整的结构。品德的结构就是由那些参加品德形成的若干心理因素构成的。

1. 道德认识

道德认识就是对于行为准则中的是非、好坏、善恶及其意义的认识，其中包括道德观念、概念、信念和观点，以及运用这些进行道德判断。道德认识是品德心理结构中基本的和主要的组成部分，高尚的道德情操、崇高的道德动机都来源于正确的道德观念和认识。当大学生对某一道德准则有了较系统的认识，感到确实是这样时，就会形成有关的观点。当这一认识继续深入达到坚信不移的程度，并能指导自己的行动时，就形成了信念。道德观点、道德信念的培养是大学生品德发展的重要条件，而道德观点和道德信念都属于道德认识的范畴。

2. 道德情感

道德情感是伴随道德认识出现的人们对自己或他人进行道德评价时所产生的爱憎、好恶的态度和内心体验。人们在社会生活中，在人际交往中掌握了社会道德标准，当别人或自己的言论、行为、思想、意图符合公认的道德标准时，就产生满意欣慰的情感，否则就产生不满意、责难的情感。道德情感包含丰富的内容，有爱国主义情感、国际主义情感、集体主义情感、义务感、责任感、自尊感等。这些情感往往是相互联系、相互渗透的。如集体主义情感强的人，也往往对集体的事业富有义务感和责任感。维护个人尊严的情感可以发展成为维护集体和祖国尊严的情感。道德情感与道德认识、道德行为有着密切的联系。道德情感是深化道德认识，促进道德认识转为道德行为的强大的内在力量。当大学生对某一事物有爱憎的情感，他的道德观点就容易转化为道德信念。道德认识通过提高道德评价的水平，影响人的内心体验，从而使道德情感更深沉、更稳定。道德行为则是丰富和强化道德情感的最重要的途径。

3. 道德意志

道德意志是指人在产生道德行为过程中所表现的意志，是人们为了实现某种道德动机，支配自己的行动，并克服内外障碍的心理活动。道德意志的力量，一方面表现为道德动机经常战胜不道德的动机；另一方面表现为排除内外障碍，坚持由道德动机引起所做的决定，并积极行动，实现道德动机。道德认识转化为道德行为有赖于道德意志。道德意志与道德行为是密切关联的，离开了道德行为，道德意志就无从表现。但是，道德意志又不等于道德行为，它是调节道德行为的内部力量。由于意志力量使道德行为能够贯彻始终，因此，意志薄弱的人在道德修养上往往缺乏毅力，一遇困难就容易改变目的，甚至走向错误。意志坚强的人，能够经受严峻的考验，即使有缺点，一旦认识，也能很快改正。所以大学生只有在确立了一种比较稳定的道德意志之后，他才能不以外部环境的影响为转移，而是以内部的道德意志来调节与控制道德行为。可见，在德育中培养大学生坚强的道德意志力是十分重要的。

4. 道德行为

道德行为是人们自觉地在道德规范的调节下，实现预定道德目的的行为，是道德认识、道德情感、道德意志的归宿。美国社会学家伊恩·罗伯逊（Ian Robertson）理解的规范是"人们共同遵守的特定环境中人的正当行为方式作用规定的准则"。① 我国的社会学家则把规范界定为："人们参与社会生活的行为准则。它是人们在长期的社会生活中，根据人们普遍认可的社会价值观而对特定环境中的人类行为所做出的必须共同遵守的程序与规则。"② 道德行为是实现道德动机的手段，也是一个人道德认识的外部表现。道德行为是衡量一个人品德的重要标志。在品德的心理结构四因素中，真正对社会发生作用的是道德行为。因而，只有道德行为才具有道德评价意义。对一个大学生的品德的评价，不在于他的谈吐是否动听，而在于他的言行是否一致，看他的道德行为是否具有一贯性。因此，

---

① ［美］伊恩·罗伯逊. 现代西方社会学［M］. 赵明华，译. 郑州：河南人民出版社，1988：75.
② 郑杭生. 社会学概论新修［M］. 北京：中国人民大学出版社，1994：322.

培养大学生具有良好的行为习惯和作风是德育中的重要环节。

品德结构的知、情、意、行四个基本心理成分，不是孤立的，而是相互联系、相互制约的。对培养大学生优良品德来说，每一个方面都是不可忽视的。知是开端与基础，是情产生的依据，对情、意、行起着调节、支配的作用。不能正确掌握道德知识，就缺乏正确的道德观念指导，容易产生盲目的行动，道德知识是最基本的。从知到行的转化，需要情和意的中间环节，情起着内驱力和催化作用，意起着定向作用，情和意是实现知向行转化的内部条件。行是品德的终端结果，它对知、情、意起着巩固、增强的作用。道德行为习惯就是在知、情、意的基础上，通过一定的练习、训练而形成的。大学生品德的形成就是知、情、意、行四种心理成分共同发挥作用的过程。

(三) 大学生品德心理结构的特征

品德的心理结构带有普遍性、规律性。但从知、情、意、行的组合关系上，从培养大学生品德的开端上看，都有其不同的特点。

1. 品德心理结构的统一性与差异性

品德心理结构的各要素是既相互联系，又相互矛盾的统一体，同时它们的发展还有差异性。人的知、情、意、行不能截然分开，当个人有了某种道德认识，往往伴随着道德情感，随之产生道德行为，而当道德行为遇到困难或没有实现时，意志即进行调节，或改变行为方式，或调节自己的情感。品德的各要素是一种对立统一的关系。在大学生品德发展中，认识、情感、意志和行为的发展水平各有不同的特点，例如有的学生知、情、意、行的发展往往会脱节或者只说不干，或者盲目地干，或者情感胜过理智，或者明知自己有错，就是不能改，缺乏意志力。品德心理结构发展的差异性，突出表现为学生道德认识发展的差异性。有的学生基本掌握了正确的道德知识，在进行道德判断时能考虑到行为的后果，也能从行为动机上去分析；有的学生仅具有一些基本的道德知识和道德概念，有一定辨别是非的能力，能对一些具体行为进行正确判断但对道德知识理解不深，缺乏运用道德标准来评价自己和别人的能力；少数学生缺乏道德知识，对道德概念理解肤浅，是非界限不清，缺乏正确的道德判断力。

2. 品德心理结构发展的循序性

品德心理结构的发展有一定的循序性。大学生道德认识的发展，遵循一定的认识规律，即由个别到一般，由具体到抽象，由片面到全面，由表面到深刻，由现象到本质。在道德判断上，由行为后果到根据动机和后果相结合进行判断。道德情感的发展是由初级到高级，由简单到复杂，由易变到比较稳定，道德行为的发展，遵循由易到难，由低到高的顺序。而且大学生任何一种道德的形成和整个道德水平的发展，都有一个从他律逐渐过渡到自律的趋势。

3. 品德心理结构形成的多端性

品德心理结构四种成分的培养可以有不同的开端。在某种情况下，可以从培养道德行为方式或行为习惯开始。在另一种情况下，可以从激起大学生的道德情感着手。在第三种情况下，则可以从提高大学生的认识做起，也可以同时并进，相互促进。但是无论怎样做，只有当这些品德的基本心理成分都得到相应的发展，特别是在一定的道德动机和一定的行为方式之间构成稳固的联系时，某些道德品质才能更好地形成起来。根据大学生及其所处情况的不同，应该允许有不同的开端。

二、大学生品德心理的自我管理

尽管近年来从国家到学校一直在强调大学生个人品德教育的重要性，但是面对新时期大学生个人品德发展出现的新问题、新挑战，大学个人品德教育并没有落到实处，致使大学生个人品德发展的问题越来越突出。在强调相关教育部门加强大学生思想品德教育的同时，我们还应特别重视大学生的自我教育和自我管理。

（一）优化品德心理结构

品德的形成是道德认识、道德情感、道德意志与道德行为四种心理成分共同发挥作用的综合过程。大学生道德品质的培养可以从不同的方面去进行。但只有真正做到晓之以理、动之以情、炼之以志、习之以行，使这四种基本心理成分都得到相应发展时，品德才能形成。

1. 提高道德认识

道德认识是道德情感和道德行为的基础，在品德形成过程中发挥着重要作用。道德知识的掌握，道德信念的确定，道德判断能力的发展是道德认识形成的主要标志。道德知识指的是对具体的行为准则及执行它们的意义的认识。一个人只有知道了应该怎样做，并了解到为什么要这样做，才有可能自觉地产生相应的行动。人们对道德知识的掌握常常以道德概念的形式表现出来。大学生已经基本掌握了较多的道德知识，能够更概括更抽象地把握道德概念，大学生要把掌握的道德知识内化，树立牢固的道德。道德信念是坚信行为准则的正确性并伴有情绪色彩与具有动力性的认识，这是一种发自内心的、主动要求得到、维护与实现的道德需要。

要树立牢固的道德信念，首先，大学生要根据自己思维发展的特点，自觉地形成正确的道德信念。大学生的理论思维能力已经形成，思维的独立性与批判性已高度发展，他们所考虑的往往不是怎样听从别人的指教，不是简单地接受书本上现成的结论和教育者的观点和要求，而是要经过自己的独立思考，通过自己的逻辑推理，分析论证，并做出判断。大学生对于脱离实际的抽象说教十分反感，他们渴望得到由实际上升到理论高度而形成的理论性道德认识。因此，大学生希望在进行道德认识教育时，要把道德认识与社会生活实际相联系，使形象教育与说服教育相结合，加强理论性，不就事论事。只有经过理论和实践都证明是正确的道德要求，才能为大学生所确信。其次，大学生应努力获得道德实践的经验和有感情色彩的体验。要使个人的道德认识变为行动的指针，必须通过本人和所在群体实践的验证，以体验到道德要求的正确性和必要性。一个大学生只有反复体验到自己和周围人只有遵守道德行为准则，才能取得成功，才能获得众人的赞赏，反之，违背道德行为准则就会出现挫折或受到舆论谴责时，他们才会理解并相信道德要求的正确性，并力求按这些要求去做，否则就会感到不安，只有这时，他们的道德认识才获得动力的和情感的特征，并转化为道德信念。最后，大学生应通过提高道德评价能力，促进道德信念的形成。道德评价是运用已掌握的道德标准对别人和自己的行为进行道德分析判断,[①] 是应用掌握的道德知识对自己和他人的行为的是非、好坏、善恶进行判断的过程。大学生经常进行道德评价，不仅可以巩固与扩大道德体验，加深对道德意义的理解，提高分析行为与辨别善恶的能力，而且会增强自己的道德体验与支配行为的意志力量。可见道德评价在促进人们确立道德信念中占有重要的地位。

2. 激发道德情感

道德情感是运用一定的道德标准，评价自己和别人的行为时所产生的一种内心体验。行为符合标准便产生积极的情绪体验，不符合便产生消极的情绪体验。可见道德情感是一种自我监督的力量，它可以使人保持良好的行为，制止过失行为。由于道德情感对于人的行为具有很大的推动和调节作用，对于人的品德的形成有十分重要的作用，所以在提高道德认识的同时，还要注意激发大学生的道德情感。大学生道德情感的培养和激发可以通过多种方式与途径来进行。首先，大学生要充分把握有关的道德概念，并使这些概念与各种情绪体验结合起来。大学生在接触道德事件、接受道德概念或进行道德实践、领会道德要求时，总伴有积极或消极的体验，大学生应当把这种情感体验发展成为理论的认识，只有

---

① 冯宏丽. 从品德心理探究大学生品德培养的有效途径 [J]. 安阳师范学院学报，2011（5）：153-156.

认识到道德理论的情感体验，才是比较深刻的道德情感。其次，大学生要努力克服消极情感，使之转化为积极情感。大学生可以通过为社会为他人服务、努力学习获得好成绩形成积极情感，或者通过谈心、心理咨询化解消极情感。最后，好的艺术作品与生动事例能引起大学生道德情感上的共鸣，增加道德实践的间接经验，丰富道德情感的内容。无产阶级的英雄人物是体现共产主义道德原则的典范，英雄的高大形象和动人事迹具有极大的感染力。如大学生通过孔繁森先进事迹的学习，树立了孔繁森式的道德榜样，这会使他们产生钦慕之情而激情满怀，激起他们的道德体验，道德情感便油然而生，成为产生道德行为的强大动力。所以，在培养大学生道德情感时，必须注意情境的创造，充分发挥道德榜样的激励作用。培养大学生具有深厚的道德情感，还要注意良好情感品质的培养。情感品质包括情感的倾向性、情感的深刻性、情感的稳定性和情感的效能四个方面。情感的倾向性指的是一个人的情感指向什么和为什么而引起。道德情感的阶级性决定了无产阶级情感的方向是共产主义。因此，对于当代大学生来说，在生活中起主导作用的情感，不应该是为个人利益的情感，而是为祖国、为人民、为共产主义而奋斗的崇高情感。情感的深刻性是指情感在思想行动中表现程度的深浅，能深入地渗透到一个人生活各个方面的情感，才是深刻的情感。培养大学生把情感与个人真正的信仰、观点、人生观紧密联系起来。只有这种深刻的情感，才能成为道德行为强大而持久的动力。情感的稳定性是指情感的稳固程度和变化情况。具有稳定性道德情感的人在实践中能自觉地实现道德行为，不但不会因为时间的推移而冷淡，还会在实践体验中不断加强这种情感。情感的效能是指情感在人的实践中所发生作用的程度。情感效能高的学生，情感会成为行动的动力。因此，提高大学生的情感效能就能促进他们的道德行为，没有效能的道德情感就失去了这种意义。情感的各种品质是密切联系的。只有情感的各种品质都得到充分发展时，一个人的道德情感才能真正成为把道德认识转化为道德行为的强大动力和催化剂。

3. 锻炼道德意志

道德意志的锻炼和良好意志品质的培养是分不开的。良好的意志品质包括自觉性、果断性、自制性和顽强性四个方面。自觉性是对自己的行为目的有清楚而深刻的认识，并能按照目的调整和控制行为，以达到既定目的。培养自觉性，首先要相信自己的目的是正确的，遇到障碍和危险的情况，不气馁。其次是既要倾听和接受合理建议，又要坚持真理，信守原则，保持独立自主性。果断性是指善于在困难中辨别事物的真相，迅速做出正确决定和积极采取行动的意志品质。果断性品质是以勇敢和深思熟虑为前提的。因此，大学生平时要多进行敏锐观察和当机立断能力的培养。自制性是善于控制和协调自己行为的意志品质。大学生在遇到不合自己情意的事时要克制自己的情绪和冲动，要表现出应有的忍耐性。顽强性是指不屈不挠地把决定贯彻始终的意志品质。培养顽强性要求大学生在学习工作中要有韧性，不要一遇到困难就半途而废。大学生只有具备了良好的意志品质，才能经得起外界的诱惑，战胜内心不道德的动机，使自己成为一个有坚强道德意志的人。在大学校园中，德育课程学习、课外谈心、英雄模范人物报告等形式是大学生获得道德意志的概念和榜样，产生意志锻炼的愿望的方式与途径。而大学生通过在学习、生活中，努力克服困难，战胜困难，将有力促使他们的道德意志在实践活动中得到锻炼。

4. 培养道德行为

道德行为是受道德认识、道德情感支配和调节的。同时道德行为对道德认识的巩固和发展、对道德情感的加深与丰富都有促进作用。大学生德育的基本问题就是使大学生的道德认识、道德情感转化为相应的道德行为。因此，进行道德行为的训练，对品德的培养与形成具有重大意义。道德行为的训练，主要包括两个方面，道德动机的激发和道德行为习惯的培养。道德动机是推动人们产生和完成道德行为的内在原因。因此，激发积极的大学生道德动机，对形成积极的大学生道德行为有重要意义。大学生要把行动的社会意义和社会理由以及内心的情绪体验作为自己行动的道德动机。如果大学生没有形成正确的动机就很难使他们产生与道德认识相一致的行为效果。因此，在道德行为训练中，道德动机的激发，对于道德品质的形成和发展具有重要意义。大学生良好的道德品质的培养，单靠动机激励是不够的，还必须通过不断实践使积极的道德行为经常化，养成优良的道德行为习惯。道德行为习惯是与一定的道德需要、道德倾向联系的自动化的行为动作。大学生优良的道德行为习惯形成的意义，不仅在于使某些积极的行为方式得到巩固，而且还会在新的情况中发生迁移，产生连贯性的长期效果，最终形成良好的道德品质。道德行为习惯的形成是使一个人由不经常的道德行为转化为道德品质的重要一步。大学生要努力把社会生活中具有积极的道德行为的人作为自己学习的榜样，重视学习中的强化与反馈，克服坏习惯。当道德行为成为大学生的习惯化的行为方式时，新的道德品质也就建立起来。

（二）理智应对复杂的网络舆情

在日益庞大的网络群体中，大学生成为一支不可忽视的力量，大学网络舆情对于大学生思想政治教育的影响不容小觑。通过网络，大学生自由表达对国内外热点问题、社会关注焦点话题的看法和意见，对于与个人利益相关的困惑、困难或不满也通常通过网络平台进行反映。这些情绪、观点、意见凝聚形成大学网络舆情，并通过网络逐步扩散，最终形成社会舆情。① 大学网络舆情以互联网为载体，其传播具有绝对的强势性。与传统媒体不同，新媒体是一种双向交互式信息传播。在网络虚拟世界里，大学生可以隐匿真实身份，对自己关心、关注的热点、焦点话题畅所欲言，自由表露真实情感，引发更多网友的关注，形成互动场面。这种情感表达很容易造成共鸣，形成范围更大的受众面。酝酿于大学这一活跃、激进群体中的网络舆情其影响力具有很强的渗透性。

大学网络舆情的主体是大学生，他们内心的紧张、焦虑、困惑和不满等负面情绪更倾向于通过 BBS 论坛、博客、新闻跟帖等形式来表达，感同身受的群体无疑会扩大这种非理性情绪的影响面，从而使这种消极舆情进一步极端化。事实证明，网络环境中大学生网民的"群体极化"倾向更为突出。有证据表明，群体极化倾向在网上发生的比例是现实生活中面对面的两倍多。网络环境的虚拟性与隐匿性，网络舆情的突发性与多元性，舆情主体的个性化与群体化，使得大学舆情管理极具复杂性。第一，自媒体是大学生了解社会的重要渠道。自媒体的主要特征是草根化、普泛化，每个人都拥有话语权，都可以将自己亲眼所见、亲耳所闻、亲身经历的事情通过微博、微信、博客等网络途径予以表达。当代大学生个性张扬、乐于表现，于是自媒体更受他们的青睐。通过自媒体大学生可以表达个人观点、立场，经营属于自己的媒体，打造自己的粉丝圈；同时，也可以关注别人的"自媒体"，通过别人的"自媒体"，学习自己想要了解的内容。简言之，自媒体从出现到蓬勃发展，逐渐成为大学生了解社会的重要渠道。第二，网络舆情已成为大学生获取信息的主要来源。继报纸、广播、电视之后出现的网络媒体，其显著特征之一就是拥有极其丰富的信息。有人形象地比喻，世界有多大网络就有多大；世界有多少信息网络就有多少信息。大学生趋新意识强烈，他们喜欢接受新知识、新信息，网络满足了大学生对信息的需求。同时，手机网络更是方便了大学生的表达需求，使他们可以随时随地实现信息的传播和互动。通过网络新闻，大学生可以适时地了解社会焦点、时政话题；通过校园网站，大学生可以了解校园动态、与自身利益相关的信息；通过网络论坛、微信等公众平台，大学生可以发表意见、交流心得。网络舆情的传播和影响不再受时空限制，大学生已然进入网络信息化浪潮之中。第三，网络舆情在大学的影响力显著增强。网络舆情在大学的影响力显著增强可以通过以下三方面来理解：一是随着互联网的迅速发展，大学生对网络的应用愈加广泛，通过网络，大学生可以自由表达意见和想法，网络舆情影响着大学生群体。二是网络舆情成为校方与大学生沟通交流的桥梁与纽带。通过网络舆情平台，大学生可以将内心诉求反馈于校方领导层，这在一定程度上为大学做出正确决策提供了参考依据。三是大学

① 李宁. 大学网络舆情及其引导机制研究 [J]. 国家林业局管理干部学院学报，2015（2）：44-48.

思想教育工作者的素质能力亟待提升。随着网络舆情对大学生的影响力不断加深，思想教育工作者也要转变以往的工作思路与方式，不断学习新兴媒体交流形式，培养一定的舆情分析鉴别能力，并具备从容处理突发事件的能力。

对大学生而言，面对鱼龙混杂的舆情信息，应该做到对信息的正确判断、有效利用，并自觉抵制不良信息的侵扰，这是一个关乎大学生成长成才、国家文明水平的重大现实问题。大学生要自觉用马克思主义理论武装头脑，坚持实践社会主义核心价值观，不断加强自身素养建设，真正成为舆情的主动驾驭者。大学生要从日常学习和生活中实现有效的自我管理。当今社会处于信息爆炸时代，互联网从纵深层面影响着大学生的学习和生活，面对网络的巨大诱惑，不少学生沉溺其中无法自拔，新媒体时代加强大学生的自律能力培养至关重要。"现代管理学之父"彼得·德鲁克（Peter Drucker）曾经说过："现在，即使资质平庸的普通人也将需要学会自我管理。"[①] 在互联网环境下，加强大学生的参与式德育与自主性德育相结合的教育模式，完善虚拟世界的自律机制，学习德鲁克先生的自我管理方法，在网络虚拟环境中更清楚地认识自己、更有效地管理自己，不断提升自身素质和能力，是时代发展对大学生提出的新要求。自觉践行社会主义核心价值观，做到有效自律。践行社会主义核心价值观是推进中国特色社会主义伟大事业，实现中华民族伟大复兴的战略任务，是大学人才培养的重要责任，也是大学生不可推卸的历史使命。在社会主义核心价值体系的引导下，大学生要自觉遵守网络管理条例，在日常生活中不断规范网络言行，抵制各种不良信息的侵害，提高舆情甄别力，树立正确的世界观、人生观和价值观。[②]

（三）大学生道德品质的自我教育

在信息时代条件下的思想政治教育过程中，必须增强教育者与受众的主体意识，塑造他们的主体人格，使主体与主体之间相互承认、相互尊重，实现双向主体之间双向建构、双向整合。只有这样，才能使正确的理想信念深入人心，高举社会主义的旗帜，从而提高思想政治教育的实效性。[③] 面对外部环境的改变，作为内部路径的自我教育就显得异常重要。内部途径是指一个人通过给自己提出任务，并主动采取实际行动来培养自己的道德品质的途径。自我教育是内部途径的主要方式。学生的自我教育是指学生为了形成良好的道德品质，而自觉进行思想转化和行为控制的活动。

自我教育是一个人在道德修养上的自觉能动性的表现。大学生的心理发展水平较高，

① ［德］彼得·德鲁克. 21世纪的管理挑战［M］. 朱雁斌，译. 北京：机械工业出版社，2009：143.
② 李宁. 大学网络舆情及其引导机制研究［J］. 国家林业局管理干部学院学报，2015（2）：44-48.
③ 李宁. 论新媒体时代思想道德建设［J］. 北京青年政治学院学报，2013（4）：61-65.

有很强的自我意识，他们要求深入了解自己，关心自己的发展，并且有较强的自我评价和自我教育能力。这些是引导大学生进行自我教育、培养优良品德的极有利条件。同时，大学生的自尊心、自信心、独立性等突出增强，他们要求改变处于单纯的教育"客体"位置，要求成为教育的主体，对进行自我教育有着强烈的愿望。实践证明，在德育教学中的"双主体结构教学"取得了显著的效果。大学生的心理需要要求进行自我教育。由于大学生意识转向自我本身的心理活动，在他们心中出现了"理想自我"和"现实自我"，而两者往往又是矛盾的，他们渴望改进"现实自我"，追求"理想自我"，进行自我教育。一个人品德的形成，在于把客观的社会道德规范转化为自己的需要与稳定的行为表现。从大学生品德形成规律和学校德育的过程看，外界的灌输和教育是必要的。但是对教育效果起决定性作用的，却不是灌输而是教育之后的环节，即被教育者根据自己的需要有选择地接受社会道德的要求，"内化"为个体的品德意识，再"外化"为个体的道德行为。这种"内化"和"外化"是任何人无法替代的心理过程，自我教育在促进大学生良好品德的形成中，是必不可少的。

　　大学生自我教育贯穿于品德形成的全过程，可以从以下几个方面来实现自我教育：①知识的准备。知识是认识水平提高的基础。只有从理论上掌握道德知识，知其然，又知其所以然，才可能使大学生的道德认识水平上升到道德理想的层次，大学生已基本掌握了较多的道德知识，但品德心理修养的知识准备除以道德知识为主外，还包括心理学、社会学等多方面的知识，所以大学生在上好德育课外，还要自学或选修其他的人文社会科学课程。②自我教育的意识和目标的确定。在充分认识、加强品德心理修养的意义的基础上，产生自觉进行品德修养的愿望，大学生应全面了解自己在道德方面的优缺点，针对自己的不足，制定自我教育的计划。③激励意志，保证自我教育目标的实现。激励意志的手段有：针对性激励，这是教育者有意识地激励学生自我教育的动机。要针对大学生的"兴奋点"加强正激励。这里所讲的"兴奋点"指发自学生本身的正当的欲望和追求。自我教育并不否定教师的指导作用，教育者发出的教育信号，如能针对学生的兴奋点，就能引起受教育者的积极响应，提高道德意志，促进自我教育目标的实现。体验性激励，即学生积极参加社会实践活动，以亲身的体验提高品德心理修养的自觉性，促进自我教育能力的完善。反馈激励，让大学生了解客观外界对其道德行为的评价，就会产生激励作用。好的客观评价，起到正激励作用，学生会巩固和加强这种行为；评价不好，起负激励作用，学生会改变自己的行为，这有利于自我教育目标的实现。④自觉进行道德实践。良好品德形成的最根本目的是形成良好的道德行为习惯，而道德行为习惯的形成过程是一个行为由量变到质变的过程，没有一定数量的道德实践是不可能形成道德行为习惯的。因此，有意识的、自觉的道德实践是极其重要的，它是培养良好品德的必要途径。

（四）积极参加品德教育实践活动

品德本质是实践的，是在生活体验基础上升华出来的。法国启蒙思想家卢梭（Jean-Jacques Rousseau）在《爱弥儿》中曾说，"千万不要干巴巴地同年轻人讲什么理论，如果你想让他们懂得你讲的道理，你就要用一种东西去标示它。"因此，实践就是标示个人品德教育最好的范本。学生个人品德素养的提高，不是闭门造车的过程，只有置身于现实生活，开阔视野，才能让大学生感受品德情感，并在品德情感的驱动下将品德行为在活动中自觉得到反复表现，直至形成行为惯性。

大学生枯燥的理论学习久了，是希望走出课堂的，他们对参加实践活动有着极高的积极性。通过身体力行地参与，不仅能加深学生对品德规范的理解，更能触及他们内心深处敏感的品德情感。比如，讲中国近代史，与其大家坐在教室里面对冰冷的文字，不如直接去相关纪念馆参观，学生看到历史遗留下来的实物，比看冷冰冰的文字更能触动他们内心深处的爱国情怀，树立起铭记历史珍爱和平的人生观。实践是确立信念，培养感情，总结经验最好的方法，学生凭借自己的情感直观地感受、领悟、发现，远比教师的间接传授有更深的印象和感触。

当代大学生大多为独生子女，自我意识较强，缺少尊重他人、宽容他人的意识，缺少团结精神。在这个重要的价值观养成阶段，学校大力开展各类社团活动，既可以使学生充分参与到活动中，增强学生的主体意识，又可以潜移默化实现学生自我感知，自我教育。比如通过社团组织学生参与集体游戏、集体比赛等形式，学生能切实感受到个人力量的渺小，感受大家团结起来构成集体的力量，树立集体荣誉感。大学生一直过着养尊处优的生活，无法体会理解社会其他群体的生活，不理解也不尊重他人。大学可以通过组织深入工厂企业开展实践调查访谈，为养老院、残疾人送温暖，志愿者服务等社会实践活动，让大学生走进社会、了解社会。当他们看到并意识到自己的生活来之不易的时候，意识到自己的生活是靠无数社会群体作支撑的时候，他们更能尊重他人，对社会、对身边的一切怀有感恩的心，树立服务意识，从而培养社会责任感。

第五章　大学生情绪管理与异常心理应对

第一节　大学生情绪的特点

情绪是对一系列主观认知经验的通称，是多种感觉、思想和行为综合产生的心理和生理状态。最普遍、通俗的情绪有喜、怒、哀、惊、恐、爱、恨等，也有一些细腻微妙的情绪如嫉妒、惭愧、羞耻、自豪等。无论正面还是负面的情绪，都会引发人们行动的动机。个体的情绪受到各种因素的影响，同时也会对个人行为产生积极和消极的影响，因此正确看待情绪对身心健康具有重要作用。

一、情绪的构成

情绪既是主观感受，又是客观生理反应，具有目的性，也是一种社会表达。情绪是多元的、复杂的综合事件。情绪构成理论认为，在情绪发生的时候，有五个基本元素必须在短时间内协调、同步地进行。

认知评估：主体注意到外界发生的事件（或人物），认知系统自动评估这件事的感情色彩，因而触发接下来的情绪反应（例如：看到心爱的宠物死亡，主人的认知系统把这件事评估为对自身有重要意义的负面事件）。

身体反应：身体自动反应，使主体适应这一突发状况，即情绪的生理构成（例如：意识到死亡无法挽回，宠物的主人神经系统觉醒度降低，全身乏力，心跳频率变慢）。

感受：人们体验到的主观感情（例如：在宠物死亡后，主人的身体和心理产生一系列反应，主观意识察觉到这些变化，把这些反应统称为"悲伤"）。

表达：面部和声音变化表现出这个人的情绪，这是为了向周围的人传达情绪主体对一件事的看法和他的行动意向（例如：看到宠物死亡，主人紧皱眉头、嘴角向下、哭泣）。对情绪的表达既有人类共通的成分，也有各地独有的成分。

行动的倾向：情绪会产生动机（例如：悲伤的时候希望找人倾诉，愤怒的时候会做一些平时不会做的事）。

二、情绪的影响因素

情绪变化受到多种因素的制约，常见的影响因素有认识因素、气质类型、环境刺激等。

（一）认识因素

认识在情绪体验中是一个非常重要的因素。相同的情境，如果作出的认识评价不同，就会产生不同的情绪体验。例如，两个同时都想学习开车的战士，结果都没能如愿，这对他们来说的确是件不顺心的事。但是，甲战士把这件事当作是对自己的考验（做出良好的认识评价），就会产生积极的情绪体验，并努力克服面前的困难，做好组织上分配的工作。而乙战士则认为自己很倒霉（做出不好的认识评价），就会产生消极的情绪体验，抱怨领导对自己不公平。由此不难看出，一件事情到底是好还是坏，就看你如何认识它、如何评价它，看你做出什么样的选择。一定程度上，认知决定了情绪。

我们无法左右客观事件，有些事件是不以人的意志为转移的，但是主观信念是我们可以通过努力加以控制的。虽然我们无法避免所有不合理的信念，但我们应充分认识它的存在，尽量减少其对我们生活的负面影响。不合理信念具有以下三个特征。

1.绝对化要求

它通常与"必须""应该"这类字眼连在一起。比如："我必须获得成功""别人必须很好地对待我""生活应该是很容易的"等等。俗话说，"人生不如意事十之八九""计划不如变化快"，生活中很多事情是不以人的意志为转移的，我们每个人不可能在每一件事情上都获得成功；同样，周围的人和事物的表现和发展也不可能以我们的意志为转移。

2.过分概括化

以一件事的成败来评价整个人（包括自己或他人），这无异于一种理智上的法西斯主义。在这个世界上，没有一个人可以达到完美无缺的境地，所以每个人都应接受自己和他人是有可能犯错误的。

3.糟糕至极

糟糕就是不好、坏事了的意思。当一个人讲什么事情都糟透了、糟极了的时候，对他来说往往意味着碰到的是最最坏的事情，是一种灭顶之灾。我们当然希望非常不好的事情不要发生，但是我们没有任何理由说这些事情绝对不该发生。当一切已成事实，我们必须努力去接受现实，尽可能地去改变这种状况；实在不可能改变时，则要学会在这种状况下生活下去。

（二）气质类型

现代心理学家认为，气质是人典型的、稳定的心理特点，主要表现在情绪体验的强弱、快慢上，表现在隐显动作敏感或迟钝方面，它是高级神经活动类型的外部表现。人的气质类型有四种，不同气质的人，情绪表现特点各不相同。

1. 胆汁质

胆汁质也叫作不可遏制型。这种气质类型的人情绪兴奋性高，感情强烈，易于激昂，脾气急躁，情绪体验的波动性比较大。

2. 多血质

这种气质类型的人属于活泼型的人。他们情感丰富，反应灵敏、灵活，接物待人乐观热情，情绪易变，在面临各种应激情境时具有很强的自我调节能力。

3. 粘液质

这种气质类型的人属于安静型的人。他们情绪兴奋性低，对外界反应慢，情感不外露，遇事冷静，情绪不会大起大落，有时表现得压抑，但有很强的自我调节能力。

4. 抑郁质，也称弱型

这种气质类型的人对外界刺激反应不强烈，而且反应慢，情绪低落。这种类型的人情绪压抑，感情脆弱，内心深层情感体验强烈，经不起挫折的打击，容易表现出神经官能症的症状。

气质对情绪的影响并不是不可改变的。每个人只要不断塑造自己的个性，磨炼意志，充分发挥气质的积极方面，克服自身的弱点，都可以不断完善自己。

（三）环境因素

环境因素对人的情绪影响是不可忽视的。生物钟、大自然变化、颜色刺激、生理周期、饮食、音乐、衣着及睡眠程度都会对情绪产生影响。

1. 生物钟

人体的一切生理活动都是有规律的。人体的血压、体温、脉搏、心跳、神经的兴奋抑制、激素的分泌等100多种生理活动都要受生物钟规律的支配，从而产生生理活动的高潮和低潮，高潮时期情绪往往比较饱满，工作效率高；低潮时期情绪则比较低落，容易表现出不耐烦等不良情绪反应，办事效率低下，容易出差错。一般来说，中午和黄昏以后这两个时间段生物钟处于低潮，人们互相之间应尽量避免打扰，特别不要安排重要的活动内容。

2. 大自然变化

一般来说，阴雨天气人们往往容易产生低落情绪；如果天气转晴，心情跟着也就好多了。连天的阴雨，人们容易烦躁不安，对人对事极不耐烦，处理事物也欠考虑。现代医学研究表明：人的大脑中的自然电磁压力在满月时会发生变化。对月亮敏感的人，大脑右半球的电磁压力在满月时期会增加，其后果是导致情绪不稳定，容易激动。有关专家建议，在满月的日子里对月光敏感的人工作不要太紧张，要多休息。

3. 颜色刺激

大家可能深有体会，到了春天，大自然就像一扇画屏，人在画屏中行走，烦恼的情绪一时也被荡涤殆尽。于是到了阳春三月，人们便养成了到郊外踏青的习俗。一般来说，鲜艳的颜色能驱赶人的不良情绪，心情易于发生好转。所以在五彩缤纷的春天，人们的情绪往往非常好。

三、情绪的功能与作用

(一) 信号功能

情绪的信号功能表现在个体将自己的愿望、要求、观点、态度通过情感表达的方式传递给别人以影响他们，它是非言语沟通的重要组成部分，在人际沟通中具有信号意义。如点头微笑、轻抚肩膀表示赞许；摇头皱眉、摆手表示否定；面色严峻表示不满或者问题严重等。

在人际交往中，人们除借助言语进行交流之外，还通过情绪的流露来传递自己的思想和意图。比如听朋友叙述不幸遭遇时，会一同落泪或表现出悲伤的情绪，传达自己的同情和理解的情绪情感，情绪的这种功能是通过表情来实现的。表情具有信号传递作用，属于一种非言语性交际。人们可以凭借一定的表情来传递情绪信息和思想愿望。在社会交往的许多场合，人们之间的思想、愿望、态度、观点，仅靠言语无法充分表达，有时甚至不能言传，只能意会，这时表情就起到了信息交流的作用。比如学生上课不注意听讲，教师的一个眼神或者一个手势都会起到提示、警醒的作用。在表情当中，面部表情和体态表情更能突破一些距离和场合的限制，发挥独特的沟通作用。如马路两侧的熟人打招呼，说话听不到时就可以通过招手和微笑来示意。

（二）组织功能

情绪作为脑内的一个检测系统，对其他心理活动具有组织的作用。这种作用表现为积极情绪的协调作用和消极情绪的破坏、瓦解作用。其组织作用还表现在人的行为上，当人处在积极、乐观的情绪状态时，容易注意事物的美好方面，其行为比较开放，愿意接纳外界的事物。当人处于消极情绪状态时，容易失望、悲观，放弃自己的愿望，甚至产生攻击性行为。

许多研究证明情绪对认知产生多方面的效应。其影响不仅体现在加工的速度和准确程度方面，而且可以在类别和等级层次上改变认知的功能，或阻断或干扰信息加工。就是说，情绪不仅在量上影响认知，而且影响认知的结构。

情绪作为一种脑中持续存在的状态，从整体上影响信息加工的发动、干扰和结束。即情绪的组织性功能随时对人的认知加工和行为反应发挥作用。有研究表明，一定强度水平的感情状态，或说心境，具有提高认知加工的效果；超高强水平的感情激活则干扰甚至阻断认知加工进程，过低度激活则不足以维持认知加工所要求的激活量。情绪的正性或负性特征会影响信息的选择性加工。一般来说，正性情绪能改善人的智能操作质量。

情绪还影响注意、记忆和决策等认知过程。对焦虑患者的研究表明，焦虑情绪使脑对注意的加工变得狭窄。当人处于焦虑或恐惧中时，他们主要地集中在所害怕的事情上而不注意周围存在的其他事。

大量的实验说明，正性情绪促进思维的灵活性，有助于使人应付麻烦事件和减少对抗事件的发生。中等强度的正性情绪状态对思维和决策的影响不仅是充分的，而且有利于改善思维和决策的质量。

（三）动机功能

情绪的激励作用，又称为情绪的调节功能，指情绪对人的活动起发动、促进和调控的作用。适度的情绪兴奋，可以使身心处于活动的最佳状态，进而推动人们有效地完成任务。

情绪能够以一种与生理性动机或社会性动机相同的方式激发和引导行为。有时我们会努力去做某件事，只因为这件事能够给我们带来愉快与喜悦。从情绪的动力性特征看，情绪分为积极增力的情绪和消极减力的情绪。快乐、热爱、自信等积极增力的情绪会提高人们的活动能力，而恐惧、痛苦、自卑等消极减力的情绪则会降低人们活动的积极性。

个体的情绪表现还常被视为动机的重要指标。由于情绪可能与动机引发的行为同时出现，情绪的表达能够直接反映个体内在动机的强度与方向，因此情绪也被视为动机潜力分析的指标，即对动机的认识可以通过对情绪的辨别与分析来实现。

动机潜力是在具有挑战性的环境下所表现出的行为变化能力。当个体面对一个危险的情境时，动机潜力会发生作用，促使个体做出应激的行为。对动机潜力的分析可以由对情绪的分析获得。当面对应激场面时，个体的情绪会发生生理的、体验的以及行为的三方面的变化，这些变化会告诉我们个体在应激场合动机潜力的方向和强度。当面临危险时，有的人头脑清晰，沉着冷静地离开；而有些人则惊慌失措，浑身发抖，不能有效地逃离现场。这些情绪指标可以反映出人们动机潜能的个体差异。

（四）健康功能

人对社会的适应是通过调节情绪来进行的，情绪调控的好坏会直接影响到身心健康。作为心理因素的一个重要方面，情绪同身体健康的关系早已受到人们的关注。

情绪对健康的影响作用是众所周知的。积极的情绪有助于身心健康，消极的情绪会引起人的各种疾病。我国古代医书《内经》中就有"怒伤肝，喜伤心，思伤脾，忧伤肺，恐伤肾"的记载。有许多心因性疾病与人的情绪失调有关，例如溃疡、偏头痛、高血压、哮喘等。有些人患癌症也与长期心情压抑有关。一项长达30年的关于情绪与健康关系的追踪研究发现，年轻时性情压抑、焦虑和愤怒的人患结核病、心脏病和癌症的比例是性情沉稳的人的4倍。

美国心脏病学会将易患上心脏病的人群定义为A型性格人群，认为这类人群的特征是生活压力过大，自我要求过高，性情暴躁，易发脾气。一些临床医学研究也证明，长期受不良情绪困扰，会导致各种身心疾病。因此，对不良情绪进行控制、引导，代之以积极乐观的情绪，不但能提高生活质量，也能有效地防治身体疾病。所以，积极而正常的情绪体验是保持心理平衡与身体健康的条件。曾经有人说过，一个小丑进城胜过一打医生。这句话非常形象地说明了情绪对人身体健康的影响。

美国加州大学心理学家艾克曼（Ekman）曾做过实验，要受试者装出惊讶、厌恶、忧伤、愤怒、恐惧和快乐等表情，结果发现他们的身心跟着起了变化。当受试着装出害怕时，他们的心跳加速，皮肤温度降低了，表现其他五种情绪时，也有不同的变化。总之，我们怎么装，心情就怎么改变。

好心情是好身体的基石，是好工作的关键，是好生活的秘诀。人心情不好时，会不自觉把坏心情抱得更紧；关门不跟人说话，嘟着嘴生闷气，锁着眉头胡思乱想，结果心情更坏、更难过。所以人要学习放下心情，拒绝让它折磨才行。我们想拥有好心情，就得从原有的坏心情中开脱，从烦恼的死胡同中走出来。另外，还要注意我们的仪容：挺直身子，抬起头来，衣着更要端庄。萎靡不振的表情，是招惹霉运的根本原因。

四、大学生情绪的主要特点

大学阶段是人生中非常重要的阶段，是个体认知、情绪和行为发展的关键时期。大学生作为一特殊群体，其情绪也具有鲜明的特点，大学生的情绪具有共性、也有个体差异，因此正确看待大学生的情绪特点，充分利用情绪中的优点为身心健康服务是当前大学生情绪教育的重要课题。

（一）大学生情绪的一般特点

大学时期是青年人心理成熟的重要时期，也是情绪丰富多变、相对不稳定的时期。随着社会地位、知识素养的提高以及所处特定年龄阶段的影响，大学生的情绪带有鲜明的特征。具体表现在以下几方面：

1. 丰富性和复杂性

从生理发展分段来看，大学生正处于多梦的年龄阶段，几乎人类所具有的各种情绪，都可在大学生身上体现出来，并且各类情绪的强度不一，例如有悲哀、遗憾、失望、难过、悲伤、哀痛、绝望之分；从自我意识的发展来看，大学生表现出较多的自我体验，自我尊重的需要强烈，易产生自卑、自负等情绪体验；从社交方面来看，大学生的交际范围日益扩大，与同学、朋友及师长之间的交往更细腻、更复杂，有的大学生还开始体验一种更突出的情感——恋爱，而恋爱活动往往又伴随着深刻的情绪体验，这种特殊的体验对大学生有十分重要的影响；在情绪体验的内容上，大学生的情绪呈现出相当丰富多彩的特征，以惧怕的情绪来说，大学生所怕的事物，主要与社会的、文化的、想象的、抽象复杂的事物和情势有关，诸如怕考试、怕陌生人、怕惩罚、怕寂寞等。

2. 波动性和两极性

大学时期是人生面临多种选择的时期，学习、交友、恋爱等人生大事基本在这一阶段完成。社会、家庭、学校及生活事件，都会对大学生的情绪产生影响。尽管大学生的认识水平有了一定的提高，对自己的情绪已有了一定的控制能力，情绪亦趋于稳定，但同成年人相比，大学生相对敏感，情绪带有明显的波动性，一句善意的话语，一个感人的故事，一支动听的歌曲，一首情理交融的诗歌，都可以致使青年情绪发生骤然变化。特别是在社会转型过程中，社会的变迁、体制的变革，新与旧价值观的更替，种种复杂的社会现象更容易使大学生产生困惑和迷茫，产生情绪的困扰与波动。

同时，由于大学生正处于情绪表现的"动荡"时期，自我认知、生涯发展及心理发展还未成熟等原因，他们的情绪起伏较大，带有明显的两极化特征：胜利时得意忘形，挫折时垂头丧气；喜欢时花草皆笑，悲伤时草木流泪，情绪的反应摇摆不定、跌宕起伏。

3. 情绪的冲动性与爆发性

心理学家霍尔认为青年期处于"蒙昧时代"向"文明时代"演化的过滤期，其特点是动摇的、起伏的，他把这一时期称为"狂风暴雨"时期。由于知识水平和认知能力的提高，大学生对自己的情绪能够有所控制，但由于他们兴趣广泛，对外界事物较为敏感，加之年轻气盛和从众心理，因而在许多情况下，其情绪易被激发，犹如急风暴雨不计后果，带有很大的冲动性。他们往往对符合自己信念、观点和理想的事件或行为迅速发生热烈的情绪；对于不符合自己信念、观点和理想的事件或行为，则迅速出现否定情绪；个别的有时甚至会盲目的狂热，而一旦遇到挫折或失败又会灰心丧气，情绪来得快，平息也快。

大学生情绪的冲动性常常与爆发性相连的。大学生的自制力较弱，一旦出现某种外部强烈的刺激，情绪便会突然爆发，借助于冲动的力量驱使，以至于在语言、神态及动作等方面失去理智的控制，忘却了其他任何事物的存在，极易产生破坏性的行为和后果。

4. 阶段性和层次性

由于大学阶段不同年级培养目标和培养重点不同，教育方式和课程设置有所区别，各个年级面临的问题不同，大学生的情绪特点也不同，呈现出阶段性和层次性特点。大学新生所面临的是适应环境、改变学习方法、熟悉了解新的交往对象以及确立新的目标等问题。新生自豪感和自卑感混杂，放松感和压力感并存，新鲜感和恋旧感交替，情绪波动大。二三年级学生经过了一年级的适应过程，能够融于校园生活中，情绪较为稳定。毕业班学生面临毕业论文（毕业设计）及择业等多方面的重大问题，压力大情绪波动大，消极情绪多。另外，由于社会、家庭及自身要求、期望不同，能力、心理素质的差别，大学生也会体现着不同的情绪状态。

5. 外显性与内隐性

大学生对外界刺激反应迅速敏感，喜、怒、哀、乐常形于色，比起成年人比较外露和直接；但比起儿童，大学生会掩饰、隐藏或抑制自己的真实情感，表现出内隐、含蓄的特点。一般而言，大学生的很多情绪是一眼就能看出的，如考试第一名或赢得一场球赛，马上就能喜形于色。但由于自制力的逐渐增强，以及思维的独立性和自尊心的发展，他们情绪的外在表现和内心体验并不总是一致的，在某些场合和特定问题上，有些大学生会隐藏或抑制自己的真实情感，有时会表现出内隐、含蓄的特点。例如对学习、交友、恋爱和择业等具体问题，他们往往深藏不露，具有很大的内隐性。另外，随着大学生社会化的逐渐完成与心理逐渐成熟，他们能够根据特有条件、规范或目标来表达自己的情绪，使得自己的外部表情与内部体验的不一致性降低。例如有的学生对异性萌生了爱慕之情，却往往留给对方的印象是贬低、冷落人家。

（二）大学生情绪的个别差异

不同的人有着不同的情绪体验，有的人情绪激昂，有的人多愁善感，有的人热情洋溢，而有的人淡漠无情。由于家庭环境、教育和接触的人不同，大学生的情绪存在着很大的个别差异，不同年龄阶段、不同性别、不同文化背景、不同的个性特征的大学生在面临同样的情景时会产生不同的情绪。

有关研究表明，大学生的情绪在性别、年级、生活地域等方面存在个别差异。比如：女大学生的情绪状态具有开放热情、敢想敢说、富有幻想和激情等特点，但容易出现焦虑、多愁善感等不稳定情绪。而男生的情绪状态相对女生更趋于稳定，主动敢为性更强，更具有独立性和刚毅性。但当其处于冲动状态时，也容易出现情绪失控、行为过激的现象；高压的家庭教育的子女更多地表现出恐惧、暴躁等情绪，而民主的家庭教育风格中的大学生表现得更积极、向上、乐于助人；放任型的家庭教育中成长的子女，缺乏自我控制，外显的行为问题比较多，情绪上常感到受挫、不快乐；不同性格特征的大学生其情绪体验也有所差异，A 型性格的大学生具有挑战性、急躁、追求完美，工作投入，B 型性格大学生悠闲、放松，容易满足，情绪波动较小，C 型性格大学生被动、无助、谦逊，负向情绪较多。

（三）情绪对大学生心理健康的影响

1. 情绪对大学生健康的影响

现代生理学、心理学和医学的研究成果表明，情绪对人的身心健康具有直接影响。若能保持愉快的心境，为人开朗乐观、积极向上，则人体免疫功能活跃旺盛，可以减少患病的机会，有益健康。不仅如此，良好的情绪不仅使大学生对生活充满希望，对自己满怀自信，而且能够使他们的求知欲增强、思维敏捷、富于创造力、爱好广泛、建立良好的人际关系，促进他们的全方位发展。

与此相反，消极的情绪对人的身心健康危害极大，在压抑、紧张、焦虑、恐惧等消极情绪的长期作用下，人的免疫能力下降，容易患各种传染性疾病，内脏功能也会受到伤害。许多研究表明，消极情绪是健康的大敌。突然而强烈的紧张情绪会抑制大脑皮层高度心智活动，破坏大脑皮层的兴奋和抑制的平衡，使人的意识范围狭窄、判断力减弱，失去理智和自制力。调查发现，大学生中常见的消化性溃疡、紧张性头痛和偏头痛、心律失常、月经失调、神经性皮炎等，都与消极情绪有关。

2. 情绪对大学生学习的影响

情绪不仅与大学生的身心健康有关，而且与大学生的潜能开发、工作效率有关。良好的情绪情感往往使大学生乐于行动，有兴趣学习、工作和活动，有助于开阔思路，集中注意力，富有创造性。研究发现，精神愉快、心情舒畅、紧张而轻松是思考和创造的最佳状态。

心理学家用实验方法研究情绪与学习成绩的关系时，通常将焦虑程度与学习成绩分别作为自变量和因变量，然后采用自我评定法和生理反应法来研究它们之间的函数关系。研究结果表明，焦虑程度与学习成绩的关系呈倒 U 型。适度的焦虑能使大学生取得最好的学习效率，焦虑程度过高或过低，均难以取得优异的学习成绩。在生活中常有这种现象：有的大学生在考试时过分紧张，结果出现"晕场"现象；反之，有的学生对考试采取不以为意的态度，考试成绩也不高。

3. 情绪对大学生人际关系的影响

具有良好情绪特征，例如乐观、热情、自尊、自信是人际间产生相互吸引的重要条件，能有助于彼此间心理距离缩短、情感融洽。而自卑、情绪压抑、爱发怒的人，往往不能与他人正常相处，难沟通、易疏远，使人与人之间疏远。

由于情绪具有感染性与传染性，拥有良好的情绪、积极而稳定、适度的情绪反应、正性情绪大于负性情绪的人，在人群中更受欢迎，更容易获得别人的赞赏，容易形成良好的人际关系。一位大学生这样形容宿舍另一位同学：他的情绪正如六月的天，喜怒无常，无法把握，与他相处，有些如履薄冰，我们时刻要受他情绪的支配与感染。我们认为：他没有用坏情绪影响我们好心情的权利，因而我们选择逃避，尽量少与他交往。

与此同时，大学生在人际交往中，注重提高自身修养，学会适度控制与调适自己的情绪，做情绪的主人，才能拥有良好的人际关系。

4. 情绪对大学生行为目标的影响

20 世纪 70 年代末，心理学家埃普斯顿（Epston）在《人类情绪的生态学研究》这篇文章中，介绍了他对大学生的自我观念、情绪与行为变化之间关系的研究成果。结果表明，当体验到的是积极的情绪，如感到高兴、亲切、安全、平静，大学生的行为目标也往往是积极、生动的，对新经验的接受和开放、对周围人的尊重和理解、对价值和长远目标的献身精神等，都有明显增强；当体验到的是痛苦、愤怒、紧张或受威胁等消极情绪时，一部分大学生的社会兴趣下降，反社会行为增加，对新经验持审慎，甚至闭锁的态度，另一些大学生的行为并没有向消极方面转化，而是汲取教训，准备再干。

埃普斯顿的实验结果表明：积极的情绪体验与积极的行为变化总是有一致的关系。因此，在大学生活中要尽可能多地缔造这种关系。积极引导消极情绪，使之转化成为长远目标和价值献身的精神。

第二节　大学生健康良好情绪的培养

大学生在日常学习生活过程中会遇到各种各样的情绪问题，如考试失败，竞选落败，失恋等，这些不良情绪会给大学生带来消极影响，更有甚者会造成严重的心理问题，影响大学生的身心健康。因此，要正确看待不良情绪，主动采取合理的、理性的、有效的方法来调节不良情绪，进而塑造健康的心态。

一、健康情绪的基本特征

（一）主导心境积极愉快

心境对我们的心理活动起到一种背景作用，对人的注意产生引导作用和制约影响。比如同样是半杯水，积极、愉快、阳光的心境的人看到：还有半杯水（积极的）。相反，消极、忧郁的心境的人看到：只有半杯水了（消极、不安）。

心情愉快是情绪健康的一个重要标志，情绪获得健康发展的学生，有良好的心境和积极的情绪状态，总以积极、欢愉、乐观向上的情绪为基调，少有消极、苦闷、忧郁、暴怒的情绪表现。

（二）情绪表现稳定适度

情绪获得健康发展的学生，情绪表现稳定适度，有较好的情绪控制力，对事物的情绪反应适时适度。相反，情绪未获得健康发展的学生，情绪往往喜怒无常极不稳定，而且总是以消极情绪体验为基本格调，经常表现为惊恐、忧虑、烦恼和急躁等。

（三）情感体验丰富深刻

情感体验丰富深刻的人，往往能够乐观地看待周遭事物，能激活目标和希望。在遇到人生的大风大浪时，也才能保持情绪的稳定。

二、情绪的自我调节

（一）什么是情绪调节

情绪调节是个体管理和改变自己或他人情绪的过程，通过一定策略和机制，使情绪在生理、主观体验、表情行为上发生一定变化。具体包括三个方面：

1. 具体情绪的调节

包括所有正性和负性的具体情绪，如不光愤怒需要克制，悲伤要转移环境，同时过分高兴也要克制。

2. 唤醒水平调节

包括过高和过低的两方面的情绪体验。如高度紧张、兴奋时需要降低兴奋水平，使之不影响认知；同时过分淡漠时需要提高兴奋水平。

3. 情绪成分调节

情绪系统内的调节包括调节生理反应、主观体验和表情行为，还包括情绪的强度、不稳定性、潜伏期等格调和动力上的调节。

（二）如何进行情绪调节

1. 承认压力及不良情绪存在的事实

生活中每个人都会感受到压力、紧张和不良情绪的存在，这是很正常的，你完全没有必要逃避这种事实。要知道，只有面对现实，正视现实，你才能超越现实。因此，承认自己不良情绪的存在，找出产生该情绪的原因，然后想办法调整它、克服它，这才是应该有的态度。

2. 学习情绪放松技术

（1）肌肉放松法

找到一个放松的姿势，靠在沙发上（椅子上）或躺在床上，尽量减少其他无关刺激，然后按照手臂部—头部—躯干部—腿部的顺序进行放松。

（2）想象放松法

通过想象放松自己的身心，最好在安静的环境中进行，仰卧在床上或靠在椅子上，找一个舒适的姿势，同时闭上眼睛并配合缓慢均匀的深呼吸，然后通过指导语（默念或播放录音磁带等）放松自己。例如，"我躺在水清沙白的海滩上，上面是蓝天白云，身下是柔软的细沙，前边是湛蓝湛蓝的海水，我感到平静、温暖而舒适……海浪不停要拍打海岸，思绪随着节奏飘荡，涌上来又退下去。温暖的海风吹来，又离去，带走了我心中的思绪。我感到细沙柔软，阳光温暖，海风轻缓，只有蓝天和大海笼罩我的心……我呼吸变慢，越来越深，越来越轻松……我安然躺在大自然中，非常轻松，十分自在。"（静默几分钟后结束）

3. 掌握心理平衡技术

（1）回避法

尽量躲开不良情绪的刺激源。譬如，我看见他就难受，那我不看他还不行吗？这下可谓眼不见（耳不听）心不烦。

（2）转视法

换个角度看问题常能收到意想不到的效果。古代有个笑话说，一个老太有两个儿子，大儿子卖雨伞，二儿子晒盐巴。老太整天愁眉苦脸，因为晴天时，她愁大儿子卖不出雨伞，雨天时她愁二儿子晒不了盐巴。后来有一智者献了一个计策：你为什么不反过来想，晴天二儿子可以晒盐巴了，雨天大儿子可以卖雨伞了？如此，你不就天天快乐了吗？这正可谓"横看成岭侧成峰"①。

（3）自我安慰法

自己找理由安慰自己也不失为解脱不良情绪的好方法。"吃不到的葡萄都是酸葡萄"便是这种方法的典型例证。要知道，保持自己良好的情绪状态，有时还是需要来一点阿Q精神的。

（4）补偿法

人生不可能十全十美的。当你在某一方面不如意而体验不良情绪时，你完全可以从其他方面的良好体验中获得补偿，也可以通过自己的努力得到别的收获，从而获得快乐的情绪。正可谓东边不亮西边亮，失之东隅收之桑榆。这样想也这样去行动，你也许就化解了自己的不良情绪。

（5）升华法

把消极情感变成积极的行为，使自己变得"伟大"起来。如失恋是痛苦的，但想到对

---

① 出自苏轼《题西林壁》。

方因此获得幸福，这不也是一件好事吗？同时，"我"应该化"悲痛"为力量，投入到学习、工作中去做出一番成绩，作为对失恋的"回报"，这就是一种美好的升华。

（6）宣泄法

不良情绪需要适当的宣泄。对友人倾诉、喊一喊、哭一哭、发发脾气，甚至打打球等，都有助于释放情绪，减轻情绪压力。这正可谓"大雨过后有晴空"。不过，情绪宣泄应以不伤害他人为原则。

4. 增加社会（团体）支持

有不良情绪时，请不要封闭自己，也尽量不要独处。应尽量把自己置身于群体中，可以到人群多的地方走一走，参加朋友或团体的活动，更可以与友人通通电话，并适时自我坦露自己的情绪问题，相信朋友或群体会给予你需要的心理支持。

5. 情绪自我调节

（1）暗示调节

心理学研究表明，暗示作用对人的心理活动和行为具有显著的影响，内部语言可以引起或抑止人的心理和行为。自我暗示即通过内在语言来提醒和安慰自己，如提醒自己"不要灰心""不要着急""一切都会过去的""事情并不像我想象的那么糟"等等，以此来缓解心理的压力，调整不良的情绪。

（2）放松调节

大学生还可通过身体上的放松来调节挫折所引起的紧张不安感。放松调节是通过对身体各部分主要肌肉的系统放松练习，抑制伴随紧张而产生的血压升高、头痛、手脚冒汗、腹泻、睡眠等生理反应，从而减轻心理上的压力和紧张焦虑情绪。放松调节首先要学会体验肌肉紧张时的感觉，即收缩肌肉群，注意体验其感觉；然后再放松肌肉群，注意体会相反的感觉。呼吸调节也是放松调节的一种。通过某种特定的呼吸方法，来解除精神上的紧张、压抑、焦虑、急躁和疲劳。比如，紧张时，采用深呼吸的方法可减缓紧张感。平时也可以到空气新鲜的大自然中去做呼吸训练。

（3）想象调节

受挫心理调节能力并非要等到受挫后再来培养，而是在平时就要训练。想象调节法即是指在想象中对现实生活中的挫折情境和使自己感到紧张、焦虑的事件的预演，学会在想象的情境中放松自己，并使之迁移，从而能在真实的挫折情境和紧张的场合下对付各种不良的情绪反应。想象调节的基本做法是：首先学会有效的放松；其次把挫折和紧张事件按紧张的等级由低到高排列出来，制成等级表；然后依据等级表由低到高逐步进行想象调节训练。

我们都知道大学阶段是一个人的人格发展、世界观形成的关键时期。大学生面临着大学生活的适应、专业知识的学习、交友恋爱、择业应职等一系列重大的人生课题。由于大学生身心发展尚未完全成熟，情绪的自我调节和自我控制能力不强，复杂的自身和社会问题，往往容易导致大学生强烈的心理冲突，从而产生较大的心理压力，甚至产生心理障碍和心理疾病。因此，研究大学生情绪调节及情绪调节策略，帮助大学生进行负面情绪的自我调节，缓解大学生的心理压力，提高身心健康水平，具有一定的现实意义。作为大学生，我们应该学会为自己负责。每个人都有责任、有义务去爱自己，让自己的生活多一些快乐，少一些烦恼。因此，在日常的学习和生活中，我们要有意识地管理好自己的情绪，让自己成为一个情商高的人，争做自己情绪的主人。

第三节　大学生异常心理应对

一、异常心理识别

心理问题也称心理失衡，是正常心理活动中的局部异常状态，自己意识到或意识不到的主观困惑或心理异常现象。不存在心理状态的病理性变化，具有明显的偶发性和暂时性，常与一定的环境相联系，有一定的情景诱发，脱离该情景，个体的心理活动则恢复正常。

（一）异常心理

心理异常，是在大脑生理生化功能障碍和人与客观现实关系失调的基础上产生的对客观现实的歪曲反映。对客观现实反映的紊乱和歪曲，既反映个人自我概念某些能力的异常，也反映社会人际关系和个人生活上的适应障碍。心理异常一词是许多不同种类的心理和行为失常的统称。表现可以是严重的，也可以是轻微的，人们在日常生活中常用精神病、变态行为、情绪障碍这样的词来对此加以描述和区分。

（一）心理问题等级划分

心理问题等级划分从心理健康状态到心理疾病状态一般可分为 4 个等级：健康状态、不良状态、心理障碍和心理疾病。

1. 心理健康状态

心理健康状态与非健康状态的区分标准一直是心理学界讨论的话题，不少国内外心理学学者根据自己调查的结果提出了多种心理健康标准，从狭义的个体是否存在心理问题的角度简单对比判断，至少应符合下列条件：

①个体不觉得痛苦，即在一个时间段中（如一周、一月、一季或一年）快乐的感觉大于痛苦的感觉。

②他人不感觉到异常，即心理活动与周围环境相协调，不出现与周围环境格格不入的现象。

③社会功能良好，即能胜任家庭和社会角色，能在一般社会环境下充分发挥自身能力利用现有条件（或创造条件）实现自我价值。

2. 不良心理状态（心理不健康）

（1）不良心理状态的特点

不良心理状态是心理健康与心理疾病之间的状态。即正常人群组中常见的一种亚健康状态，它是由于个人心理素质（如过于好胜、孤僻、敏感）、生活事件（如工作压力大、晋升失败、婚恋挫折）、身体不良状况（如过度劳累、身体疾病）等因素所引起的其特点如下。

①时间较短暂。此状态持续时间较短，一般在一周以内能得到缓解。

②损害较轻微。此状态对个体社会功能影响比较小。处于此类状态的人一般都能完成日常工作学习和生活，只是感觉到的愉快感小于痛苦感，"很累""没劲""不高兴""应付"是他们常说的词汇。

③能自己调整。此状态者大部分通过自我调整，如休息、聊天、运动、钓鱼、旅游、娱乐等放松方式能使自己的心理状态得到改善。小部分人若长时间得不到缓解可能形成一种相对固定的状态。这部分人应该去寻求心理医生的帮助，以尽快得到调整。

（2）不健康心理分类

①一般心理问题，由现实因素激发、持续时间较短、情绪反应能在理智控制之下，不严重破坏社会功能、情绪反应尚未泛化的心理不健康状态。这种心理不健康状态由于现实生活、工作压力、人际交往等产生内心冲突，并由此而体验到不良情绪（如厌烦、后悔、懊丧、自责等）。

这种冲突是常性的，判断一般心理问题必须满足如下 4 个条件：

a. 社会功能：基本维持正常生活、学习、社会交往和工作，但是效率有所下降。

b. 时间：不良情绪不间断持续满一个月，间断持续两个月仍不能自行化解。

c. 可控：不良情绪反应仍在相当程度的理智控制下，能始终保持行为不失常。

d. 未泛化：不良情绪的激发因素仅仅局限于最初事件，即便是与最初事件有联系的其他事件，也不引起此类不良情绪。

②严重心理问题，是由较为强烈的因素激发、初期情绪反应强烈、持续时间较长、内容充分泛化的心理不健康状态。这种心理不健康状态是由较为强烈的、对个体威胁较大的现实刺激产生的内心冲突，产生不同的痛苦情绪体验（如悔恨、冤屈、失落、恼怒、悲哀等）严重心理问题有时伴有某一方面的人格障碍。

这种冲突也是常性的，判断严重心理问题必须满足如下4个条件：

a. 社会功能：对生活、工作、社会交往都有一定程度的影响。

b. 时间：从产生痛苦情绪开始，间断或者不间断持续时间在两个月以上，半年以下。

c. 不可控：多数情况下，会短暂的失去理性控制；单纯地依靠自然发展或非专业性的干预难以解脱。

d. 泛化：痛苦情绪不但能被最初的刺激引起，而且与最初刺激相类似、相关联的刺激，也能够引起此类痛苦。

③神经症性心理问题。神经症性心理问题又被称为可疑神经症，是一种心理不健康状态，内心冲突是变形的。已接近神经衰弱或神经症，或者它本身就是神经衰弱或神经症的早期阶段。有时也把有严重心理问题但没有严重的人格缺点者（如均衡性较差的人格）列入这一类。神经症性心理问题引起的心理冲突与现实处境没有明显关系，涉及生活中不太重要的事情，且不带有明显的道德色彩。神经症性心理问题包括神经衰弱、强迫症、焦虑症、躯体形式障碍等，患者深感痛苦且妨碍心理功能或社会功能，但没有任何可证实的器质性病理基础。病程大多持续迁延或呈发作性。

3. 心理障碍状态

心理障碍是因为个人及环境因素造成心理状态的某一方面（或几方面）发展的超前、停滞、延迟、退缩或偏离。它的特点如下。

①举止行为不协调性：指心理活动的外在表现与其生理年龄不相称或反应方式与常人不同。如成人表现出幼稚状态（停滞、延迟、退缩），儿童出现成人行为（不均衡的超前发展）；对外界刺激的反应方式异常（偏离）等。

②针对性：处于此类状态的人往往对障碍对象（如敏感的事、物及环境等）有强烈的心理反应（包括思维、信念及动作行为），而对非障碍对象可能表现很正常。

③损害较大：此状态对其社会功能影响较大。它可能使当事人不能按常人的标准完成

其某项（或某几项）社会活动。如社交焦虑症（又名社交恐惧症）不能完成社交活动，强迫症，性心理障碍者等。

④需求助于心理医生：此状态者大部分不能通过自我调整和非专业人员的帮助而解决根本问题，必须求助于心理医生的指导。

4. 心理疾病状态

心理疾病是由于个人及外界因素引起个体强烈的心理反应（思维、情感、动作行为、意志）并伴有明显的躯体不适感，是大脑功能失调的外在表现。其特点如下。

（1）强烈的心理反应

可出现思维判断上的失误，记忆力下降，头脑空白，思维迟钝，强烈自卑感及痛苦感，情绪低落或忧郁，紧张焦虑，行为失常（如重复动作，动作减少，退缩行为），意志减退等。

（2）明显的躯体不适感

由于中枢控制系统功能失调可引起所控制人体各个系统功能失调，如影响消化系统则可出现食欲不振、腹部胀满、便秘或腹泻（或便秘—腹泻交替）等症状，影响心血管系统则可出现心慌、胸闷、头晕等症状，影响到内分泌系统则出现女性月经周期改变、性功能障碍等。

（3）损害大

此状态患者不能或勉强完成其社会功能，缺乏轻松、愉快的体验，痛苦感极为强烈，"哪里都不舒服""活着不如死了好"是他们真实的内心体验。

（4）需心理医生的治疗

此状态的患者一般不能通过自身调整和非心理科专业医生的治疗而康复。心理医生对此类患者的治疗一般采用心理治疗和药物治疗相结合的综合治疗手段。在治疗早期通过情绪调节药物快速调整情绪，中后期结合心理治疗解除心理障碍并通过心理训练达到社会功能的恢复并改善其心理健康水平。

因此，大学生常见的心理问题主要包括两个层面：一是轻度的心理异常，表现为个体长期处在较高的心理压力之下或受到某种特殊刺激影响，出现大脑功能削弱或失调所致的一时性（或一段时期）的心理与行为的失常，具体包括行为偏离、神经症与人格障碍、性心理障碍等；二是重度的心理异常，表现为心理活动和行为紊乱，对自己的异常心理及处境缺乏意识，无法适应人际交往和社会环境，甚至危害社会，主要包括精神病性的心理异常。

二、大学生异常心理应对策略

目前我国大学对学生心理问题的重视程度普遍提升，但是不少学校由于多种原因，心理测试、心理辅导与咨询和心理状况预警、援助体系尚未建立起来，对学生的心理问题无法及早发现，及时干预，甚至少数学校对此放任自流。而由于心理发现、干预机制的缺失，状况严重恶化，已经出现了不少令人痛心的问题。帮助学生了解自己的心理特点、解决心理问题、提升心理健康水平，是教书育人神圣职责的重要部分，大学生心理健康问题不容忽视。

（一）大学生心理问题产生的原因

科学研究表明，心理疾病因素是十分复杂的，它是生理、心理、社会诸因素共同作用于个体的结果。

1. 学生个体心理因素的影响

大学生年龄在 18~24 岁之间，正处于青年中期。青年期是人的一生中心理发展变化最激烈的时期，面临着一系列生理、心理、社会方面的适应课题。处在这一特定发展阶段的大学生们，由于心理发展不成熟、情绪不稳定，心理冲突矛盾时有发生。极易导致适应不良或出现心理障碍，影响大学生心理健康的个体心理因素可以概括为如下几个方面。

（1）自我同一性的危机

在大学阶段青年学生不断地反省自我、探索自我、思考人生，确定"自我同一性"，经历着种种内心矛盾和迷惘，情感起伏容易诱发心理障碍。

（2）个性的缺陷

同样的环境、同样的挫折，不同的个体会有不同的体验。这与人的个性有直接关系。性格过于内向的人、心胸狭窄过于斤斤计较的人、孤僻封闭的人、自卑忧郁的人、急躁冲动的人、固执多疑的人、爱慕虚荣的人、娇生惯养而感情脆弱的人，都比个性开朗大度、乐观的人更易患心理疾病。

（3）心理素质的不完备

大学生的心理素质不仅影响他们的成才发展，也影响身心健康。从现实看，随着整个社会紧张性刺激增多而带来的应激和压力增加，大学生的心理素质已跟不上时代的要求。不少学生自制能力差，对挫折缺乏应有的承受能力、惧怕失败。一遇到矛盾就自责自怨或埋怨社会和他人，灰心失望、精神不振，由此造成恶性循环，陷入消极的心理状态，久而久之形成了心理疾病。

（4）情绪发展的不稳定性

大学生的情绪处在最丰富且不稳定和最复杂的时期，鲜明的特征是情绪的两极性。情绪起伏过大、左右不定，而缺乏对事物的客观判断。使强烈的情感需求与内心的闭锁，情绪激荡而缺乏思考极易走向极端，使他们常常产生各种苦恼，难以自拔。由此产生内心矛盾冲突而诱发各种心理障碍。

2. 大学生特殊环境和任务对心理健康的影响

大学生主要的任务是学习，有限的时间内要完成繁重的学习任务，心理压力是很大的。主要表现在以下几个方面。

（1）学习负担过重

对学生学习时间的调查发现，有的学生迫于家庭及社会的压力每天学习时间达 10 小时以上，而睡眠时间严重不足，造成躯体不适；再加上学习方法不当，学习效率不高等因素，造成焦虑水平明显偏高。

（2）大学生活不适应

从中学到大学，环境改变很大，无论是学习方面还是生活方面，乃至人际关系，都需要重新适应。

（3）专业选择不当

学生高考选择专业时具有一定的盲目性。由于对大学专业设置不太了解。所以每年都有一些学生由于种种原因对所学专业不满意，不符合个人兴趣和爱好，从而产生无所谓的态度，抱着得过且过的思想，更为严重的是自暴自弃，丧失前进的动力。

3. 大学生业余生活较单调，网络影响严重

大学生活仍然可以用"三点一线"来概括。学生的生活环境主要是课堂、宿舍、食堂，生活比较单调。同时由于互联网络的影响，很多学生沉溺于网络游戏、聊天、交友等，出现了"课堂一散，宿舍扎堆"的现象。

大学生的心理问题如果不及时发现并解决，不仅会影响大学生的健康成长，甚至会导致部分学生难以顺利完成学业，即便是能完成学业，心理问题也会妨碍其才智的正常发挥；还会影响学校的思想政治教育工作以及学风、校风的建设。甚至会诱发违法犯罪等社会问题，从而影响社会的稳定发展。因此加强心理健康教育的关键是进行及时的辅导和干预。

（二）大学生常见的心理问题（障碍）对策

1．寻求心理帮助

心理疾病在大学生人群中普遍存在，那么，大学生遇到心理问题又该如何处理呢？如果是轻度的心理问题或不适，则可以通过一些自我心理调控技术来恢复正常，当你感到自己难以解决或不能自行解除自己的心理问题或心理障碍时，到心理咨询门诊或医院的精神科去寻求专业、及时的帮助是较明智的选择。

2．心理问题自我预防和调适

心理问题也如同生理疾病一样，可以通过采取一些有效的方法进行预防，以避免或减少心理问题的产生。但是，心理问题不像生理疾病那样有明确的致病因子（如病原体）及病理过程。因此，心理问题的预防也应是多方面的。

（1）提高心理健康水平

只有心理健康状况良好，才能减少心理问题的发生。设法提高个人的心理耐受力及康复能力，也是增强心理抵抗力的重要方法。心理耐受力的大小虽然与人的先天素质及气质类型有关，但更重要的是后天环境和社会化过程中形成的人格特征，特别是世界观和人生观、认知水平、坚强的意志力和生活信念等对耐受力起决定性作用。可以从以下几个方面提高心解健康水平。

①提高心理耐受力。长期、慢性存在的精神压力或令人不快的事情对人的心理健康水平是一个考验。心理耐受力强的人，可以经受慢性刺激并逐渐化解；心理耐受力差的人在承受一段时间后，便可能出现精神病理现象。但是，即使有较强的心理耐受力，对慢性心理刺激也不应等闲视之，而应设法化解，因为人的耐受力毕竟是有限的。

②增强自我调控能力。对行为和情绪的自我控制也是心理保健的一种能力。在受到心理刺激或创伤时，自控能力低者容易动怒、生气、焦虑或忧郁等，有时还会产生一些异常行为。因此，自控能力对维持正常心理的活动有重要作用，同时也是检验心理健康水平的一项指标。

③培养自信心。自信心不足常是焦虑、忧郁的根源，也是心理健康水平不高的表现。因此，在日常生活中，通过观察调整和稳定自己的自信心不失为一种心理自我保健的有效方法。自信才能自强，自强是良好心理健康水平的体现。

④保持自尊自爱。自尊心不足或缺乏，是一种比自信心不足更为严重的心理弱点，它是人生价值的自我贬值，是在生活道路上的自暴自弃。由这种弱点总是渗透在人格之中，

故矫正起来较为困难，应及时发现并注意克服。

⑤提高对环境的适应能力。心理对环境的适应能力有两种类型：一类是被动应对，是一种防御性的消极适应；一类是主动改变环境，目的是符合人的需要，是一种积极适应。适应能力通常可以反映心理健康水平的高低，当心理健康水平下降时，心理适应能力也随之下降。

⑥纠正对暗示的理解。受暗示是人所具有的共同特点，但容易受暗示则是心理健康水平低的一个特点。如听风就是雨，盲目迷信，对夸张的广告语言过于轻信等，都是易受暗示的表现，应及时注意并纠正。

⑦培养心理康复能力。心理康复能力是指心理受到创伤后的恢复能力。人在一生中受到各种挫折和心理创伤，如果事后能较快复原，常表明一个人的心理健康水平较高。由于心理康复能力与自身的认识能力、价值观和人生观有密切关系，并与人的社会支持系统（即遇到难处后有无亲友的同情和帮助）有密切关系。所以，在日常生活中应不断提高自己的认识水平，完善自己的价值观和人生观，以诚待人，相互帮助，这实际上也是在提高个人的心理康复能力。

⑧学会自娱自乐。自娱自乐让自人从紧张疲劳中解脱出来，减少外界事物给人内心带来的压力，能够有效提高一个人的心理健康程度。努力培养兴趣，兴趣爱好可以增加活力和情趣，使生活更加充实，丰富多彩；平时多外出散步，周末和节假日去郊外旅游，对于保持健康的身心状态很有益处。

⑨学会倾诉。倾诉自己的负面感受不仅可以减弱负责处理恐惧、惊慌等强烈情感的大脑组织的反应，还可以激活负责控制情绪冲动的大脑区域，从而有助于减轻悲伤和愤怒。倾诉是人的一种本能，是人们感情倾泻的渠道，负面情绪得到有效的倾泻，自然会减少异常心理在内心之中的滋长。

（2）自我心理调适

自我心理调适上，可以如下方式调适。

①培养放松心态。放松是一种态度，一种习惯，一门技巧，应该通过各种方法将它化作生活的一部分。

a. 采取放松的姿势。你坐的时候是不是把自己挂在椅子的边上？你是否心里有事就坐立不安？紧张使人浪费大量精力，因此只要有机会就应该让身体休息。

b. 不要手忙脚乱。那只能使你更加紧张。许多人都发现稳扎稳打绝不比手忙脚乱少干，而且还能持久。稳扎稳打远不像手忙脚乱那么累人。

c. 养成一种从事能使你放松的事情的习惯。无论是平静安稳的事情（如看书或很轻微的工作），还是紧张热烈的事情（如打乒乓球或参加舞会），只要能使你放松的事你就努力做好。

d. 寻求欢笑与娱乐。玩得越开心，你就越感到放松。

e. 把风险分散开。如果把所有的"鸡蛋"都装在一个篮子里，你会紧张提心吊胆，那么就分开装。

f. 给自己一点休息机会。短时间休息，如闲聊半个小时；长时间的休息，如定期休假。

②经常进行放松训练。首先要记住的是，你可以依靠自己的头脑和身体来为你做这件事。如果你能够控制那些干扰你放松能力的紧张，那么放松的过程本身就会起作用了。你的任务就是控制那些阻碍你放松的东西。

a. 呼吸放松。最简单的放松方法就是做几下深呼吸，而最常用的放松训练方法是：轻屈膝，双手放于脐部，尽量放松全身的肌肉，尤其是肩部和胸部，并将注意力集中于呼吸上，使气体自然地吸入和呼出。

b. 肌肉放松。在所有生理组织中，只有肌肉是可以直接控制的。肌肉放松的目的是使整个机体活动水平降低，达到心理上的松弛，从而使机体保持内环境的平衡与稳定。

找到一个舒服的姿势，可以坐靠在沙发上或躺在床上。

放松的顺序：手臂部→头部→躯干部→腿部。

手臂部的放松：伸出右手，握紧拳，紧张右前臂；伸出左手，握紧拳，紧张左前臂；双臂伸直，两手同时握紧拳，紧张手和臂部。

头部的放松：皱起前额部肌肉，似老人额前部一样皱起；皱起眉头，皱起鼻子和脸颊（可咬紧牙关，使嘴角尽量向两边咧，鼓起两腮，似在极度痛苦状态下使劲一样）。

躯干部位的放松：耸起双肩，紧张肩部肌肉，挺起胸部，紧张胸部肌肉；拱起背部，紧张背部肌肉；屏住呼吸，紧张腹部肌肉。

腿部的放松：伸出右腿，右脚向前用力像在蹬一堵墙，紧张右腿；伸出左腿，左脚向前用力像在蹬一堵墙，紧张左腿。

（3）参加文娱及体育活动

各种文化娱乐活动（如欣赏音乐、唱歌、跳舞、游戏、下棋、打牌等）可以陶冶人的性情，增进心理健康。此外，体育运动（如各种球类运动、跑步、体操、武术等）对改善心理状态、缓解心理不适也有一定作用。

第六章 大学生职业生涯规划与就业心理

第一节 大学生职业生涯规划概述

一、职业生涯概述

机会总属于有准备的人。职业生涯规划的理论和实践同我们职业的成功乃至人生的成功密切相关，而大学生的职业规划更是个人走向职场的基础性准备工作。从跨进校门的那一刻开始，大学生们就需要在规划中前行，并通过形势的变化来完善规划。

（一）职业与职业生涯

1. 职业的含义

对大多数大学生来说，职业是一个"万花筒"，他们对职业有一点了解，但却是片面的。有的人认为，职业就是"某一种工作"，如医生、教师、律师等；有的人认为，职业是一种生活来源；有的则认为职业是一种"专业类别"或是一种"等级身份"。对职业的各种认识主要归因于我国的社会以及家庭教育，加上当代大学生从小到大疲于应试，使得他们对于职业知识了解得并不全面。

对职业的认识一般可以从两个角度来认识。从社会学的角度来看，职业是一种社会现象，是指人们为了谋生和发展而从事相对稳定的、有收入的、专门类型的社会劳动。随着人类社会的不断进步和发展，特别是社会分工的越来越细，职业也是在不断发展的，不少新兴职业逐年增长，而另一方面，一些职业则伴随时代的变迁逐步退出人类社会。从个人角度而言，职业是个人扮演的一系列工作的角色。对大学生而言，第一次就业意味着要从学生角色转换到职业角色。同时，对于初次就业的大学生而言，就业也是解决个人生存的一种手段，是大学生独立的表现。

因此，可以认为，职业是指有劳动能力的人未来的谋生和发展，通过发挥自己的能力和专长而从事的相对稳定、有经济收入、特定类别的社会劳动。它包括三层含义：首先，从事职业的目的是谋生和发展，所以在择业时不仅要考虑到薪金的多少还要考虑到将来的发展；其次，选择职业时要用到自己的专业特长，所以大学生为了找到更好的职业必须要有一定的专业知识和技术能力，只有这样才能够在日益激烈的人才市场上拥有竞争力；最后，职业是相对稳定的而不是绝对稳定的，且有特定的类别，这就要求大学生择业时一定要选准与自己能力、兴趣和价值观相匹配的职业类型，最好在第一次就业时就选准，如若不行，可以考虑在工作前期通过转岗和换行等行为进行自我调整，直至最终找准自己的职业定位。

2. 职业生涯

人的一生，从出生开始就扮演着孩童、学生、劳动者、为人父母等各阶段的多项社会角色，这些角色的组合成就了每个人不同的生活方式，这样的发展历程构成了"生涯"。职业生涯主要是指一个人一生在职业岗位上所度过的、与工作活动相关的连续经历。职业生涯是一个动态的发展过程，它反映了职业选择、职位变动、个人职业理想得以实现的整个过程。在这个过程中，个人决定了自己的人生价值，并不断地追求自我，实现人生目标，因此它是人一生中最重要的历程。

在探究职业生涯分类的过程中，可将其分成内职业生涯和外职业生涯两部分，这样分类有助于实现职业生涯的发展目标。内职业生涯，是指从事一种职业时的知识、经验、能力、心理素质、内心感受等因素的组合及其变化过程。它是别人无法替代和窃取的人生财富。外职业生涯，是指从事职业时的工作时间、地点、单位、内容、职务与职称、环境与待遇等因素的组合及变化过程。它是依赖于内职业生涯的发展而增长的。因此，努力提高自身内职业生涯的影响要素，并将其广泛作用于外职业生涯的发展过程中，可使个人的职业生涯沿着既定的方向顺利前行。

如果用一棵树来比喻职业生涯，树干、树冠、树叶、果实等就像外职业生涯，它们显而易见。谁都希望自己的职业生涯之树苗壮挺拔、枝繁叶茂、郁郁葱葱、硕果累累，但这样一棵参天大树不是凭空长成的，其地下的庞大根系给了它强有力的支撑，为它的成长提供了所需的营养，树根就像内职业生涯。通过对自然界中植物的研究发现，环境越是恶劣，土壤越是贫瘠，就越需要庞大的根系。在肥沃的土壤里，树根与树冠的比例约为1：1；在贫瘠的环境中，树根与树冠的比例可达到3：1；在沙漠地带，树根与树冠的比例会达到5：1。这是大自然的规律，也是大自然的智慧。植物的成长首先是树根，之后才能形成树干、树冠；而树干、树冠的成长又促使树根向更广、更深处发展。树根、树冠的作用相辅相成，内外职业生涯之间的关系也是如此。

（二）职业生涯与人生

1. 人生发展

社会由千千万万的个体组成。在一定的物理环境和社会环境下，每一个个体都有属于自己并且贯穿生命始终的独特经历，这就是我们常说的人生。人生的发展，也就是每一个个体独特的发展。所以，从哲学上来看，人生发展是一种站在个体角度的叙述，而与之相对的是一种站在全体角度的叙述，即人的发展，也就是人类的发展。如果没有这个基本的意识，就很可能在某一群体内部，并以该群体为参照，将群体整体性的发展特色归结为人生发展，从而也就无法正确把握人生，更不能有效地促进人生发展。例如，在一个生活水平不断提高，人改造世界的能动性不断提高的社会里，我们可以说在这个社会里，人得到了发展；但我们却不能以此来评价人生发展，得出的结论必然是这个社会里所有的人都处在比较完满的状态之中，任何人都没有必要通过改变思想和行为来提升自我的状态。

从个体视角我们可以将人生发展分为以下三个层面来把握：

第一个层面是从人生命的自然延续把握。人生既然是一种过程，那么就必须有一定的时间和空间，从呱呱坠地开始，生命的延续就在于为人生提供了得以存在的时间，提供了人生存在的前提，而且生命的延续本身也代表了一种不断的革新。在这个意义上，我们可以称之为人生发展。

第二个层面是从人长期性知觉的积极变化把握。人的一生里，感官不停地将外在的条件和信息传入人的内部，变成感官刺激、身体素质、心理情感、智力认知等各式各样的知觉。人生的历程，实际上就是这些知觉变化的集合。而知觉分为瞬间的、短期的、长期的。瞬间的知觉变化发生最为频繁，几乎只要任何外部条件或者信息产生变化，都会使瞬间的知觉有反应，并且旧有的瞬间知觉也很快会因新的瞬间知觉的发生而消失；短期的知觉变化则需要等到外部条件或信息的改变达到一定程度才会产生，产生之后也会等新的短期知觉发生才能被替代；而长期性知觉具有很强的稳定性，能在较长的时间里保持不变，其变化也必须在多种因素都达到相当深度的积累下才能发生。例如，当手碰到冰块时会有冻的感觉，这就是瞬间性知觉的变化；当经过激烈的比赛后取得冠军所产生的喜悦感和兴奋感，这就是短期知觉的变化；当经过长时间的学习和研究后能够熟练地掌握某个学科的知识，这就是长期性知觉的变化。长期性知觉的变化，会对人产生系统性和根本性的影响。当这种变化属于积极的时候，说明将来很可能会产生比之前更优质的人生轨迹，此时我们就可以说人生得到了发展。

第三个层面是从人的价值的实现把握。"价值"是一个表明主客体关系的概念，即表示客体对主体需要的满足以及满足的程度。"人的价值"则是从物品的价值中引申而来的，指作为客体的人对于作为主体的人的意义。作为主体的人也分为两种：第一种是自我；第二种是他人和社会。由此，人的价值也就分为个人价值和社会价值。当人的思想、行为乃至单纯的存在能对自己产生积极的影响，给自己带来有形或无形的利益，就表明了个人价值在实现；而如果人的思想、行为乃至单纯的存在能对他人或社会带来积极的影响，给他人或社会带来利益时，则表明社会价值在实现。价值的实现就意味着人潜能的释放，集中体现了人的社会性，并且最能突出体现不同个体的差异，这是从最高层次认识的人生发展。研究和讨论人生发展也只有触及这一层面时才具有终极意义。

价值实现，就是带来利益的意义大于带来损害的意义。例如，盗窃诈骗等行为，虽然给自己带来了利益，但也给自己的品德和社会秩序带来极大的危害，这种情况下危害的意义已经彻底否定了利益的意义，所以不能称为实现了个人的价值。因此，与前两个层面不同，第三个层面不仅是客观的描述，更是主观的评价，需要运用一定的认识并结合具体的环境才能得出是否属于人生发展的范畴。

2. 职业生涯与个人发展

一个良好的职业生涯发展规划，可使个人依据其自身能力去寻找潜在的发展机会。就个人而言，当其在职业生涯道路上有所进步时，个人能感到满足并发挥所长；从组织方面而言，它能够降低因人员流动而引起的成本，也可提升员工的综合素质。

由于职业生涯发展是以人为中心的，只有个人在寻求它的时候，它才存在，因此，职业生涯发展的主要理念如下：

①职业生涯发展结合了个人一系列的工作经验，是持续不断地调适的过程。

②人在不同的生活阶段，都有不同的发展需要和任务，随着价值观、态度和动机的改变而选择职业生涯。

③根据自我评价和对自我能力的认识，来设定自我职业生涯的目标。

④职业生涯发展将延续到人的一生，包括退休阶段。

⑤能正确地进行自我评价，能对职业生涯做适当的抉择与调适，就容易获得成功。

⑥各种工作角色都有相互依存的关系，也都受外在环境的影响，从工作中可以满足个人的需求。

⑦个人的工作职位高低并不重要，应由其对社会的贡献与价值来肯定自我、实现自我。

一般来说，个人职业生涯发展理念，受各种不同理论的影响，如自我观念理论、生命阶段理论及差异特质理论、动机理论及需求理论等，因而强调人的一生中的"本我""自我""超我"。个人除了满足基本的需求之外，都希望根据自己的本能特性，选择一个适合自己的职业生涯发展途径，并追求较高层次的目标。这些观点又与马斯洛需求层次理论相吻合。心理学家马斯洛（Maslow）将人类需求像阶梯一样从低到高按层次分为五种，分别为生理需求、安全需求、爱和归属感需求、尊重需求和自我实现需求。低层次的需求包括生理需求、安全需求以及爱和归属感需求的一部分；高层次的需求包括一部分的爱和归属感需求、尊重需求及自我实现需求。其中，低层次的需求，个体差异较小；高层次的需求，个体差异较大。当低层次的需求达到某种程度的满足后，个体便会逐步寻求高层次的需求，以继续自我发展，并使自己的潜力得到最大限度的发挥，达到自己所期望的目标，如自我实现需求。虽然需求理论有失偏颇之处，但仍对人的各种需求进行了系统的分类，为个体的自我分析提供了可供参照的依据。实现人生较高层次的需求与个人的职业生涯发展程度的密切关系可以用图表示。

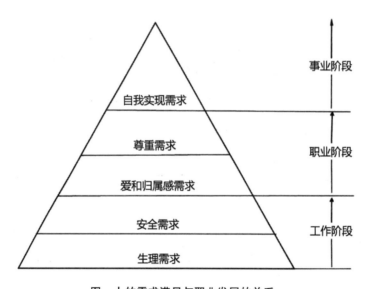

图 人的需求满足与职业发展的关系

在工作阶段，个人的职业价值观、兴趣、性格、能力素质与所担任的职位进行匹配性选择，工作只是个人谋生、满足其生理需求和安全需求的一种手段。随着个人知识的丰富、能力的提高以及个人与职位的匹配性和适应性的吻合，个人的职业生涯也就进入了第二阶段——职业阶段。在此阶段，工作成为发挥个人才干、满足其爱和归属感需求、尊重需求的一种手段。而当个人的职业生涯进入事业阶段后，个人不再把工作当作一种生存手段，而是实现其人生价值的手段。在此阶段，虽然工作负担重、责任大，但总能做到以工作为乐，在工作中总有用不完的激情，个人通过工作满足而发挥潜能实现更有意义的人生追求。可以说，在现代社会，职业是人生全面发展的重要载体，而人生全面发展又是职业生涯的最终目的。

二、职业生涯规划的概念及意义

（一）职业生涯规划的概念

职业生涯规划，又称为职业生涯设计，普遍认为是著名管理学家诺斯威尔（William J. Rothwell）首先提出这个概念的。他认为，职业生涯设计就是个人结合自身情况及眼前制约因素，为自己实现职业目标而确定行动方向、行动时间和行动方案。尽管之后其他学者对职业生涯规划的概念有不同的理解，但各种理解上的差异并不能掩盖职业生涯规划在人们观念中的共识。应该说，诺斯威尔的定义从一开始就为职业生涯规划定下了基调，具有典型意义。对职业生涯规划概念的认识，应着重把握以下三点：

①职业生涯规划分为认知、设计、行动三大部分。职业生涯规划是一种复合化的行为过程。认知包括对人生理想、职业价值观、兴趣爱好、个性特征、能力状况等主体方面的认知，也包括对家庭条件、社会环境、职业分类、工作性质的认知，还包括对职业生涯规划理论和方法的认知。设计是指个体根据认知，为自己有针对性地树立职业目标、制订实施方案、确定阶段任务。行动则是将设计的内容付诸实施。三者环环相扣，浑然一体。

②职业生涯规划以职业实现和职业维持为中心，同时包含对性情培养、家庭角色扮演、生活方式和状态等非职业因素的规划。对于大多数人而言，职业是物质生活来源的基础，也是心理塑造的重要因素，正因如此，职业生涯规划才会成为一个独立的研究主题，甚至在某种意义上，职业生涯规划可以等同于生涯规划。所以，职业生涯规划的核心是找到适合自己的理想职业，并得以维持。但是职业的实现和职业的维持不是孤立的，它们需要生涯的其他方面作支撑。比如，家庭的建立往往有助于职业因素更大地发挥作用，家庭的建立形态等也会影响着职业的选择，同时家庭的建立也影响着职业结束后个体的归属。所以，职业生涯规划是关于个人生涯较全面的规划过程。

③职业生涯规划深受客观条件的影响，具有框架性。首先，职业生涯规划属于一种社会科学，本身无法做到像自然科学那样严谨精确。其次，职业生涯规划的调整是主体与客观因素的适应关系，但客观上的因素是无法完全预料的。职业生涯规划所能做到的是根据既有的因素去安排路线和行动，在客观因素变化时，也能运用合理的方法去应对。但是，如果没有这些准备，我们将漫无方向，在面对新情况时，也很难找到合理的方法解决。所以职业生涯规划为个体的发展提供的并非如建筑图纸那样的细致无缺，它提供的是让我们合理有序发展的框架。

（二）职业生涯规划对大学生的意义

每一个人在性格、能力、心理、价值观念、身体素质、物质条件、生活状态等各方面都没有完全相同的，这就是人生发展中"质"与"量"的差异所造成的。人生发展的"质"与"量"可以说是人与人之间的区别标签。因此，在发展的起步期，只有找准自己当前的"质"与"量"，才能知道自己所处的位置、所具备的条件；只有找准了自己未来的"质"与"量"，才能知道自己所努力的方向和所要达到的境界。这需要一种衡量工具。在发展的过程中，只有运用恰当的方法，科学系统地去构造发展的轨迹，才能找到理想的"质"与"量"。这就需要一种勾画手段。我们都知道，标尺的作用是衡量与勾画，而职业生涯规划正是人生发展的标尺，这点对于站在生涯发展十字路口的大学生而言，更是如此。

1. 职业生涯规划的衡量作用

①指导大学生确定恰当的人生目标。目标是人生之路的灯塔，它指引着奋斗的方向，也给予奋斗的动力。但是，确定一个恰当的人生目标绝非易事。目标确定得过于宏大，就会找不到实现目标的入手之处，对个人成长起不到促进作用；目标确定得过于狭隘，会使得个人的成长受到过多的拘泥，最终限制了发展的空间。而职业生涯规划所包含的各种理论、方法、工具，可以帮助大家准确地认识自我，在正确的自我定位的基础上，结合外部条件和社会需要确定切实可行的目标。

②帮助大学生认识既有的发展状态。认识既有的发展状态，包括对个性的认识、对现有能力和不足的认识、对发展阶段的认识等。如果对既有的发展状态有较好的把握，就可以确定之前所做努力的效果，明确下一步应做的工作。这样，我们就能知道今后是应该继续沿用之前的发展思路，还是作适当的调整。这既可以作为一种对之前确定的人生目标的检验，又能促进我们逐渐朝人生目标迈进。

2. 生涯规划的勾画作用

①帮助大学生树立正确的择业观念。时下就业市场上之所以会出现"公务员热""金融热"等现象，很重要的原因就是很多大学生没有正确的择业观念，而一味地追随大流，或者仅仅认识到社会环境对职业发展的影响，而没有考虑到自我的身心特点和未来发展的目标。延伸到相关的"考研热""出国热"等，这也是大学生群体缺乏正确就业观念的表现。没有正确的择业观念，带来的结果往往是就业中的四处碰壁，或从事了一个不适合自己的职业，导致个性被压抑，能力被限制，生活上郁郁寡欢，事业上步履维艰。"三百六

十行，行行出状元。"对于有抱负的人而言，其实大多数职业都有广阔的施展空间，都能给人生带来成功的荣耀。正确的择业观念应当是自我认识、环境认识、价值目标认识的系统结合。而职业生涯规划可以帮助个体在此基础上树立具体的、有针对性的择业观念，从而对机遇的把握更为全面和深刻。

②引导大学生重视并有针对性培养素质和能力。对于大学生而言，当前社会发展充满着机遇，同时又面临着严峻的挑战。可以预见，未来对人才要求的趋势是越来越多样化、专业化，而且越来越注重品行合一。我们常常听说这样的情况：有学生在工作中由于不能熟练地使用各种现代化的工具，使得其能力大打折扣；有学生在大学期间虽然看了很多书，但在工作时无论是口头还是书面表达能力都不强，直接影响到社会对自己思想观点的认可；还有一些学生在工作时感觉专业知识学得不深，常有重回校园学习的冲动等。这些都是大学生没有针对性培养自己的素质和能力的结果。那么，在挑战和趋势面前，大学生应该怎样培养素质和能力呢？人一生中学习和实践的时间是有限的，我们很难使自己的素质和能力面面俱到，使自己成为无所不能的"全才"。而且当代社会分工的精细，使得任何人都不能在所有领域里都能大展身手。因此，我们应该以发展目标为核心，有针对性地培养自己在某些方面的素质和能力。学习了职业生涯规划，相信大多数人都能理解这一点，并会付诸行动。

三、职业生涯规划的具体步骤

面对职业生涯发展，不少同学感到非常迷茫，主要原因包括：一是对自身要从事什么工作不明确，不清楚自己能干什么，喜欢干什么，适合干什么；二是对社会不了解，不了解所学专业未来的发展前景如何，有哪些单位与自己的专业对口，专业就业状况如何，有哪些岗位适合自己。前路漫漫，不知路在何方。

《孙子兵法》说："知己知彼，百战不殆；不知彼而知己，一胜一负；不知彼不知己，每战必败。"因此，要想获得择业就业的成功，首先必须要了解自身的特点、优点和劣势，同时还要考虑外部工作环境，如就业形势、行业发展的需求趋势及对劳动者的素质要求等。

（一）知己——正确认识自己

大量事实证明，个性与职业成功有密切关系。选择与自己个性相匹配的职业，有利于发挥自己的天赋特长，有助于在职业中取得成功。在选择职业时，要全面了解自己的兴趣爱好、天赋能力、性格、动机、需求以及价值观等个性特征。

1. 兴趣

如果一个人对所从事的工作有浓厚的兴趣，就能克服很多难以想象的困难，长时间保持高效率而不疲劳，并能发挥他才能的 80%~90%；相反，对工作没有兴趣的人，面对困难很容易放弃，并且只能发挥其全部才能的 20%~30%，也容易感到筋疲力尽。

兴趣是一种强大的精神力量，能推动人主动地学习、思考和探索，挖掘自身潜力，创造性地开展工作。一位知名学者在工作中发现，做同一份工作，往往业务能力强的人不如喜欢工作的人，喜欢工作的人比不上陶醉于工作的人。工作做得好的人，不一定是业务能力最强的人，而往往是陶醉于工作的人。如果你们中有人想要成功而不知道怎么去做，就在任何感兴趣的领域多下功夫吧。

稳定的兴趣对职业成就有重大影响。按兴趣选择职业，兴趣会成为巨大的推动力，促使人在困境中仍然能迎难而上，不仅乐在其中，还能获得很大的成就感，并最终获得事业的成功。但是如果兴趣多变、缺乏稳定性和持久性，对一种职业发生兴趣不久，又被另一种职业所吸引，见异思迁，不断变化兴趣和职业，则会使自己总是处于职业初级阶段，影响进一步的发展。

但现实中，有时不是自己喜欢从事什么工作就能从事此类工作。因此，大学生要积极面对现实，可以先就业后择业，先生存后发展，在工作实践中发现兴趣、培养兴趣。有些时候，不喜欢是源于不了解，一旦了解熟悉，掌握了工作内容，有可能发现这正是自己的兴趣所在。如果在工作实践中始终无法适应，就积极寻找与自己兴趣相适应的工作。

2. 能力特长

能力是人们表现出来的解决问题可能性的个性心理特征，是完成任务、达到目标的必备条件。能力的强弱直接影响到人们的工作效率。能力是个人职业选择和职业成功的基础。任何一种职业，都会要求从业者必须具备相应的能力。

能力不同于专业知识和专业技能，专业知识是人类进行各种专业活动经验的总结，而专业技能则是人们在长期的学习工作中逐步形成的熟练的操作规程方式。一般来说，两者都是后天获得的。而能力则含有某些先天因素，具有天赋性。心理学把人的能力分为一般能力和特殊能力两大类：一般能力也就是通常说的智力，是指人们顺利完成各项任务都必须具备的一些基本能力，如观察力、记忆力、注意力、思考力、想象力等；特殊能力是指从事各项专业活动的能力，也可称特长，如计算能力、音乐能力、动作协调能力、语言表达能力、空间判断能力等。

要顺利完成某项工作，除要具有一般能力外，又要具有该项工作所要求的特殊能力，如从事教育工作需要有阅读能力和表达能力；从事数学研究需要具有计算能力、空间想象能力和逻辑思维能力；而从事法官工作应该具有很强的逻辑推理能力，却不一定要很强的动手能力；从事建筑工作则应有一定的空间判断能力，却不一定要良好的语言表达能力。因此，大学生在择业时，必须考虑自身能力与职业的吻合问题。下面列出了几种能力及其适合的职业：

①语文能力：节目主持人、记者、编辑、销售、律师、法官等。

②逻辑思维能力：会计、投资理财师、财务管理人员、统计人员等。

③空间判断能力：陆海空驾驶员、地理测绘员、室内设计师、服装设计、美术工作者等。

④肢体动觉能力：木工、模型制作、雕刻、缝纫、编织、体育老师、运动员等。

⑤音乐能力：歌手、演奏家、调音师、DJ、节目制作人等。

⑥人际关系能力：政治家、企业家、外交家、人事主管、销售、公关、导游、中介等。

⑦自然观察能力：动植物学家、园艺家、自然探险者、科技从业人员等。

了解自己的能力倾向及不同职业的能力要求，有助于合理选择职业和发展事业。每个人都具有一个由多种能力组成的能力系统。在这个系统中，各方面能力的发展通常是不均衡的，常常是某方面的能力占优势，而另一些能力则不太突出。如果选择的职业是自己能力方面的弱势，虽然很努力，但收效甚微。古人云"自知者明，自强者胜"，所以，要认清自己的长处与短处，扬长避短，学会"聚焦"成才，也就是要明确自己所长，并把个人的成才目标牢牢建立在自己的所长之处，同时紧追个人成才目标，发奋努力、持之以恒。

3. 性格

性格是指一个人在生活过程中形成的对客观现实稳定的态度和与之相适应的习惯化了的行为方式。这是职业个性心理品质中最核心的部分，广泛影响着人的职业态度、人际关系以及职业成就。一个人事业成功与否的关键不在于受教育程度的高低，也不在于工作经验的多寡。在外部条件已定的前提下，一个人成功的关键在于能否准确识别并全力发挥其性格优势与天赋。只有识别和接受自身的性格和天赋，寻找到适合发挥自身性格和天赋的职业，持续地使用它们，才有可能获得成功。

职业心理学的研究表明，人的性格与职业的适应性有着密切的联系，不同的职业有不同的性格要求，比如在医院从事外科的医生工作需要具备耐心、细心、极大的责任心、谨慎、果敢等性格；从事教师工作需要热忱关怀、耐心细致，胸怀宽广、客观公正等性格。同理，不同性格特征的人适宜从事的职业也不同，例如，具有外倾性格的大学生在择业时更适合于从事对内、对外交往性强的工作，如教育、公关、营销、管理性的工作等；具有内倾性格的大学生在择业时，更适合于比较深沉、细致的工作，如财会、医生、技术性工作等。

一个人的性格会影响职业的适宜度。如果性格与职业不相适应，从业者会感到被动、缺乏兴趣、倦怠、力不从心、精神紧张，又不能发挥自己的专长，会阻碍工作的成效和职业的发展；而从事的职业与性格相符合，则可激发从业者高度的责任心和承诺，发挥潜能，在工作中得心应手，更能胜任工作，容易取得职业成就，并充分享受职业与工作带来的快乐，获得更大的成就感。

4. 价值观

价值观是一个人认为在世界上什么是好的，什么值得追求，什么值得珍惜，什么值得奉献，而什么可以放弃，什么不必要认真对待。个体的价值观能够左右其生活，影响其对工作的投入，以及自身体验到的满意度、成就感和幸福感。

从价值观的角度来说，职业发展是成功还是失败的判别标准，就是个体是否得到了自己想要的生活，职业所带来的生活方式是否符合自己的价值观。如果一个人选择的职业违背了自己的价值观，他就会缺乏工作激情，不愿心甘情愿地付出时间和精力，也就难有好的工作成效，哪怕你拿着看起来很高的年薪，却感觉很痛苦；只有当你的职业选择符合你的价值观时，你才有可能珍惜它，重视它，视工作为乐趣和享受，有成就感，即使收入会相对低一些，也会感觉很快乐。

职业价值观指每种职业都有各自的特性，不同的人对职业意义的认识，对职业的好坏有不同的评价和取向。职业价值观决定了个体的职业期望，影响着个体对职业方向和职业目标的选择，决定着个体就业后的工作态度和劳动绩效水平，并决定了个体的职业发展状况。所以，大学生在进行职业生涯规划时，一定要清楚和明确自己的价值观和职业价值观。

（二）知彼——全面认识工作世界

除了充分认识自我外，还要详细地了解工作环境，知道社会、企业需要怎样的人才和素质，清楚外部的机会与威胁，结合自身愿望和优势，以长远的目光来选择最适合自己发展的方向，制定适合自己发展的道路。

1. 了解就业形势

随着我国高等教育"大众化""普及化"，几乎让每个想上大学的人都有了上大学的机会。毕业生数量剧增，而大学生的就业期望与社会实际需求之间的不平衡，导致某些职业岗位竞争过于激烈。另一方面，大学专业设置、培养目标与社会需求发展不相适应之间的矛盾，导致毕业生相对过剩，而不少用人单位又找不到满意人才的状况。另外，用人单位对劳动者综合能力和动手能力的要求越来越高，大学生只有提前了解就业环境和就业形势，主动、及时调整自己知识结构的搭建和能力的培养，才能在将来更好地就业。

2. 了解社会需求

为了让大学生了解这一点，大部分大学每年都会举办一系列就业教育活动，如邀请用人单位的领导、人事经理、专业技术能手、专家、往届校友、家长到学校有针对性地以现实的案例对学生进行生动地教育、交流；部分大学还会邀请专业岗位上的能手给学生讲授专业知识。学生可通过积极参加这些活动来了解市场需求、所学专业与现代化生产和市场的关联、用人标准、用人趋势、本专业对应行业所需人才的标准和劳动就业方向、岗位需求、企业的工作流程与工作方式，以及管理模式等情况，明确社会、企业对所需人才自身素质和能力的要求、行业的现状和发展前景、拟就业企业所在行业的位置、企业的生产和经营等状况；还可通过和老师交流、借助互联网、参加人才交流会、招聘会、兼职工作、社会实践活动等方式，获得社会和企业的相关信息，加深对社会、企业的了解和体验。

机会总是留给有准备的人。大学生要主动地向内认识自己和向外认识工作环境，然后通过有目的地、全面地进行自我设计、自我塑造来提高自身的职业素质和职业能力，构建自己的核心竞争力，抓住时代的机遇。

（三）确立目标

通过分析自我，了解自己，认识外部环境，整合各种因素，评估其可行性之后，确立职业目标。一个人事业的成败，很大程度上取决于有无正确适当的目标。没有目标就如同驶入大海的孤舟，要不随波逐流，要不盲目"前进"。而方向一旦错了，所有的努力都可能使你离理想的彼岸更遥远。只有明确的方向才能指引你专注前进，指引你避开险礁暗石，指引你走向成功人生。所以，在进行职业生涯设计的时候，一定要制定明确的目标。

分解目标，分小步走，逐渐达到。目标可分为短期目标与长期目标，按照自己的职业生涯规划，短期目标一般为1~3年，也可以灵活安排，如一个月、一个季度、半年等；长期目标可以3~5年，也可以更长。

（四）制订行动计划

现实是此岸，理想是彼岸，中间隔着湍急的河流，行动则是架在河上的桥梁。个体在以上步骤中已经了解了"此岸",明确了"彼岸",为了到达"彼岸",就要先设计"河上的桥梁"——制订具体的行动计划。比如利用多长时间学习哪些知识、掌握哪些技能、构建哪些人际关系网等。成功与收获总是光顾有了成功的方法并且付诸行动的人。职业生涯设计如果只注重目标的规划,而不付诸行动来实现,也只是一纸空谈。

(五) 反复评估调整

目标写在水泥上,计划写在沙滩上。目标应该明确,但朝着目标走的路应该随实际情况改变。职业规划是一个动态的、长久的过程,不可能一蹴而就,应根据自身行动探索的结果对自己的规划进行适当地修改及完善。其修订的内容包括:人生目标的修正;职业的重新选择;实施措施与计划的变更等。只有根据自身及外部因素不断调整的规划才合理、可行、有价值。成功的职业生涯设计需要不断地调整,不断地通过再次评估来进行修正,以配合自己前进的步伐。

21世纪,没有危机感是最大的危机。每个人的内心都需要适度的危机感,使自己保持进取的斗志,保持人生开放的胆量。在职业生涯的道路上,应对危机的最好办法就是未雨绸缪,早做准备,积极行动,提前构建自己的核心竞争力和危机防火墙,才能在职场上永立潮头。

第二节　大学生择就业常见的心理误区与调适

生涯规划关系到一生的规划设计,影响重大。在漫长的求职、入职和其他人生阶段中,内心波动难免。

一、大学生求职过程中常见的心理问题

(一) 焦虑心理

就业时许多大学生既希望谋求到理想的职业,又担心被用人单位拒之门外,还担心自己在择业上的失误会造成终身遗憾,对未来的职业生活感到心中无底。因此在就业过程中出现焦虑心理,主要表现为焦急、紧张、恐惧、不安、忧虑及某些生理反应。轻度的焦虑是正常的,适度的焦虑可以使人产生一种压力,增强积极向上、主动参与竞争的能力。过度的焦虑则造成人精神上的烦躁不安、忧心忡忡、紧张不宁、意志消沉,行为上反应迟

钝、手忙脚乱、无所适从等。

（二）依赖心理

接受了大学教育的大学毕业生，他们的一些行为、言谈都表现出要求个性独立，不愿为父母所左右，如谈恋爱、交友、择业等。但许多毕业生在求职过程中仍过分依赖于自己亲人、朋友，尤其是父母。这些人不是积极主动、千方百计地"推销"自己，而是一味地等着家人、亲戚、朋友给自己找路子，或者坐等学校帮忙落实单位，这样便会失去许多就业机会。

（三）自负心理

有些毕业生因为就读学校为名牌大学，或因所在的系别在本校最有名气，或因自己的家庭背景优越，或因自己在某一方面的有比较突出的才华，而在内心深处产生一种鄙视一切、高人一等的自负心理。在这种心理支配下，往往表现出对自己估价过高，对单位挑三拣四，导致与不少用人单位失之交臂，结果是错过机遇，难以落实就业。

（四）攀比心理

很多毕业生在选择单位时，不考虑自己的主客观条件，不深入了解单位发展情况，而是盲目与身边同学攀比，表现为攀比工作地域或地点、攀比收入和待遇、攀比工作单位和行业、攀比工作和生活环境等。由于这些心理因素的影响，毕业生要么暂不就业，等待好单位来临；要么朝三暮四，频频跳槽。这些现象近年来表现得越来越严重。

（五）从众心理

毕业生对用人单位没有理性分析，而是盲目认为只要单位给予的报酬多，所处的地理环境优越，条件较好就行。特别是在招聘会上，看到应聘的人多，就跟着去应聘，表现得非常盲目。在从众心理影响下，毕业生求职时没有很好地对自己兴趣、爱好、特长进行分析，不管自己是否适合这样的工作岗位，不管所谋职位是否有利于自己的发展，随大流找一个单位，到最后要么毁约，要么出现把就业的压力转变为从业的压力。

（六）嫉妒心理

大学生因自身综合素质和能力不足，或因时机把握不准而找不到理想工作，见其他同学找的工作比自己的好，心理产生不平衡，怨天尤人，抱怨自己没有关系，没有背景，抱怨自己所学专业不好等。特别是看到在校期间不如自己优秀的同学找到比较理想的工作时，产生了嫉妒心理；甚至有些人为不让同学超过自己，而采取背后拆台等不良手段。当身边的同学求职成功就说风凉话，讽刺挖苦，造谣中伤。嫉妒心理会使人把朋友当对头，导致朋友关系恶化，甚至会使班级人心涣散，人际关系紧张，本人也会增加内心痛苦和烦恼，影响求职的顺利进行。

二、心理调适的基础

大学生在进行职业生涯管理中应注重情绪管理，积极进行心理调适。

（一）争取做到客观、准确的自我认识

客观、准确的认识自己可以从以下几点入手。

①可以通过自我剖析认识自己。要经常对自己的心理、行为进行剖析，使自我评价逐步接近客观实际。自负者要经常作自我批评，通过不懈努力，弥补自身不足；自卑者要看到自己的长处，增强自信心。

②可以通过比较来认识自己。有比较才有鉴别，事实上，人们往往是通过与别人的比较来认识自己的。一是与同学比较来认识自己，不仅比学习成绩，更应注重比实际操作能力。通过比较，可以认识自己的长处和不足，认清自己在相比较的人群中所处的位置，以便扬长避短。二是通过别人对自己的态度来认识自己，当然，别人的态度不一定能全面评价一个人，但大多数人的态度总是说明某些问题的。如果一个人自我评价与他获得的各种比较基本一致，说明自我认识比较客观，如果不一致，说明缺乏自知之明。

③可以通过咨询和心理测验来了解自己。可以向就业指导教师、心理咨询师和辅导员咨询或测验，也可以征求同学、家长和熟悉自己的人的意见。长期学习、生活在一起的人对自己的言行看在眼里，印象很深，对自己的评价会更公正、更客观。

毕业生在就业过程中要了解自己的个性心理，明确自己的专业发展方向。不仅要知道自己喜欢什么样的工作，需要什么样的职业，还要知道自己目前的能力能做什么样的工作，什么样的工作更适合自己。只有了解自己的优势所在，了解自己能力的大小、自己的能力在哪方面表现得更突出之后才有助于求职的成功，并保证在今后的工作中做到扬长避短，取得较大的成就。

（二）培养自信心

自信心的培养可以从如下方面入手：

①要相信自己的能力。每个人都有相当大的潜在能力。当一个人面临求职，忧心忡忡、担心失败的时候，多半不是真的不行。自己条件可能并不过硬，但别人也不见得比你强。每个人都有自己的优势，都有可能在求职竞争中占据主动地位。

②要积累自信的资本。自信要有扎实的基础、良好的素质作资本，以雄厚的实力作后盾。如果具备了真才实学，自然就会对自己的选择充满信心。

（三）提高承受挫折的能力

挫折在所难免，最主要是提高承受挫折的能力。

①用挫折鞭策自己。古今中外多少仁人志士，哪一个不是从坎坷与挫折中走过来的。一时受挫并不说明永远失败，挫折是一种鞭策，它对失败者并不是淘汰和鄙视，相反能促使失败者振作起来。面对挫折，正确的态度应该是具有面对失败的不屈性，勇对挫折，智对挫折，成为战胜挫折的强者，把挫折看作是锻炼意志、提高能力的机会。

②调整期望值。期望值是指要获取的工作岗位在物质上、精神上需要满足的程度，如工资收入、福利待遇如何，能力抱负、特长能否得以施展等。能否就业，个人的才能、机遇等因素固然重要，但求职期望值的高低也将起一定作用。求职期望值过高，其结果不是因超越现实而败北，就是侥幸就业后因自身能力不足，无法胜任工作需要而处于被动。在求职的过程中遭受挫折，应放下包袱，从主观、客观两方面仔细寻找失败的原因，实事求是地剖析自己的长处和不足，通过别的途径来达到目标，或者降低就业起点，只要持之以恒，就一定会实现自己的理想。

三、具体的调适方法

（一）克服盲目从众心理的方法

在现实生活中，事业有成者通常都有很强的独立思维能力，他们独具慧眼发现一般人不能发现的问题，能捕捉到更多的成才机遇。

在毕业生求职问题上，从众心理表现在愿意到城市、事业单位去工作，不太愿意到基层、乡镇去工作。其实，到大城市、事业单位工作并不一定是每个毕业生最佳的选择。应从社会需要、自身条件以及以后发展等方面考虑自己的职业，科学地选择自己的求职道路。

（二）克服盲目攀比心理的方法

在求职过程中，这山望着那山高，见异思迁，过多地把注意力集中在他人的就业取向上，自己的既定目标受到他人的干扰，这无异于逼着自己与他人共走独木桥，很难成功。因此，一旦选准职业后就不要与他人盲目攀比。

（三）克服自卑与自负心理的方法

有的同学总觉得求职人群中高手如林，条件比自己优越的比比皆是，于是自甘落后，听天由命，形成了自卑心理。要摆脱自卑心理应注意三点：首先，要善于发掘自己的长处，要相信别人能做的事，自己经过努力也能做到；其次，要大胆地表现自己，多做一些力所能及的事，任何成功都会增强自信心；最后，要不断完善自己，勤能补拙，知道自己某方面不足，通过勤奋努力，也可以填补这方面的缺陷。在市场经济条件下，只有鼓起勇气积极地参加求职竞争，才有出路。有的毕业生对自己估计过高，自以为高人一等，非常傲慢，对用人单位横挑鼻子竖挑眼，最终一事无成导致失败。这类同学应重新认识自己，降低求职的期望值。

（四）克服贪图虚荣心理的方法

虚荣心强的人，求职时往往把注意力集中到大城市，社会知名度高、经济效益好的单位。这类同学在求职中失败，往往是由于不从发挥自己的优势出发，不考虑自身的竞争力，不顾及自己的专业、特长、爱好，他们求职的目的是让别人羡慕，而不是为自己寻找用武之地。

（五）克服嫉妒心理的方法

在求职过程中，发现比自己某些方面略胜一筹的人时，应当注意采取积极的态度，变嫉妒羡慕为动力，奋起直追。通过不懈的努力，缩小差距。克服嫉妒心理，主要靠加强自我修养，提高道德水平，其中最重要的是做到两点：一是真诚待人；二是学会互助互爱。如果察觉到自己有嫉妒心，就要通过自我意识的控制、调节，及时把这种不良意识排除在自我人格之外。

（六）克服消极依赖心理的方法

作为大学生应该意识到现实社会是一个激烈竞争的社会，是一个需要自己积极参与的社会。充分认识到自己是求职的主体，要发挥自身的积极主动性，树立起强烈的主体意识。

除了上述方法之外，我们还可以建立个性化的心理调适方法。比如松弛法、转移法、自我宣泄法、自我安慰法等方法来排除不良心理情绪。

对大学生来说，在就业过程中出现一些不良的心理倾向是正常的，只要能正确对待，有效地调适和引导，不断完善自身的心理素质，树立正确的就业观念，始终保持积极向上的精神状态和良好的心态，就能在求职中有效克服不良心理影响，实现就业目标。

第三节　大学生综合就业能力的培养与发展

一、能力与自我激励

（一）能力的分类

能力是决定职业发展成就、影响职业成就感的重要因素。从学术上讲，能力，是作为掌握和运用知识技能的条件并决定活动效率的一种个性心理特征。

当一个人的能力和工作的要求相匹配时，最容易发挥自己的潜能，获得满足的感觉。相反，当一个人去做自己力所不及的工作时，就会感到焦虑，甚至产生挫败感。

而当一个人能力超出工作要求太多时，又容易感到工作缺乏挑战，比较乏味。因此，有的理论认为，能力可以按照其获得的方式（先天具有与后天培养），分为"能力倾向"（天赋）和"技能"两大类。这里不做详细分解，只将能力范畴与技能同义。能力有很多种，依照不同的标准，可以分为以下几种：

1. 一般能力和特殊能力

一般能力也称普通能力，指人在不同种类的活动中表现出来的共同能力，不受特定领域知识的影响。一般能力通常包括语言能力、数学能力、逻辑推理能力、空间关系能力、机械推理能力、资料分析能力、知觉速度、手指以及手臂的灵活性等。其中包括两个部分：一部分是发展和习得的知识和躯体行为；另一部分是天生的能力或者未开发可用于学习和发展技能的能力。特殊能力是在某种专业活动中表现出来的，完成某种专业活动所必需的能力，如绘画能力、歌唱能力等。它往往是从事某一种职业所特殊要求具备的素质。

2. 模仿能力和创造能力

模仿能力是仿照他人的言行举止，以使自己的行为方式与被模仿者相似的能力，如学习跳舞、学习弹奏乐器等。创造能力是指产生新思想、发现和创造新事物的能力。

3. 认知能力、操作能力和社交能力

认知能力是指大脑加工、存储和提取信息的能力，如注意力、观察力、记忆力等。操作能力是指操纵、制作和运动的能力，如劳动能力、体育运动能力等。社交能力是指在人们的社会交往活动中表现出来的能力，如处理人际关系的能力、组织管理能力等。

4. 专业知识技能、可迁移技能和自我管理技能

专业知识技能是从事相关工作的根本，可迁移技能是做事的基础，自我管理技能是做好事情的关键。

①专业知识技能是一个人所知道的东西，涉及具体的专业名词，经常用名词来表达或描述。它的一个显著特点是它们需要经过有意识、特殊的学习或培训，并通过记忆掌握特殊的词汇、程序和学科才能获得。当然，该能力的获得途径并非只局限于正式的专业教育，自学、网络课程、入职培训等方式也可以帮助个人获取专业知识。

②可迁移技能是指一个人的行动能力，通常用动词来表达。比如，管理能力、组织能力、表达能力、语言能力等。与知识技能相比，可迁移技能不受时空限制，也不会"过时"，随着经验和阅历的增加，可不断发展。

③自我管理技能指的是一个人在处理事情过程中表现出的态度、风格或行为特点，通常用副词或形容词加以描述。

（二）能力与大学生职业发展的关系

"对于你选中的岗位，你认为自己有什么样的能力？"这几乎是每一位大学生在求职时都要面对的问题，能力是用人单位最关心的问题，也是我们最需要证明的。能否充分发挥自己的优势能力，不仅影响着我们职业的成就，也与职业幸福感密切相关。

现在的很多大学生在岸上（学校）待了很多年，一下子跳到水（社会）里面，就希望一切由着自己性子来。如此而来，"溺水"是自然现象。在碰壁以后懂得思考，懂得开始去主动地适应和学习社会。简单来说，能力不足会让你裹足不前，没有勇气去做你喜欢的事。有能力完成一些想做的事，会让你对自己有信心。

美国明尼苏达大学的学者罗圭斯特（Lofquist）与戴维斯（Dawis）在对个体的工作适应问题进行了多年研究以后，提出了明尼苏达工作适应论：当工作环境能够满足个人的需求时，个人会感到"内在满意"，而当个人能够满足工作的要求时，个人能够达到"外在满意"（即令自己的雇主、同事感到满意）。当个人能够同时达到内在和外在满意时，个人与环境之间的关系就比较协调，个人的工作满意度会比较高，在该工作领域也能持久发

展。而在对"内在满意"和"外在满意"这两个指标的衡量当中，能力都占有很重要的地位。

需要注意的是，能力的组合更为重要。"复合型人才"一词越来越受到用人单位的青睐，能力的交叉、跨界和融合常常带来创新。对于大学生而言，综合能力的发展程度会影响个人职业发展的广度，核心技能的发展程度则会影响职业发展的深度。比如，如今懂英语的人很多，但既精通英语又精通建筑专业知识的人就不那么多了，而在大型合资建筑工程中，非常需要能与外国专家进行良好沟通的专业人才；再如，一个辅修平面设计专业的心理系学生，更有可能在进行设计工作时运用自己的消费心理学知识与客户进行充分的沟通，令客户更加满意。

我们不难看到，能力与个人的职业满意度、工作适应性以及职业稳定性具有直接的关系。热衷于自身热爱的工作的人在今后的职业发展中更容易保持身心健康，也更富有效率。大学生应该在学校期间通过校内外可能的途径锻炼自己、成长自己，以此来提升自己的能力。

二、大学生知识技能的培养

（一）大学四年的学业规划

对于刚进校的大一学生来说，如果被问到为什么参加高考，你会觉得这是理所当然的过程，因为身边的同学都是这样做的。进入大学之后，情况似乎不是想象中那么简单了，没有规划好的路，没有做同样事的同学，该怎么办？这时候，你为什么要读大学？你想如何去读这个大学？这似乎成了一个不得不思考的问题，紧随而来的，思考你各种各样的目标就成了你生活中很重要的一件大事。

此时，当你开始思考目标问题的时候，规划和行动也就逐渐变得水到渠成了。因为目标先于规划，规划先于行动。行动是检验目标和规划的重要标准，目标和规划是行动的指导思想，是指路灯。因此，大学生要有意识地培养自己的目标意识，在目标的基础上做好自己的学业规划。

学业规划是一个整体的概念，具体到实践，就需要把学业目标分解到各个学业阶段里。有调查显示，不少大学毕业生缺少对人生发展方向的清楚认识和明确的学业规划，不注重专业学习，导致学业收效甚微，就业优势不足，以致很难找到满意工作，或在工作后频频跳槽，给自己和用人单位都带来损失。在其背后，其实质是大学生在学业规划和人生规划方面存在着问题。

以学业规划来帮助大学生明确学业目标，建立自主学习的观念，改善学习方法，提高学习效率。以人生规划来为大学生的未来发展进行策划与设计，实现从学业生涯到社会生涯的顺利过渡，实现学业规划与人生规划的相互协调与结合。因此，学业规划以人生规划为基础，人生规划要以学业规划为着力点。

学业规划是一个大工程，它是个人人生规划的一部分，学业规划又是一个立足于大学各个环节的具体规划。我们试着从专业认知、学业目标制订两个环节进入大学学业的自我规划历程。

一般情况下，专业学习认知可以通过认真学习专业导论课（专业基础课）和积极参加与专业相关的校园文化活动来实现。专业导论课（专业基础课）是一门系统认识所学专业的基础课程，可以加深同学们对本专业的自豪感和认同感。与专业相关的校园文化活动，包括课外科技竞赛、学科竞赛；与专业相关的学习沙龙、学长经验交流会、学生专业论坛等多种活动形式。

专业发展认知可以通过职业规划与就业指导课和专业实习实践来实现。同学们需要通过大学生职业生涯规划与就业指导课学习并确认本专业的职业发展方向和职业素质能力。专业实习实践一般在大学的寒暑假进行，低年级同学可以通过参观企业、调查研究和兼职打工等社会实践的方式走进工作世界，而高年级同学可以直接在意向的公司、企业参加实习，对专业领域有进一步的认识。

在大学期间，不仅要学好专业，更要学好通识课程，加强自己的人文、社会和自然科学的素质培养。通过通识课程的学习，大学生还可以培养自己转换专业、发展专业的能力，而这种能力，可以使得我们适应瞬息万变的社会。

接下来就是根据未来目标而思考现在应该怎么做。在此之前，需要对自己进行自我定向，自我定向又分为宏观定向和微观定向两个方面。宏观的自我定向，即自我确定今后的人生发展方向，比如你的大范围是从政、从学、从商，还是从事社会服务等。微观的自我定向，即确定大学四年后自己应该做什么，是保研、考研、出国、就业、创业、当兵、加入国家政策性就业队伍还是参加志愿服务等。

无论你将人生发展定位在哪个领域，落实到毕业后应该干什么这个问题上，都会存在几种选择方式：就业→创业、就业→深造→创业、深造→就业→创业、出国→深造→创业、出国→深造→就业、就业→深造→再就业。

到底哪一种方式适合自己，要根据自己的实际情况，也要考虑个性特征。

大学阶段是生涯发展的探索期，学业规划是这个阶段的生涯发展规划重点。大学生在大学学习期间，依据自己的长期目标，为自己制订贯穿大学四年的行动计划，四年的学业规划大致可以分为以下两个阶段：

1. 低年级的探索期

大学一年级的学习任务主要集中在基础课程或通识课程，要了解大学阶段学习的方式和途径，了解专业课程的培养目标和课程设置，初步了解自己未来想从事的职业或与自己所学专业对口的职业，提高资料整合能力和人际沟通能力。大一的同学要多增长专业见识，拓宽知识面，要多认识学长、校友等人脉资源，多参加学校的社团活动，多与学长经验交流等活动，通过图书馆、网络学习提高办公技能，辅助课堂学习。大一结束后，同学们要顺利实现大学生的身份转变，同时基本适应大学生活。

大学二年级要扎实掌握本专业相关的基础知识。要确立自己的专业目标，通过参与项目小组、兼职、创业、社会实践等方式加深对职业的了解，检验自己的专业技能，提高自己的责任感、主动性和受挫能力，增强英语口语能力，增强计算机应用能力，通过英语和计算机的相关证书考试，并开始有选择地参加相关培训，辅修其他专业的知识充实自己。

2. 高年级的提升期

进入高年级之后，要以用人单位的用人标准严格要求自己。这个阶段的任务有以下三个：

①顺利毕业，拿到毕业证书和学位证书是前提，同学们要确保自己的课程学分都是符合学校的要求。

②进一步提升自己的专业能力，可尝试撰写专业论文，跟专业导师讨论自己的想法，培养自己的科学研究能力。对前两年的学习做一个总结，明确自己的职业目标，思考自己的职业素养有哪些需要提升的空间，参加并通过专业实习。

③为毕业去向做好知识的准备。无论是选择出国、创业、考公务员等就业中的哪一种方案，都有其相应的流程要求，要准备相关的知识，比如考证、政策了解、参加集中培训等。

（二）大学学习的时间管理

如果一个学生，一天能多挤出 1 小时时间用来学习，一年就可达 300 小时，四年就可比别人多学 1200 小时，这就相当于交同样的学费，却多享用了 1200 小时的教学资源。

大学时间自由性很大，大部分时间是自己安排的。但是许多同学根本不知道如何管理时间，很多大一学生到了大学，新鲜感来袭，报了若干社团也参加了学生会，一昧的希望锻炼自己的交际能力；有些同学每天泡在图书馆整日捧着书，只埋头读书；有些同学整天宅在寝室，没有任何其他的课余生活。一些大学生自认为时间很多，喜欢拖延时间，缺少规划，到大学毕业的时候发现和其他同学有很大差距，很多高考分数低于自己的同学都找到了比自己更加如意的工作。时间管理中的"二八原则"告诉我们，合理地利用时间可以事半功倍。

在时间管理上，同学们可以把用脑偏爱和感官偏爱考虑在内。如果你倾向于运用逻辑思维来管理时间，你就喜欢传统的时间管理工具，比如日历、列表和课程表等。有了时间表，便按部就班、应用自如，做到当日事情当日毕。如果你的思维具有综合性，你就更加能接受学习的暂时中断、无计划，你的时间管理是灵活的、弹性的。对于综合型思维的人而言，另外一个较好的时间管理工具，便是与一个逻辑型思维的人一块儿配合，让他来帮助你按时完成任务的细节。在管理时间的时候，你还可以考虑你的感官偏好。如果你是视觉偏爱者，就可以用色彩编码表示任务的轻重缓急；如果你是听觉学习者，就可以用录音机或其他设备来提醒自己要完成的任务和任务期限；如果你是运动知觉的学习者，就可以在公告牌或磁性板上写下活动安排及其时间日期。当然，这里介绍的各种时间管理风格，不是让大家对号入座，而是鼓励大家能够主动找到最适合自己的时间管理法。

同学们要学会利用课余时间。科学合理地安排课余时间要有计划性，要根据要学习的内容或要完成的任务及所要达到的目标，对较长时间内的课余时间做出预先安排，安排哪些内容，利用哪段时间都事先做好规划。科学合理地安排课余时间要有系统性，要善于化整为零，把大块的工作任务进行分解，分配到课余时间来完成。科学合理地安排课余时间，还要找寻自身的时间规律，劳逸结合，提高效率。有资料显示，一周内，周二读书效率最高；一天中，上午 10 时至下午 3 时是记忆力最佳时刻。当然，每个人的情况又会不一样，比如，有的人属于"百灵鸟"型，早晨学习效率最高；而有的人属于"猫头鹰"型，晚上学习效果最佳。所以，在安排课余时间的时候，可以根据自己的身体和用脑习惯，在大脑最高效工作的时候做更重要的事情，在大脑疲劳的时候做一些轻松的活动。

三、大学生职业能力的提升

(一) 大学生职业能力概述

职业能力是相对于某一种职业或某一类职业而言，可以胜任的能力。首先包括一个人会做的事，这些事可以从学习、生活与工作中的方方面面中反映出来。这些是个人最能持续运用和最能依靠的技能。比如，表达沟通、人际交往、分析判断、问题解决、创新能力、团队合作、组织管理、客户服务等。

除了我们可以做的事以外，职业能力还经常被用来描述或说明我们具有的个人品性。它涉及个体在不同的环境下如何管理自己，是勇于创新还是循规蹈矩，是认真还是敷衍，能否在压力下保持镇定，是否对工作有热情，是否自信等。

要如何了解自己的能力结构呢？首先，我们可以通过能力倾向测验对自身能力进行评估。比如，我国公务员录取考试中常常用到的行政职业能力倾向测验，它用来测试应试者与拟任职位所相关的知识、技能和能力，是应试者从事公务员工作所必须具备的一般潜能的一种职业能力测试。其次，我们还可以通过经验分析与总结，为自己的工作能力排序和澄清，证明自己所具备的职业能力。每个人进入大学之前的经历都包括一些能力，比如在日常人际交流方面我们学会了倾听和理解他人观点、语言交流、关心他人、帮助他人决策与团队合作等，有时候我们碰到很难相处的人时，甚至学会了言简意赅。再比如在学习和工作方面，我们为自己的学习计划制订日程表，我们学会了安排事件的优先顺序、决策和按时完成计划；有时候遇到一些危急时刻我们独自冷静面对，有时候为了维护自己的观点与人说理辩论，我们学会了决策和管理变动；我们经常根据作业的要求阅读文档和操作电脑，我们学会了文字处理、解决问题和分类组织信息等。

在个人素质方面，我们在生活和学习上遇到困难，选择愿意承担风险，勇于尝试，我们学会了认识到自己的需求，主动寻求帮助；在不断地前进步伐中，我们通过压力管理和建立自信来选择相信自己的能力，体现出不断保持进步的动力，展现了我们的决心和毅力；从一次又一次的教训中，我们给自己设定目标，学会了对自己的行为负责。

除此之外，我们还可以通过更多的方式来发现自己的技能，比如，那些可以量化的成就或业绩。回顾一下，在自己过往的经历中，除了一些常见的如"期末考试全年级总评第三"或"连续三年获得一等奖学金"以外，还有没有一些其他的事情是可以用数字来说明你的成果的。比如，"作为校学生会文艺部长，成功组织了为数300人的大型表演活动""在兼职 X 化妆品牌销售期间，提高了当月部门的销售额达10%"等。这样的一些数据可以非常具体详实地说明你取得的成绩，能给人以更深刻的印象。

在你所得到的好成绩、奖励或升职（如被同学们选举为班长）面前，他人对你会有很多认可，虽然有时它也许只是一个点头或者微笑，仍然值得我们细心思考和回顾，你是否曾经从数人中被选出来担当更多或更大的责任。比如，被老师选出来专门负责某一事务，而这是否意味着你某个方面的能力比其他同学更加出色，或是更认真负责。

你的同学、朋友或上司是否总是依靠你来完成某件事情？他们认为你特别擅长做的事情是什么？如果一个了解你的人（如老师、领导、雇主、同学、服务对象、同事等）要向别人推荐你，他/她可能会说些什么？如果你离开了现在位置（无论是你的宿舍，还是你在学生社团或兼职实习的位置），你的同学或同事会因为你的离去而感到有什么样的不适或困难吗？

对所有这些问题的回答，反映出你个人所擅长的、为人称道的能力和品质。现在，你是否对自己的技能有了更多的了解，知道自己这块地里的"金子"是什么？对你来说，最重要的是把精力集中在你擅长并且喜欢的技能上。考虑一下，在你未来的职业中，哪些技能最可能被用到？上述哪些技能需要进一步拓展？怎样去拓展这些技能？

（二）工作世界对职业能力的要求

仅仅对自身具备的技能有很好的了解仍是不够的，我们还需要了解这些技能可以在什么样的职业中得到应用，以及自己心仪的职业在技能方面有什么样的要求。不同的职业对于从业者的要求是不相同的，比如会计工作需要较强的数字计算能力，建筑师需要较强的空间想象和构建能力等。因此，我们也需要掌握探索职业技能要求的途径和方法。

我们可以通过小组讨论分享，来了解某个职业所需的职业能力。比如，教师这一职业是我们每个人都熟悉的，因为在十几年的学生生涯中，我们已经见过了无数的老师。但我们是否真的了解教师这一职业需要哪些技能呢？教师所具备的这些技能是否可以在其他工作中得到应用呢？通过讨论分享，我们可以知道要当好一名教师，应该需要以下职业能力：关怀他人，耐心，细致，较强的责任感，教学，培训，沟通，指导，评估，激励，解决问题，与学生、家长和学校行政管理人员的互动，提供支持，说服，调解，调查，研究，分析问题，写作，提交报告，行政管理，组织，协调等。

我们还可以进行"生涯人物访谈"。所谓"生涯人物访谈"就是向实际从事某一职业的人了解该职业的技能要求。通常，用这种方法可以比较详细、具体地了解特定职业不为常人所知的要求，可以有效地帮助个人在进入某一行业前做好职业方面的技能准备。

比如，一个文秘专业的大学生在请教了一个当文秘的亲戚后写到，文秘根据市场需求被划分为文员和秘书两个层面，文员的要求较低，往往只要求一定的学历和电脑运用能力，以及办公软件的基本操作能力，岗位的流动性较大；而秘书除了具备文员的基本条件外，还需具备较高的学历和外语水平、较强的综合接待及处理事务的能力，同时还要协助上司完成一定的管理工作。除此之外，是否持有秘书岗位资格证书，也是企业选择员工时重点考虑的因素。高级秘书或涉外文秘对综合能力和专业能力的要求就更高了。不同性质的秘书要求的必需技能不相同，但语言、交际、礼仪、写作及调查研究等基本技能、具体分析和解决实际问题的能力，以及自学能力。对于商务秘书而言，除了上述几点以外还应具备一定的英语读写能力和对话能力，能进行商贸英语对话，并能用英语撰写书信、单据等常用应用文体。

从上面的文字可以看出，这位同学在经过生涯人物访谈后对于自己大学期间需要重点培养和发展哪些技能有了更清晰的认识。

在探索职业兴趣方面，我们可以学习了解霍兰德的理论。根据该理论，职业可以分为研究型、企业型、常规型、现实型、艺术型和社会型六大类职业。我们总结了这六类不同职业有哪些相应的职业能力要求。通过下表的内容，我们可以发现在不同职业能力要求中有哪些共同性。

表 不同类型职业对职业素质的要求

类型	职业能力要求
研究型职业	1. 知识结构方面，专业与博学结合 2. 创造力、熟练基本技能和理论理解三者相结合 3. 独立思考、勤于实践、不怕挫折
企业型职业	1. 公众意识 2. 领导、组织协调和社会才能 3. 中外语言文字表达能力
常规型职业	1. 懂得统计，档案管理知识，熟悉专门法规条例 2. 熟悉各岗位的特殊要求，如礼仪、安全守则等 3. 社交能力、语言能力、干练的办事能力
现实型职业	1. 不辞辛劳、艰苦奋斗的创业精神 2. 严肃认真、一丝不苟的求实工作态度 3. 谦虚谨慎，深入工作第一线，能和同事密切合作 4. 外语水平、计算机应用能力、语言表达能力和理论应用实际的能力
艺术型职业	1. 观察力、想象力、毅力 2. 得天独厚的艺术天赋 3. 不断的创新精神
社会型职业	1. 要有一定事实上的理解能力 2. 社会活动能力、组织协调能力、自身形象设计能力和文字表达能力 3. 中外语言的表达能力和计算机操作使用技能

(三) 大学生向职业人的转变

大学生在明确了发展方向，掌握了如何了解自身能力特征的途径后，建立扬长避短的应用能力的意识就显得特别重要。将优势最大化利用，必然会得到最优化的产出。总体来说，对于考研和出国深造的大学生，学术创新能力、对资料的收集和整理能力、理论学习和运用能力、大胆假设的能力、提出理论思考观点的能力是主要的专业性要求；对于毕业后要选择应用性工作的本科生，则需要更强的与人沟通能力、团队协作能力、知识转化能力、解决问题的能力和自我激励能力等。

1. 发展重要职业技能

明确自己需要重点发展哪些技能，如何有计划、有针对性地过好大学生活，成功实现由大学生向职业人的转变，具体做法有以下三个方面：

①参加毕业实习，锻炼操作技能。要想具备更强的分析和处理问题的能力，毕业实习可以使大学生得到更好的锻炼和提高。如果有幸被实习单位看中，则可能被直接录用，就可以轻松地解决就业问题。

②参加社会实践，提升工作能力。现在用人单位一般都比较看重动手和实际操作能力，加强实践锻炼是提高大学生实际能力的重要途径。一方面，它可以加深对理论知识的理解；另一方面，它能锻炼实际操作能力，并激发创新思维。很多大学在大一至大三期间，专门安排了假期社会实践活动，这是大学生了解社会的好机会。大学生要抓住这个机会，利用所学的理论知识，观察与思考一些相关的现实问题，提升工作技能。另外，上学期间，大学生可以在力所能及的情况下做一些相关的兼职工作，这有助于了解社会、锻炼动手能力、培养创新思维。

③改进学习方法，重视知识应用。在大学学习中，学习知识只是一个基础，更重要的是对知识的理解和运用。一些中学时被证明有效的学习方法到了大学可能不再适用。要改进学习方法来提高学习效率，尤其要培养自学能力。既要重视对知识本身的深化和理解，也要注重科研意识和科研方法的培养。科研性学习是一种强调科研创新的学习模式。积极参与学校及教师团队的课题，在辅助导师做课题的过程中，掌握实地调研、数据分析、论文撰写等科研能力，从而进一步提高学习效果。

2. 努力积累实践经验

大学生应该学会利用大学实践与学习平台，重视第二课堂的成长。社会实践活动贯穿大学四年，是同学们理论联系实际、学以致用的重要手段，是大学生获取经验和建立社会支持系统的重要途径，经验可以改善个体的性格和发展技能。

大学生社会实践活动形式多样，包括志愿服务类社会实践、创新创业类社会实践等，志愿服务类社会实践可以培养学生的社会责任感和奉献精神，很多同学在这个过程中确立了自己的人生规划，积极参加团中央推出的大学生志愿服务西部计划。创新创业类社会实践在参观、考察、调研、访谈等简单的认知实践活动中脱颖而出，成为大学生创业能力和创造能力等重要就业技能培养的主要手段。

多项研究表明，大学生的职业适应和角色转化期大概需要 3 年的时间，这是一个与知识技术同样重要的需要学习的技能。这就意味着，我们从进入大学的那一刻开始就要为将来的就业着手准备，积累属于我们自己的职业能力。以缩短职业适应和角色转化期。

在大学各个阶段，同学们都可以结合自己的学业规划，安排适合自己的社会实践活动。

大一阶段：可以参观实习就业基地，了解未来工作的基本条件，初步了解职业内容，启发学生的职业理想；积极参加学生社团活动，校园文化活动，引导学生认知自我、学会沟通、培养兴趣。

大二、大三阶段：根据自身兴趣和职业理想参加各类专业实习实践、志愿者服务、科研活动，培养自身的组织管理与社会活动能力，机智敏捷的应变能力，进一步明确职业理想，确定目标追求；学习专业课程，参加职业技能培训，着重培养自己的职业素养和操作技能。

大四阶段：检验已确立的职业目标是否明确，参加介绍就业政策、就业程序的讲座，参加学生就业实习和技能培训，培养职业情感、职业道德。

积极参加大学生社团也是不错的选择，大学生社团是由志向或爱好兴趣相同的学生自愿组织并经大学有关部门批准的群众性业余团体，是大学生素质拓展的重要载体和主要阵地。社团类型包括思想政治理论学习和研究型社团组织、学术和专业学习实践型社团组织、社会服务型社团组织、兴趣爱好型社团等多种组织形式，同学们可以根据自己的规划需要自主选择。

在参与社团活动、社团管理的过程中，大学生有效提升了自我认识的能力，培养了自己富于创新性的习惯，提升了大学生团队合作精神，人际沟通能力和组织管理能力等综合素质。

学生社团还在推动大学生创业方面具有积极的推动作用。目前大学生创业教育教学实践活动已形成三种模式：普及创业知识，将创业教育融入素质教育当中；加强社团商业化运作，为学生创业提供发展平台；培养学生创业意识，将创业理念作为创业教育的基础。学生社团有学校良好的信誉度为依托，有专业导师的指导，与企业建立双向联系，在校内建立俱乐部或实习基地，可以有效地促进大学生更早接触社会，且不影响正常的教学秩序，全面提升大学生的就业竞争力和创业能力。通过社团提升学生创业能力是大学生解决理论知识脱离社会实际问题、提升社会适应能力、增强动手能力和解决实际问题能力等的有效途径。

四、求职技巧

求职过程是求职者全面展现自身综合能力的过程，求职技巧也是其综合能力的一个方面，对求职能否成功起着至关重要的作用。掌握必要的求职技巧，可以帮助求职者在求职中赢得不少先机。

（一）简历制作

简历往往是招聘人员了解求职者的第一个途径。一份好的简历，可以在众多求职简历中脱颖而出，给招聘人员留下深刻的印象。编制简历须注意以下技巧：

1. 简单厚实

制作简历要讲究形式简单、内容厚实。把握简历的标准——简而有"力"，字字有声。简单是指页数不要多，建议一两页纸就够了，最多不要超过 3 张。内容厚实是指简历内容要丰富，要把自己的教育背景、实践经验、能力优势都一一表达清楚，突出自己的过人之处，用事实和数字说明自己的强项。对自己值得骄傲的经历和技能，应详尽描述，自信但不自夸，文字表达和词语使用要准确精练。

2. 有针对性

制作简历要有针对性，单位不相同，文化自然有差异，简历制作要针对你所应聘的单位的职位需要，突出自己的技能与能力。应聘不同单位、不同职位一定要用不同的简历。

3. 真实可靠

近几年，人们对求职过程的诚信度越来越关注。一些大学生为了迎合招聘条件，简历"注水"现象比较严重，如在"工作经验"中添加子虚乌有的打工经历，把别人的荣誉证书和成果改头换面复印，转瞬间成为自己的"辉煌经历"，"在校期间担任的主要职务"中个个身居要职等。假的真不了，就算没有人揭穿，你也很难瞒骗火眼金睛的招聘者，你的简单、真诚或许会感动招聘者，为你赢得一个机会，但是造假欺骗一定是让人厌恶的，就算侥幸被录用，你也必须为你的谎言不断圆谎，总处在忐忑不安中。而且俗话说得好，日久见人心。一旦被发现，就有可能让你名声扫地。无数案例告诫我们，只有诚信，才能获得双赢。为了你简历的"厚实"，你可以从一入学就尽早规划，开始积累，毕业时你必定有沉甸甸的成果展示给他人。

（二）面试技巧

面试是由主试人与应试者当面交谈，或要求应试者现场操作以考查其综合素质与能力的一种方式，普遍运用于大学生就业活动中，是大学生应聘过程中关键的一步。用人单位通过面试，考查应试者的专业水平、实际工作能力、应变能力、协调能力以及人品性格等，是当前招聘单位广泛采用的遴选人才的主要方式。招聘人往往十分重视面试，许多用人决定就是在面试过程中做出的。所以，求职者在面试中恰当地运用求职技巧非常重要。

1. 微笑——彰显涵养

微笑是社交的黏合剂，它使你显得和气、乐观而自信，真诚的微笑会使你处处受欢迎，因为每个人都乐于与和气、快乐的人一起共事。面试时面带微笑、亲切和蔼、谦虚有礼、有问必答，会增进你与面试官的沟通，提升你的外部形象和应聘成功率。

2. 自我介绍——2~3分钟秀自己

自我介绍是应试者与主试人建立互动关系的第一步。在2~3分钟的简短陈述中，主试人将会对应试者的精神面貌、表达方式、对工作的渴望程度等进行初步判断，形成第一印象。在做自我介绍时要简单明了，突出重点，体现能力、特长。不要单纯罗列参加了哪些工作实践和活动，而是要介绍在实践工作和活动中自己学到了什么，对此有何看法和体会，从而体现你是个对待工作认真、善于思考总结、有思想的人。同时，注意不要夸大其词，否则很容易露出破绽，留下不好的印象。

3. 倾听——全神贯注

全神贯注地听对方说话，始终保持饱满的精神状态，专心致志地注视着对方，脑子里要设法撇开其他事情，将注意力集中在对方说话的内容上。在对方谈话的过程中，要不时发出表示听懂或赞同的声音、动作。如果一时没有听懂对方的话或有疑问，不妨用婉转诚恳的语言提出不明确的部分，请对方做进一步的解释，这样既能弄清问题要点和实质，又能让对方在心理上觉得你听得很专心，对他的话很重视。要确认提问内容，切忌答非所问。要认真琢磨对方讲话的重点，必要时可以进行复述，如"我同意您刚才所提的……"重复对方强调的问题，往往会促进情感的融通。

4. 应答——思考5秒钟

仔细聆听对方的问题，审慎回答，不要太简略，切忌只回答"是的""好""对的""没问题"等无法使内容更生动的字句，要完整并举实例说明，但要避免冗长。回答问题前认真思考5秒钟。这样做，除了可以对要表达的内容稍做组织外，重要的是显示出你很重视对方提出的问题，表现出了尊重和认真。

5. 致谢——真诚

面试结束时，无论得到怎样的答复，如被顺利录取，得到梦寐以求的工作机会。或者只是得到一个模棱两可的答复："这样吧，××先生/小姐，我们还要进一步考虑你和其他候选人的情况，如果有进一步的消息，我们会及时通知你的。"或是遭到拒绝，都应该对用人单位面试人员表示感谢，多谢给予面试的机会，多谢其在面试过程中给予的令自己获益的观点。然后礼貌地说再见，最好以握手的方式道别，离开办公室时，应该把刚才坐的椅子扶正到刚进门时的位置，再次致谢后出门。经过前台时，要主动与前台工作人员点头致意，或说"谢谢你，再见"之类的话。这样既表现出应有的礼仪，又表现出自己杰出的人际关系能力。当用人单位最后考虑人选时，能增加自己入选的砝码。

第七章 大学生心理健康教育课程改革

第一节 大学生健康教育课程研究及改革必要性

一、大学生健康教育课程相关理论研究

（一）课程改革的相关概念界定

1. 教学的含义

辞海中对"教学"一词有三种释义：一是指教师传授给学生知识、技能的过程；二是指教育；三是指教书。各国教育学家对教育的解释也各有不同。俄罗斯教育家斯卡特金（Skatkin）认为，教学是一种传授社会经验的手段，通过教学传授的是社会活动中各种关系的模式、图式、总的原则和标准。美国教育心理学家布鲁纳（Jerome Seymour Bruner）认为，教学是通过引导学习者对问题或知识体系循环渐进的学习来提高学习者正在学习中的理解、转换和迁移能力。王策三认为"所谓教学，乃是教师教、学生学的统一活动；在这个活动中，学生掌握一定的知识和技能，同时身心获得一定的发展，形成一定的思想品德。"[①] 李秉德认为"教学就是指教的人指导学的人进行学习的活动。进一步说，指的是教和学相结合相统一的活动。"[②]

虽然大家对"教学"给出了不同形式的解释，但是在众多定义中，都包含了以下几点：一是都强调了"教"与"学"的统一性。教学不能单看成是"教"或者是"学"，只有教师"教"，没有学生"学"，是没有目标、没有意义的"教"；只有学生的"学"，没有教师的"教"，学生就不能准确快速地掌握知识和提高技能。二是都明确了教学中实施

---

① 王策三. 恢复全面发展教育权威 [M]. 北京：人民教育出版社，2018. 10.

② 王嘉毅，李瑾瑜，王鉴. 当代课程与教学研究新进展 李秉德先生诞辰一百周年纪念文集 [M]. 北京：人民教育出版社，2012. 06.

者和接收者之间的关系。"教"是一种外化过程，以教师的行为作为主导，"学"是一种内化过程，以学生的行为作为主体。教师不能代替学生成为学习的主体者，不能剥削学生的主体地位，只能在学习过程中起到主导作用，指导学生更好地学。而学生只有借助教师的指导，才能更好的学习。三是都强调了教学的全面性。教学不仅仅是教授学生知识、技能，更重要的教会学生"做人"，在教学过程中让学生的情感得到升华，注重培养学生思想品德的形成，使其全方位发展。

教学具有两方面的功能：一方面是教学促进社会的进步和发展。教学将社会与个人有机的联系在一起。通过教学，人们可以在短时间、高效率的掌握人类在历史长河中留下的宝贵知识财富，并在科技高度发达的今天学会学习的技巧，为未来从事的各种社会实践和创造新的知识打好基础。另一方面是教学可以培养学生的个性，使其全方面地发展。教学对个体的影响是直接且具体的，学生从无知懵懂成长成为一个思想健全、拥有足够知识储备的个体，是需要长时间的学习来增加认识，同时还受到很多空间上及个人经验的限制，但教学可以缩短学习的时间，提高学习的速度，扩大学习的范围。教学不仅仅包括知识的习得，还包括对学生世界观、价值观、道德观的培养，使其全方位的发展。

2. 班级授课制的概念

班级授课制也被称为班级教学、课堂教学，是课堂教学的基本组织形式。班级授课制是指把年龄和程度大致相同的学生，编成固定人数的班级，教师按照各门学科的教学大纲规定的内容，组织教材和选择恰当的教学方法，按照课程表规定的时间，向全班学生进行授课的教学组织形式。

班级授课制产生于近代资本主义兴起时期，17世纪捷克著名教育学家夸美纽斯（Comenius）在他的《大教学论》中最先对班级授课制进行总结和论述，将其定义明确下来。18世纪教育学家赫尔巴特（Herbart）提出了教育过程的形式和阶段等理论，进一步补充和完善了班级授课制的概念。直到以凯洛夫为代表的教育学家提出"课"的类型和结构概念，班级授课制才成为一种完善有效的教学组织形式。

班级授课制的优势在于：同一班级学生可以由一名教师进行集体授课，大大提高了教师的教育能量；以"课"为教学活动的单元，提高了学生学习知识的完整性和系统性；根据授课时间和计划，可以更好地安排教学，提高了教学效率；充分发挥了教师的主导作用；相同年龄和程度的学生之间可以更好地相互交流、讨论，切磋。但也有一定的局限性：以教师为主导的课堂，忽视了学生主动性，将学生置于被动的位置；统一制定的教学计划，课堂的多样化、开放性不够；教学内容单一；集体化教学限制学生的个性发展等。针对以上可能出现的问题，各国长久以来都在探索和研究更加符合现代化社会新形势的教学组织形式。世界各国相继掀起缩小班级规模的运动，同时强调加强班级授课制与其他形式教学组织形式相结合，完善其本身的不足之处，变革课堂教学的环境，是班级授课制变得更加弹性化。

3. 课堂教学的含义

课堂教学是一个复杂的系统，其基本组织形式是班级授课制，其结构要素包括很多，诸如教学目标、教学内容、教学主体等，这些要素大致可以分为构成性要素和过程性要素两大类。

构成性要素由学生、教师、教学内容、教学媒体四个要素构成。其中学生是主体要素，在课堂教学中学生是教学信息的接受者，在教学活动中其主体作用。其相关的因素有：学习情感意向、学习智能、基础知识、个性品质。教师是主导因素，教师在课堂教学中承担着组织教学内容、设计教学方法和指导学生学习的任务，其子因素有：教学态度、教学技艺、知智能结构、个性品质。教学内容是教学的信息要素，其子因素有内容选择、组织、展开与表达，以及内容编码。教学媒体是教学媒体的物质要素，他是教学信息传递的媒介，其子因素有：媒体选择、媒体组合、媒体质量、媒体运用等。

过程性要素由教学目标、教学方法、教学内容、教学形式、教学结果这五大要素组成。教学目标中包括认知目标、情意目标、发现目标，是教学活动指导要素；教学内容包括知识、技能、人生观、价值观以及思维方法的培养；教学方法是多种多样的，有体验式教学、发现式教学、探究式教学等，意在于传授知识、陶冶情操。教学形式以班级授课制为主，辅以其他形式的教学形式，如参观、实验研究、社会活动等；教学结果则是通过教学评价得以体现。

（二）课程改革相关理论依据

大学课堂教学改革的进行，必须要以一定的教学理论作为依据。立足于教育心理学和教育技术学等理论，建构主义观点被越来越多的用到一些问题的研究中。它对传统的认识论进行了批判，并在已有的理论上形成了新的认识论、学习论和教学论。大学课堂教学改革应结合现代教育理论的成果，参考建构主义理论各派的观点，吸取有益于改革的部分，从知识观、学习观、课程观、教学观、评价观等方面指导教学改革。

1. 建构主义的知识观与学习观

（1）建构主义知识观

建构主义知识观认为知识是主动建构的，而不是被动接受的。美国认知心理学家奥苏贝尔（David Pawl Ausubel）强调学习者已有经验的作用，认为新知识的建构是将新旧知识联系起来，将新知识纳入原有知识体系中。因此学习者只有通过自身的建构，赋予知识自己的理解，才能吸收知识。建构主义知识观还认为知识是个人经验的合理化。每个学习者对于知识的建构都是在已有知识经验的基础上，每个主体所建构出的知识不一定是真实世界的反应，因此知识并不能说明世界的真理性。知识是个体与他人经过协商达成一致的社会建构。建构主义虽然认为知识是个体经验的合理化，但是对于知识的建构也不是这么随意，需要与其他人所建构的达成共识。

（2）建构主义学习观

第一，学习不只是把知识搬到学习者的脑中，不是学习者被动接收信息，然后以自身已有经验背景为基础，主动对所接受信息进行加工、整理、分析，从而将外界信息构建成为自己的内部知识。因而学习是主动建构意义的过程，所以这个建构过程是别人所无法代替的。第二，构建新知识的过程，就是外部信息与内部已有经验之间的相互作用的过程。外部的知识只是基于纸质基础上的知识，没有什么具体的意义。只有将外部知识进行重新解读、编码使之成为内部的经验，才能获得新的意义。同时也不能无视已有的知识经验，应将已有的背景经验作为新知识的"生长点"，通过建构新的知识经验不断调整已有知识结构。第三，建构的意义根据各自的理解各不相同。每个学习者过去储备的知识数量和程度都有很大差别，甚至对某些问题的经验完全为零。面对这样的问题时，学习者都会将对这个问题的理解加注在相关的经验之上，建构新的意义。不同的背景经验建构出的新知识都是不同的，体现了学习者的个体差异性。第四，建构主义者很注重学习过程中的讨论和交流。通过合作学习，学习者可以看到对相同问题的不同理解，从而充实自己已有的知识结构，加深对问题的理解；对于与自己认知相向的理解，可以通过比较判断正误，纠正自己错误的认识。通过相互讨论，学习者还可以得到更多的看法，开阔思维，学到新的知识，重建新的知识经验。第五，建构主义学习观要求学习者积极地、与目的地进行积累性学习，同时还要经常对学习过程进行诊断和反思。在建构主义学习中，学习者应当积极主动的开始学习，并且鼓励学习者确定明确的学习目标，并通过各种不同的途径达到相同的目标。学习的积累不是量的积累，而是质的飞跃。

2. 建构主义的教学观

从教学目的来看，学生是知识的主动建构者。传统教学通过教学目标制定教学内容和教学计划，甚至以教学目标的完成度来评估教学质量和教学结果。传统的教学目的是帮助学生了解世界，认识世界，而不是鼓励学生自己分析解决遇到的问题。在建构主义学习环境中，教学的目标是学生对知识的建构过程，强调学生的主体位置，注重学生创造性思维的发展。教学就是要为学生创建一个主动构建知识的环境，培养学生主动性和创新性。

从教学模式看，建构主义就是要为学生构建一个以学生为中心的教学环境。在教学环境中，教师作为指导者、引路人引导学生建构知识体系，利用多种教学模式刺激学生主动积极的学习，最终使学生达到知识有效构建的目的。

从教学方法看，建构主义理论为了是学生有效地建构知识意义，开发了多样化的教学方法。如支架式教学、抛锚式教学、自上而下的教学、情景教学等。

（1）情境教学

首先，情境教学法将教学放置到具体的现实情境之中，以学生在现实生活中遇到的问题为目的。情境教学的内容应选自现实生活中真实的问题，不能将其处理成简单的模型使其失去现实意义。在解决此类问题时，可能会涉及多学科的知识，情境教学主张弱化学科之间的界限。其次，情境教学所解决的问题不是教师事先准备好的，它的提出过程类似于现实中专家研究某类问题的探索过程，教师建构与之相适应的学习环境给学生，引导学生发现问题的矛盾点，并通过积极探索寻求解决方案。以大学生的认知发展水平来看，基础知识的获得可以由自学为主，他们完全具有这样的能力。因此，教师可以将课堂的重点放在情境的构建上，更多地培养学生的思维能力。

（2）支架式教学

在支架教学中教师的作用类似于支架，帮助学生建构和内化所学知识和技能，以提高学习者的认知水平。通过教师的支架作用，慢慢将学习的任务由教师转移到学生身上，教师引导学生逐渐将知识内化为自身的经验，并在建构过程中加以矫正使其建立正确的知识结构。

（3）随机通达教学

学习者在对知识信息的建构中，根据以往经验的不同，对所建构的知识理解也各不相同。随机通达教育就是对同一问题建立不同的学习情境，在不同的背景下让学习者对同一知识建构不同的意义，从多个角度全方位的理解问题。教师要指导学生对不同意义的比较和判断，进而搭建属于自己的知识体系结构。

（4）自上而下的教学

传统的教学是从基础知识出发，逐级向上探究问题，但是建构主义遵循完全相反的路线，自上而下的教学，以问题为出发点，探索和研究解决问题的方法，最终在探究过程中建构知识意义。建构主义更加注重合作学习，鼓励教师和学生之间相互交流，在交流中做到教学相长。

(三) 大学生心理健康教育课程改革有关方法建议

大学生健康教育理论除了以相关心理论为依据外,建议在教学方法上做到:

①丰富教学方法。教师在教学过程中应关注大学生的心理需求,提高大学生环境适应能力、自我管理能力和情绪调节能力,提高心理素质。要做到这些关键在于在具体的教学过程中根据教学目标实施有效的课程教学方法。教学过程中应改变以往的一言堂的教学方法,将心理教育课程性质定义为实践技能课。教学过程中可灵活运用讲授法、心理测试法、心理游戏等。丰富、灵活的教学方法能够充分调动大学生学习的主动性、积极性,能够诱导大学生带着积极的情感体验参与课堂教学,形成师生的互动、交流,使学生在轻松、愉悦的气氛中习得知识,有利于提高大学生的理解、应用、分析、解决问题的能力。

②课堂教学与课外实践有机结合。为实现心理教学目标,应将课堂教学与课外实践有机结合,大学生心理健康指导教师应注重心理健康教育课程知识的延伸和挖掘,把课堂教学与课外实践视为一个完整的教学体系,经常组织学生积极参加社会、学校组织的各类专题讲座和公益活动,鼓励学生积极参加学校和班级开展的各种活动。教师应引导学生挖掘讲座和活动的积极的思想,向上的动力,结合课堂教学内容,循序渐进培养学生积极、健康向上的心理状态。

③关注评价,及时指导。为提高大学生心理健康教育的有效性,更好地实现大学生心理健康教育的目标,大学教学管理人员和心理健康指导教师要关注心理健康教育课程的评价。心理健康教育一方面要关注课堂心理健康知识的掌握,另一方面也要关注大学生心理健康教育课程目标的教学效果。不能武断地仅用考试分数作为衡量教学效果的唯一标准,具体的教学实践中可结合实际采用心理测量、行为观察等方法来对教师的教和学生的学进行客观、公正的评价。客观的教学评价有利于及时指导教与学的方法和策略。

④利用网络平台,渗透心理教育。随着经济社会的发展和科技的进步,网络被广泛地运用于生活的各领域和教学的各环节。高等院校可利用大学生乐于通过网络进行交流的契机,充分发挥校园网等丰富的网络教育资源作用,建立心理健康教育网络,给广大师生提供一个开放式学习、交流心理知识的现代化网络平台。心理健康指导教师可实行网络心理咨询,方便学生随时进行心理咨询。

二、大学生健康教育改革的必要性

（一）新课改对大学课堂教学改革的要求

1. 基础教育课程改革的理念

课程改革在本质上是对课程系统中理论与实践进行的有计划的、复杂的改革，使其达到预期目标的过程。原有的课程理念只重视传授和积累知识，而不注重搜集、处理信息；只重视教育结果而不重视教育过程，因而以不适应知识信息急剧增加的社会发展现实，需要建立新型的课程理念。由于未来社会对人才的素质要求是多方面的，要使新课程能够促使学生更好的发展，未来的课程改革应该贴近时代脉搏，注重学生素质的提升，关注课程试验和德育课程改革，促进信息技术与课程的整合，加强基础学科和综合课程的建设，设置多样化的课程，并使课程评价多元化，课程体制弹性化。

2. 基础教育课程改革的目标

（1）学生的均衡发展

新的课程计划确立了我国基础教育"两段设计"的新构建，课程结构要求对学生的学会求知、学会做事、学会共同生活、学会生存和发展能力的培养。新课程所要培养的是德智体全面、和谐、均衡发展的人。新课程应在课程结构上均衡安排各学科，将分科课程和综合课程结合起来；在课程内容上要合理的取舍和规划。

（2）学生的个性发展

新课程在促进学生均衡发展的同时，还需要关注学生的个性发展。个性发展更重于知识、技能的发展，学生应首先是一个有个性的人。学生的这种个性需要从学生与自我的关系、学生与他人和社会的关系、学生与自然的关系三方面进行培养。

（3）学生的自主发展

基础教育课程改革要关注学生的主体性发展，教师应成为学生自主发展的引导者，积极实现学生学习方式的革命。在教学上教师尊重学生，在学习方式上要发展学生的探索能力，是学生成为学习的主人，在评价上要促进学生的发展，从而进一步提升学生的自主性、能动性、创新性，为学生的终身学习打好基础。

（二）学生心理发展对大学教学改革要求

新课改下大学生心理思维发展的特点：大学生思维的发展是在中学生的基础上进行

的。在新课改的背景下，现今中学生较之以往的学生出现了新的特点，在此基础上发展起来大学生的思维也具有新的特征：思维独立性更强，遇到问题喜欢独立思考并能独立分析解决的办法，寻求多种解决途径。初步形成批判性思维，对接受的知识不是照单全收，而使进过初步的思考和判断才接受，在判断过程中能提出新的想法。大学生思考问题时的广度增大，考虑问题时能从多个角度去衡量，同时较之中学阶段思考的深度也不断加深，更注重探究事物的本质。形象思维和逻辑思维向较高的阶段发展，在学习新知识时，根据以往课程建立的知识体系，大学生能主动去抽象问题将之与已有经验相结合，总结归纳新的知识，抽象思维向更高的阶段发展并占主导地位。创新性思维在大学课堂教学中的得到了初步的培养，具有一定的创新性思维的基础，能更快的适应改革后的课堂教育。

课堂教学是师生双方的教与学，只有更清楚地了解当下学生的学习心理和思维发展，才能更好的做出对策以提高我们的课堂教学质量。对于新课改背景下培养出来的学生，我们不能以旧的眼光去看待，不能以旧的标准去要求，不能以旧的课堂去教育，只能革旧出新，探索出新的适应当下学生发展的新课堂，努力培养符合时代发展的新人才。大学的教学方法从注入式教学到启发式教学，到创意式教学，不同方法的运用都应与学生的身心发展水平相适应，同时又具有一定的超越性，应灵活多样，能够促进不停发展水平的学生共同发展，应有利于促进学生创新能力的发展，有利于体现学生主体作用，促进学生自主学习能力的发展。在教学中要注意教学的广度和深度，注意所学课程与其他学科之间的联系，在提高理论知识的基础上提高深度。总之以学生发展为中心，促进大学课堂教学改革，就是要充分考虑学生的学习心理和发展思维。

第二节　课程教学设计的基本特点和基本要素

一、课程教学设计的基本特点和功能

教学设计是指教师在教学工作开始之前，根据现代教育理论的基本观点与主张，依据教学目的和要求，通过对课堂教学过程中各要素的系统分析，确定合适的教学起点，创造一种教学活动模式，并形成有序的操作流程。其目的是指导教学工作的有效实施。良好的教学设计是优化教学资源、提高教学效率的重要措施。

（一）教学设计的基本特点

1. 教学设计是为课堂教学活动指定蓝图的过程

教学设计规定了课堂教学的方向和大致进展，是师生课堂教学活动的依据。课堂教学活动的每个步骤、每个环节都将受到教学设计方案的制约。通过教学设计，教师可以对课堂教学活动的基本过程做到整体把握，可以根据课堂教学情境的需要和教学对象的特点确定合理的教学目标，实施可行的评价方案，从而保证课堂教学活动的顺利高效进行。另外，通过课堂教学设计，教师还可以有效地掌握学生学习的初始状态和学习后的变化情况，及时调整教学策略，方法，采取必要的教学改进措施。

2. 教学设计的基本方法是系统的方法

系统的方法是指把对象放在系统当中，从系统和要素、要素和要素之间的相互联系和相互作用的关系中综合地、精确地考察对象，以达到最优化处理问题的一种方法。教学设计是一种全方位的系统的科学设计，它由各个部分有机地构成一个整体，各个环节相互关联，共同有效地运转。教师在教学设计时需要分析课堂教学系统各因素的地位和作用，使各因素有机结合，发挥最佳效用。

3. 课堂教学设计是一项富有创造性的工作

创造性是教学设计的一个基本特点，也是它的一个最高表现。面对千差万别的学生，课堂教学不可能有一套刻板的程式。教学设计的过程，也就是教师在创造性地思考、深入钻研教材的基础上，根据不同学生特点，创造性地设计教学实施方案。

4. 教学设计具有灵活性和具体性的特点

教学设计具有一定的模式，需要按照既定的流程进行，但是教学的实际工作往往不一定按照特定模式线性展开。教师应该根据课堂教学的不同情况和要求，决定重点解决哪些问题，略去一些不必要或者无法完成的步骤。此外，教师面对的是一个个鲜活的生命个体，在课堂中就有可能出现一些意外的、无法预知的新情况，需要有灵活性。教学设计的具体性是因为教学设计针对的是课堂教学中的具体问题，它的每一个环节都是相当具体的。比如，教学内容的选择，教师要根据教学目标的要求，结合学生的实际水平，对学习材料进行再加工，通过取舍、补充、简化，重新选择有利于目标达成的材料。另外，教师对选定的教学内容还要进行序列化安排，使之既合乎学科本身的内在逻辑序列，又合乎学习者认知发展的顺序，从而把学习材料的认知结构和学生的认知结构有机地结合起来。

（二）课堂设计的功能

1. 有利于课堂教学的科学化

现代教学设计是从教学的科学规律出发，对教学问题的确定、分析，对解决问题方案的设计、实行乃至于评价和修改等系列教学设计的内容和程序都建立在科学基础上，从而使教学活动的设计纳入科学的轨道。

2. 有利于课堂教学效率和效果的提高

教学设计的主要目的就是要设计出低耗高效的教学过程。在教学设计中，一方面，需要对学习需要、学习内容和学习者进行客观分析。在分析的基础上，对内容的再提炼和对方法的选择，使得课堂教学活动得到最优化。另一方面，教学设计让教学活动更富有吸引力。教师运用相应的教学策略，采取了有效的教学方法和教学形式，更好地促进了学生的学习。通过这一系列巧妙安排、精心策划，无疑会增强学生的学习兴趣，提高其学习的积极性。

3. 有利于教学理论和教学实践的结合

教学设计不是一种直觉的冲动，而是一种理论和方法的统一。它既有一定的理论色彩，同时又是明确指向教学实践的。一方面，通过教学设计，可以把已有的教学理论和研究成果运用于课堂实际教学当中，指导课堂教学工作的进行。另一方面，也可以把教师的课堂教学经验升华为教学科学，充实和完善教学理论，这样就把教学理论和教学实践紧密结合起来了。教学设计成了一架沟通教学理论和教学实践的"桥梁"。

4. 有利于教师成长和发展

课堂教学活动不仅是一种信息传播过程，更是一种艺术表现过程。没有高超的教学技巧，把握不了教学的艺术性，也不可能有好的课堂教学。我们知道，知识经验和实践是教师专业技能发展的重要因素。教学设计则为教师的成长提供了一条有效途径，通过教学设计不但可以迅速地掌握教学的基本原理和方法，而且在实践中的熟练和提高，最终促进教师的成长。

（三）心理健康教育课程教学设计理念

心理健康教育课程化并加强课程教学设计的研究，就是为提高学生的心理素质提供设计蓝图。学校心理健康教育课程教学，应该突破传统的认知模式和教学方式，代之以开放性、建构性和创造性的教学新理念。

1. 重新定位心理健康教育的价值取向

由重障碍排除、重差错矫正的教育模式转变为重发展、重预防的教育模式；由服务于少数人转为面向多数人；由消除心理障碍为目的转变为培养积极心理品质，促进心理发展为目的。树立一种真正意义上的心理健康教育理念，以全面推进学校的素质教育。

2. 充分发挥心理健康教育的主渠道作用

营造轻松愉悦、富有安全感和充满艺术性的课堂心理氛围，建立民主、平等、尊重的师生关系。运用多种适合学生的教育策略方法，让学生浸润在心理体验和心理感悟当中，从这种体验和感悟当中发现心理成长的契机，转化为生活、学习当中的实际行动。

3. 以开放的课堂教学接纳学生

以开放的课堂教学接纳学生包括：①师生关系的开放。人格上建立一种民主、平等、和谐的师生交往关系，视教学的需要而调整和转换角色，教师可以是指导者、学习者和兄长、朋友。②教学空间的开放。教学空间可以由课内向课外乃至校外延伸，变固定空间为弹性空间。③教学过程的开放。以学生的课堂表现、课堂需要作为教师调整课堂教学的基本依据，教学全程是动态的、发展的。

4. 探寻建构式教学的新型教学观和教学方式

鼓励学生主动参与，主动探索，积极主动地获取有关心理健康的知识，提高心理素质，以适应学生的认知方式，满足其求知探究的进取精神，这是心理健康教育课程设计的主要目标。

5. 通过创造性教学全面提高学生的素质

教师要留给学生以广阔的思维空间，鼓励学生新颖的创意，尊重学生的不同意见。同时，注意教学内容的组织，运用变式教学，激发学生的学习动机和学习兴趣。特别要从提高学生认识、情感与行为技能的角度设计教学活动，强调学生的主体地位与主体需要，通过课堂教学促进学生潜能的开发、创造性的培养。在以创新教育为主的现代教学中，更应以培养学生的创新精神和实践能力为重点，这是学校心理健康教育课程设计的基本出发点。

二、心理健康教育新课程教学设计的基本要素

教学设计应包括以下要素：第一，学生及其需要的分析；第二，教学内容的分析；第三，教学目标的确定与阐述；第四，教学策略的制定与教学方法的选择；第五，教学媒体的选择和运用；第六，教学评价的设计。

（一）学生特征分析

学生特征分析就是要了解学生的学习准备状态和学习风格。学习准备包括初始能力和一般特征两个方面。初始能力是指学生在学习某一特定的课程内容时，已经具备的有关知识与技能的基础以及他们对这些内容的认识和态度；而一般特征是指在学习过程中影响学员的心理和社会的特点，包括年龄、性别、学级、经历、学习动机、个人对学习的期望、社会、经济、家庭等背景因素。学生之间的个别差异，教师在教学时要做到心中有数，沟通和教育方法也要做相应调整。

（二）教学内容的分析

学习内容分析是根据总的教学目标，来规定学习内容的范围和深度，并揭示学习内容中各个组成部分之间的联系，以实现教学效果的最优化。学习内容分析以学员的学习结果为起点，并以起点为终点，是一个逆向的分析过程。

（三）教学策略

是指教师教学时旨在优化教学效果的教学操作指南，是对完成特定的教学目标而采用的活动的程序、方法、形式和媒体等因素的总体考虑。对于教师可操纵的各种教学变量，都可探索其相应的教学策略。这里的教学策略涉及教材的讲解、教学媒体的使用、问题及解答方式、测试及反馈原则、师生互动等。具体来说主要涉及以下内容：首先，教材处理策略，即怎样用学生可接受的方式呈现心理学教材，以提高学生对教材理解、接受的效率。其次，心智技能提高的教学策略，即如何使学生有效把握心理健康教育课程中的概念和它们之间的关系。再次，教学方法运用的策略，即如何根据实际情况引起学生学习的准备，维持他们的兴趣，强化和调节他们的行为。最后，教学组织形式选择的策略，即心理学教学要根据主客观条件，恰当选择集体授课、个别化学习、小组相互作用等形式。

（四）教学目标

教学目标是预期学生通过教学活动获得的学习结果，即学生通过教学活动要达到的学习标准。也正因如此，教学目标常被教师表述为学生的学习目标，具有指导教师进行教学评价、选择教学策略、指引学生学习等一系列功能。因此，教学目标是教学活动中最先考虑的要素，是教学设计的首要环节。心理健康教育课程教学目标的表述应是大学生的学习结果，包括言语信息、智力技能、认知策略、动作技能和情感，并且力求明确、具体，可以观察和测量。按布卢姆的目标分类体系，可分为认知学习目标、动作技能学习目标和情感学习目标。前两类目标中的行为具有可观察性和可测量性特点，而情感学习目标表述有一定难度。

（五）教学媒体

对教学媒体的选择，是教学准备工作的一项重要内容。要符合教学目标、教学任务和教学内容的要求，不同的教学目标需要使用不同的教学媒体去传递教学信息，不同的教学任务要求教师采用不同的媒体和方法去完成，而不同性质的教学内容对教学媒体也有不同的要求。同时要考虑学生的需要和水平，不同年级的学生有着不同的认知能力和思维特点。另外要考虑教学媒体的功能、特点和教学条件的影响，不同的媒体在不同的环境下会产生不同的教学效果。

（六）教学评价

教学评价是指系统收集、分析有关学生学习行为的资料，以确定其达到教学目标程度的过程。从根本上说，就是对学生行为变化的教学价值判断。在进行心理健康教育课程的教学设计时必须重视教学评价，从而为师生调整教与学的行为提供客观依据，使教学效果越来越接近预期的目标。而教学评价的首要条件就是确定统一的指标。由于教学设计的成果较多地体现在课堂教学中，所以心理健康教育课程教学评价就必须考虑课堂教学中的两种极为重要的评价指标。一是与目标因素有关的指标。这种指标一般分为知识、技能和情感三个方面。二是与学生因素有关的指标。这种指标一般可分为学生表情、课堂提问、课堂秩序三方面。根据以上评价指标，对教学进行诊断性评价、过程性评价和总结性评价。其中，诊断性评价在检查学情分析时就应该考虑进行，为进行教学分析和制定活动提供依据。过程性评价则要贯穿整个学习期间，通过教师的适当反馈，鼓励学生进一步参与课堂活动。总结性评价是指在教学未结束之前，为了解学生学习状况所做的评价，以便及时发现问题，调整教学有关环节，采取补救措施。

第三节　心理健康教育课程的设计原则和教学方法

一、心理健康教育新课程的设计原则

（一）以学生为中心

学校心理健康教育课程要以学生为中心，学生是心理意义的主动建构者。心理健康教育课程是一种"为我"的课程，它要求从主体的需要、兴趣、动机出发，而不是依据外在的目标来组织和实施课程。主体始终处于活动的中心位置，要在活动中实现主体性发展和心理成长。因此，"自主性"是心理健康教育课程的精髓，心理健康教育课程促进学生心理品质发展的前提是学生自主性获得发展。

要充分尊重学生的主体地位，充分发挥学生的作用。这是因为，首先，心理健康教育的目的在于促进学生的成长和发展，而成长和发展从根本上说是一种自觉和主动的过程，如果学生没有主动意识和主动精神，处于被动的地位，教育就会成为一种强制性行为，变得毫无意义。其次，心理健康教育是一种助人与自助的活动，"助人"是手段，让学生"自助"才是目的。要达到自助的目的，只有让学生以主体的身份直接参与这一活动。

（二）以情境为中介

学习总是在一定的情境下进行的，不同的活动情境对人心理成长发挥着不同作用。真切的情境氛围为学生提供了易于感受、易于体验、易于激发的心理空间，使置身其中的每一个人都受到感染和熏陶，并激发起探究的意愿。学生的心理发展是无法通过直接传授心理知识而实现的，它必须借助良好的发展情境。情境设计的关键是强化主体的积极能动性，使之自主地投入活动，实现心理的自主建构。心理健康教育课程要提供真切的情境，把学生带入"可思可感"的境界，使之直指自身的心理世界，进而建构心理结构、生成价值理念。心理健康教育课程还强调心理知识的情景性和特异性，鼓励学生把学到的心理知识应用到自己的生活中，在生活的具体情境中总结和检验所学的知识，使学习走向"思维中的具体"。

（三）以经验为起点

学习是学生通过新经验与原有经验反复、双向的交互作用从而主动建构起自己知识经验的过程。正如美国哲学家冯·格拉塞斯费尔德（Von Glassesfeld）所指出的："我们应该把知识和能力看作个人建构自己经验的产物，教师的作用将不再是讲授事实，而是帮助和指导学生在特定的领域建构自己的经验。"学生只有亲身经历，才能聆听到发自自身本性的、自我完善的声音。学生也只有在经验中才能使自己全身心地投入到对生命意义的追求中，才能使自身的知、情、意、行获得和谐发展。据此，学校心理健康教育课程的设计不能无视学生的原有经验，而要把学生原有的知识经验作为新知识的增长点。学校心理健康教育一个很重要的任务就是了解学生原有的心理经验。学校心理健康教育的根本途径不是教育者长篇大论式的说教，而应转向给学生提供丰富多彩的活动，在活动中发现学生的各种心理问题，并适时提供帮助。

（四）以活动为核心

学习是知识内化为经验、经验外化为知识的过程。离开了主体的活动，知识建构就无从谈起。心理学研究和生活实践表明：人的心理品质是在活动中展示和发展的。活动是主体与客观事物交互作用的过程，个体内部心理外显的过程，同时也是外部客观信息内化的过程。学生心理品质的发展是主体借助一定的教育引导在活动中自主定向、自主选择、自我完善、自我建构的结果。因此，通过活动来实施心理健康教育最为真实、最为自然。学校心理健康教育课程要求教师设计自主性活动，让学生在自主活动中实现自我教育。

（五）以过程为重心

学校心理健康教育课程具有过程性特点，它要求课程设计遵循生态化的过程视角，即以一种互动的、成长的、延展的生命观来建构课程内容，使课程获得生命关怀的整体意识，激发学生的生存意志和生命智慧。生命活动、生活事件是个体心理品质发展的平台，心理品质的发展存在于个体生命活动的过程中，存在于个体生活的具体场景中。心理健康教育课程不能依据理论逻辑而应依据生活逻辑来建构，要让学生经历个人的经验积累过程，并基于自我的生活经验来建构心理品质。在这个过程中，个体的主体自我（当下的我）与客体自我（过去的经验）互动，主体进行自我觉察、反思过去的经验并对之加以调整和提升。

（六）以合作为主线

在心理健康教育课程中，师生是民主平等的协作关系，教师是"平等者中的首席"。教师与学生的"对话"，是彼此尊重、沟通、理解的基础，内含相互的信息传递、思想启发、观点更迭、情感激发和智慧提升等内容。教师要尊重、理解、信任学生，以平等、宽容、发展的眼光看待学生，重视个体发展的独特性；要给学生充分表达的自由，让学生倾听"异己"的声音，从外在于学生的情境转变为与学生情境共存。而学生也不是被动地接受教师传授的知识和现成的理论，而是与教师共同探讨成长中遇到的各种心理困惑。

二、心理健康教育新课程的教学方法

心理健康教育课的教学方法，不同于一般的教学原则和教学规律，它更具有可操作性以及实用性，它主要解决了教师如何教的问题，对教师搞好教学工作有十分重要的指导作用。目前，心理健康教育课程的教学个别化倾向十分明显，每位教师对同一课题的教学方法差异很大，这就可能造成教学内容的传授有多有少，甚至有偏差。作为一名教师，如果思考得不够深入，研究得不够具体，往往给学生留下了一种印象：心理健康教育课程的教学不太讲究方法。其实，心理健康教育课程的教学规范性决定了它必须强调教学方法。只有教学方法的不断建立与完善，才能使心理健康教育课程的教学科学化，才能改变心理健康教育课程的教学瓶颈，保证心理健康教育课程的主体地位。

（一）教学准备方法

心理健康教育课程不同于一般的文化课，教学主要体现的是学生心理活动的轨迹。因此，教师应创造一种融洽、和谐的氛围，让学生积极参与教学活动，真诚沟通，说出自己的心里话。教师的教学准备内容主要包括：确定教学目标，选择教学内容，设计教学活动，收集相关资料（如案例等）支撑教学，指导学生做好必要准备（如小品表演、歌曲舞蹈、道具奖品等）。教师在教学之前的周密设计和充分准备是取得教学成功的根本保证，也是教师良好教学态度的真实体现。

精选教学内容是一个相当重要的工作。在构建和选择学校心理健康教育的内容时，我们不但要遵循教学内容选择的六条一般标准，即科学性、基础性、发展性、可接受性、时代性和多功能性。同时，还必须以适应和发展两个基本目标为主线和以本节课所要达到的具体的心理和行为目标为准绳，进行综合安排。所谓"综合安排"，主要考虑三个方面：一是根据个体心理发展的阶段性和连续性，结合总体和局部建构心理健康的内容体系；二是以生理、心理、社会性发展的水平、特点为出发点，针对学生学习、生活、交往和成长中普遍存在或可能出现的心理问题，进行各有侧重的教育，安排教学内容；三是照顾个别学生的特殊情况并结合课题研究，有针对性地安排教学内容。

（二）课堂教学方法

我们所熟悉的课堂教学方法一般都是以教师控制任务为中心的教学方法，如讲课方法、示范方法、问答方法和讨论方法。这类方法教师采取权威式或家长式的姿态，而学生具有较低的自由度。在心理健康教育课程中，除上述方法外，我们还提倡采用以项目为中心的个别或合作教学方法，如角色扮演方法、游戏方法、测验方法等灵活的学习方法。教师采取参与者或旁观者的姿态，而学生具有较高的自由度。然而，把"控制权"交给学生并不表示教师职责的放弃，也不表示教师不再需要仔细地安排教学活动。教师仍然要时时刻刻为学生的实践及心理安全负责。除了课堂讲授方法之外，用得较多的有以下几种。

1. 案例分析法

案例分析法是一种理论联系实际的教学方法，案例是案例分析法的核心，是学生分析讨论的依据，是理论与实践联系的纽带。案例，在心理健康教育里常常称为个案，它是指对现实生活中某种现象、事件或情境的真实记录和客观描述。作为案例，首先，应该是真实的，来源于学生的生活实际，是学生可能真切经历过或观察得到的，是一种真实情景的再现；其次，它应该具有典型性，能代表生活中的一类问题或事件，是学生在生活中可能会产生的问题，可能会做出的行为表现；最后，案例还应该具有启发性，能够引导学生深入思考，启迪他们思路，进而深化理解教学内容。案例分析法，就是在教师的指导下，根据教学目标的要求，精心选择若干个案例作为学生学习的基本内容，组织学生认真研读、深入分析、讨论交流、碰撞观点，从中找出需要解决的心理问题，分析心理问题产生的原因，找出解决问题的办法，最后归纳提炼，再延伸到实际生活中的一种教学方法。案例分析法以案论理，以理解惑，教师在教学中扮演着设计者和激励者的角色，有利于激发学生的学习兴趣，调动学生的学习积极性。学生通过对案例的分析、讨论和交流，领会掌握有关心理健康的基本知识，灵活运用相关的知识和技能，有利于提高学生运用心理健康的理论知识解决实际问题的能力。教学实践证明，案例分析法既保留了传统教学经验的精华，又赋予其生动直观、理论联系实际的特点，它是一种开放式、互动式的新型教学方式。

2. 心理测验法

心理测验法是指在课程中选择合适、科学心理测验量表，组织测量学生的心理健康状况，以诊断学生的心理发展水平。可以从以下两个方面开展心理测试：一方面量表的选择要有科学性；另一方面量表题量不宜过大，以免学生因做题疲劳而影响测试效果。在众多各类的测量中，心理健康量表、适应量表和生活事件量表是必需的，心理健康量表可以了解学生在新入学的一段时间内的心理健康状况，心理适应量表可以了解学生对大学生活各方面的适应情况，生活事件量表可了解对学生影响较大的生活事件，为查找学生心理健康及适应方面的问题根源提供依据，同时为预防学生心理问题的发生提供参考。这些量表的测试结果都可以为教师开展心理健康教育课程设计提供重要资料，我们的课程要有针对性，教学内容要从学生中来，而不是从书本、从教师中来，回归学生、贴近学生、适合学生的教学内容才能引起学生的共鸣，教学过程和结果也才能有效。

3. 心理电影赏析

心理电影赏析，就是从心理学的角度走进片中人物的内心世界，感受角色的心灵言语，通过对电影中人物的心理活动与行为表现进行剖析，揭示其心理内涵和深层次的生活启示，从而推动参与者对人类自身的再认识，学会在别人的故事里解读自己的生命体验，在深层次自我探索的基础上完善自我，促进个体的健康发展。而欣赏电影，剖析电影中的角色，这种寓教于乐的方式，比传统的课堂讲授，更能增加学生的兴趣和热情，使学生在分析过程中获得感悟和提升，并延伸至日常生活中，达到知、情、意合一。心理电影中的主人翁就像一个个现实的案例，他们的挣扎、彷徨和困扰，他们的奋起，抉择和成长，就像发生在我们身边或我们自身的故事一样，引起我们情感的共鸣，促进我们对自己的思考。在他人生命故事的延伸中，观众反观自我，更能看清楚自己，更深入地进行自我探索。观后分享感悟，在无形中拉近了师生间彼此的距离，促进了沟通和交流。

4. 心理健康教育主题活动设计

特别要注意的活动内容与教学目标的一致性，不要为活动而活动，活动只是一种媒介，活动之后的讨论和分享才是重点，才可以把感性的认识上升到理性的高度。可以开展建立信任的主题活动。分享的喜悦是加倍的，分担的痛苦是减半的。进入团体内的成员在初步相识后，需要进一步互相接触、互相了解，以逐渐建立信任的关系，互相接纳，减少防卫心理。通过这样的活动可以增加成员之间的理解，发展团体动力。可以开展自我探索的主题活动。让学生在适度的自我开放中，通过自我检查、自我觉悟、自我实践促进自我成长，鼓励学生做深入的自我探索，而不是依靠教育者说教或社会规范的灌输，这是课程设计与实施是否体现心理辅导实质的关键所在，比如"别人眼中的我"活动。可以开展价值澄清的主题活动。价值澄清的目的不是灌输给学生一套事先安排的、严谨的价值观，而是通过心理帮助指导学生掌握一种过程，这种过程可以用来反省自己的生活，对自己的行为负起责任，从而澄清自己的价值观，使学生减少价值认识的混乱，比如"生存选择"活动。还可以设计脑力激荡的主题活动。脑力激荡活动允许学生对一个问题能自由地考虑可采用的方法，它可以帮助学生产生很多的概念，它的目的是在一种兴奋、有趣、安全及接纳的气氛下，鼓励学生真诚地发表意见，不管有无价值，甚至类似开玩笑或引人注意的意见，都要接纳它，比如"比谁想得多"活动，"铅笔的用途"活动。

总之，教师需要选择适合教学内容的，而且是他认为对学生最有效的教学方法。最重要的是要不断调整教学方法以保持学生的学习兴趣。其规律是，与以教师控制任务为中心的使学生变得不够积极的教学方法相比，以项目为中心的个别或合作教学策略，可以使学生的参与性与积极性达到更高的水平。但重要的是应记住教学方法是没有对错之分的。

第八章　基于生命化教育下的大学生心理健康教育

第一节　生命化教育视阈下大学生心理健康教育体系构建

一、生命化教育的含义

(一)　生命化教育

生命化教育是一种教育理念，是在生命的视野中，对教育本质的一种重新理解和界定。这种教育理念把对学生的理解、关爱、信任、成全在具体的教育过程中体现出来，要求教育要着眼于学生生命的长远发展。它以生命为基点，使教育尊重生命的需要，完善生命的发展，提升生命的意义。生命化教育把生命的本质、特征和需要体现在教育过程之中，它不是某种以生命为内容的教育，也不是某种教育模式，而是一种新的教育理念。生命化教育，就是在起点上，直面人的生命；在过程中，通过人的生命，遵循生命的本性；在结果上，润泽灵魂，追寻生命的意义和价值，提高生命的质量。

生命化教育具体表述，就是在教育过程中充分体现对学生的关爱、理解、信任、成全，促进学生健全发展。目前，还没有人给生命化教育一个既定的研究范围或领域，生命化教育秉承着最初的信念，在尽可能开阔的领域当中不断探索。生命化教育的核心理念包括：生命在场，即真实的生命实践是言行一致的，内在意识体现在外显行为中；范本教育，所谓范本教育就是内心的生命状态通过行为来对象化。教师是一种范本，而孩子最初的范本就是父母，范本教育即生命化教育。生命化教育是一种对生命的成全教育、是随顺人的生命自然的教育、是坚信每个人心中都有善的教育、是个性化的教育、是人的心灵觉悟的教育，也是一种范本教育。

可见，生命化教育更多的是关注于教育理念层面，而生命教育更多的是关注于教育内容层面。两者既有区别，又有联系。生命化教育需要生命教育，但不能简单等同于生命教育，其意义比较宽泛，它是在生命的视野中，对教育本质的一种重新理解和界定。

一言以蔽之，生命教育关注生命的意义和价值；生命化教育重点在于"化"的过程，把对生命的关注和成全融入具体教育之中，所以生命化教育的确切表述，是生命化的教育，是将生命化于教育之中。

（二）生命化教育的要义

教育是直面人的生命，通过人的生命，为了人的生命质量的提高而进行的社会活动。这种从生命的视野来重新界定和理解的教育，可以理解为我们所追求的生命化教育。

直面生命，就是把生命作为教育的基点。由于人的自然生命具有未特定性，这就为教育提出了要求和可能；而人的超自然的精神生命对教育有明确的需要。无论是自然生命，还是超自然的生命，其发展都离不开教育。所以，教育如果漠视生命、偏离生命，就背离了它的本义，或者说是反教育的。

在生命中，要依据生命的特性，要尊重生命发展的内在逻辑和规律，创造适合生命发展需要的教育。要哺育完整的生命，舍弃或偏废任何一方，都会造成生命的缺失。要凸显生命的灵动，充分尊重学生，把发展的主动权还给学生，遵循他们身心发展的内在本性。要激发生命的动力，唤起生命的超越意识，鼓励学生不断超越自我。要张扬生命的个性，尊重生命的独特性，使教育适合每个学生的独特性，成为一种个性化的教育。

为了生命，就是说教育要追求和享受美好生活和幸福人生，要让人明白人生的意义，追求美好生活和幸福人生。首先是要活着，要让学生珍惜、尊重、欣赏生命。其次是要开启生命的智慧，生命是需要智慧的，多元智能理论大大拓展了智慧的内涵。最后是要提升人生的境界，实现生命的价值。目前生命化教育还处于草根式的教育实践阶段，它没有绝对的权威和理论。经过多年的理论探讨和学校实践，生命化教育的内涵已经逐渐清晰，在实践的基础上，本书从生命的视野角度归纳出以下生命化教育的基本特征：

1. 生命的成全

教育应该追求生命的成全，应该为生命的健全服务。由于每一个生命都是独一无二的，无法替代的，所以我们必须珍惜和尊重每一个生命。由于每一个生命都有发展的无限可能，教师应该以欣赏的态度看待每一个学生，都应该坚信他们会有一个好的未来。每一个生命都应该活得更有价值，更有尊严。教育的责任就是激发学生对生命价值的追求，激发他们过更有尊严的生活的愿望。

2. 个性化的教育

教育要做到生命在场。学生的生命在场，独特性和差异性就必然存在。教育要对学生的差异性予以承认与尊重。每一个生命都是不可替代的，都是独一无二的。学校教育不能用一把尺子去培养和评价学生。教师的生命在场，就是要求学校尊重与承认每位教师工作的创造性和独特性。不同的学生、不同的教师，学法教法肯定不一样。所以，世界上没有放之四海而皆准的教育方法，只有个性化的教育才是有效的教育。

3. 慢的艺术

教育是慢的艺术，教育不是急功近利的事情。慢，本身就是生命的生长特征。教育的慢，指的是尊重教育内在规律，尊重它自然生长的形态的慢。相比之下，拔苗助长的教育比较快，但是它违背了教育规律，结果往往会适得其反。所以教育不能急于求成，要有足够的耐心去期待和守望。教师要用发展的眼光看待学生，即使进步很慢很慢，也要相信学生一定会越来越好。正如学者张文质认为，教育需要的是持久的关注，耐心的等待，需要的是潜滋暗长和潜移默化，立竿见影往往是有害的，甚至是反教育的。

4. 顺应生命自然的教育

所谓顺应生命自然，就是珍惜生命中潜在的可能性，发掘人独特的禀赋，去培植它，成全它，但对生命中不存在的能力也不要抱奢望。教育要顺应生命自然，教师就要顺应人，要主动发现和成全学生的生命。顺应人的教育，不等同于放任人的教育，它有个引领的任务。被动地让学生任其发展是放任人的教育，而主动发现学生的善并加以引领的教育才是顺应人的教育。自然的生命不可能是完美的，生命化教育不盲目追求完美，不追求学生所有学科平均发展，应该做到扬长避短，因材施教。

5. 生命本位的教育

生命是教育的原点。教育因生命而发生，是生命发展的需要，它的使命是促进人的生命发展。所以教育最终应该关注的是人，学习的目的不在于知识本身，而在于通过学习知识来丰富生命的内涵，来提高生命的质量。教师应该将促进学生的生命发展作为教育教学工作的出发点，使生命化教育在根本上从传统的知识本位转变为人的生命本位。

二、大学生生命化教育目标

(一) 生命化教育目标

大学生命化教育的目标是由基础目标、次级目标和最终目标三个由浅入深、相辅相成的目标组成的，它们共同建构起大学生命化教育的目标。

大学生命化教育的基础目标是预防大学生伤害生命，维护大学生生命安全，掌握基本的生存技能。生命的存在是大学生进行一切生命活动的前提和基础，当代大学生身心发展特点与所处的特殊社会环境使得部分大学生在遇到一些挫折和失败时，不能有效地调节自己的情绪，以至于放弃自己的生命。维护大学生生命安全还应重视大学生生存技能的学习，做到能在恶劣的自然环境中生存，能在突发的自然灾害下自救、求助与他救等。

次级目标是帮助大学生发展生涯。通过生命化教育激发大学生探索生涯的热情，协助大学生客观全面地进行自我评价，认清自己的优劣势，结合客观因素（家庭背景、社会环境等），从自己的"自我""志向""休闲""人际"等层面，设定努力的方向，制订人生规划，建构生命的发展图景。在这个过程中，大学生正确对待和处理生命成长中遇到的困扰，体验大学生活带来的变化，感悟人生的艰辛与美好，认真对待生活。

最终目标是提升大学生生命价值。大学生命化教育的宗旨是启发、引导大学生自觉、积极、主动地追求和实现自己的生命价值。生命价值包含人的自我价值和社会价值两个方面。生命的自我价值，是个体的生命活动对自己的生存和发展所具有的价值。生命的社会价值，是个体的生命活动对社会、他人所具有的价值。因此，大学生生命价值的提升不仅仅与自我生命价值的实现有关，更需要与社会、国家的发展相联系。

（二）大学生生命化教育目标确立

1. 正确认识生命本质

正确认识生命的本质是确立生命化教育目标的第一步。作为社会中的个体，只有对生命的过程有科学的理解，知道自己过去来自哪里，将来将去哪里，才能够学会合理地认识和反思生命的内涵，才能学会正确认识自己，接受自己，将自己和社会完美地统一，才可能让自己真正的成熟，真正的成长。否则缺乏对生命本质的理解，对自己没有客观、充分的认识，这对自身未来的发展是很不利的。引导大学生正确地认知生命，这是开展生命化教育的前提。大学生不仅要思考"生从何来""死归何处"，还得回答"应做何事"，这是认知生命化教育的基点。大学生只有在正确认识生命的基础上，才会爱惜并保护自己和他人的生命，只有认识了生命的本质，才会追求生命的意义和价值。人的生命可以分为自然生命和精神生命。那么，这里所指的生命本质，是指"有生命的个人的存在"，也就是医学角度所说的"活着的状态"。生命之美，首先在于人类这种"活着的状态"的可贵与奇特。从生命的起源上来讲，人类经历了极为漫长的进化过程。而且，尽管人类做了许许多多的星际探索，但迄今为止尚未发现浩瀚宇宙中还有其他高级生命的存在，就因为这一点，人类的生命就显得异常可贵。没有生命的世界是残缺的世界。生命是一切智慧、力量和美好情感的唯一载体。自然万物都是生命本体的创化产物，是"生命精神的物质化"。

自然万物都是"精神"的客观化、具体化，而"精神"本身又是"不可思议"的。因此，自然万物就成为生命精神的象征，自然万物即生命精神的艺术品。人类创造出的所有社会价值都是以生命存在为基础的，没有了生命，一切都是空谈。大学生命化教育应该首先强调大学生拥有"活着的状态"的重要性。

2. 自觉保护生命存在

每个人的生命都只有一次，生命的不可重复性和有限性决定了它的珍贵。对于生命这种有别于其他物品的特殊的珍贵的事物，更应该用珍惜和保护之心来对待。对于大学的生命化教育来说，要在正确认识生命本质的基础上，引导大学生树立自觉保护生命存在的意识。每个生活在社会中的人的地位都是平等的。自己的生命是珍贵的，同样地，他人的生命也是珍贵的。俗话说，己所不欲，勿施于人。大学生命化教育首先应该对大学生爱惜和保护自己生命的意识和行为给予充分肯定，但要强调是在不伤害其他生命存在的前提下。此外，引导大学生树立自觉保护生命存在的意识。每个人的生命都不是只属于自己的私有财产，而是与家庭、社会紧密相连的。大学生爱惜和保护自己的生命是对自己和自己的家庭负责任。那么，自觉保护其他生命则体现出了高度的社会责任感。生死之外无大事，命大于天。大学生命化教育的目标应该更加明确：自觉珍惜爱护自己的生命，在他人生命发生危急时积极伸出援手，并且绝对不伤害其他生命或剥夺其生命权利。

3. 塑造完善生命个性

教育的目标是促进人的全面发展，生命化教育更是应该关注生命的全方位发展。每个生命都是唯一的，都是有自己独特个性的，因此，生命化教育要以帮助大学生塑造和完善其独特的生命个性为目标。世界上没有完全相同的两片叶子，也没有完全相同的两个生命个体。世界因为有了不同的生命个体而美丽，而生命也会因为不同的个性而独特。当代大学生生活在市场经济的大潮中，个性张扬的他们喜欢标新立异，因此追求独特的自我个性是他们的理性需要。教育的目标应当根据受教育者的需求而发展变化。生命化教育关注生命的发展，更应该关注学生的可持续性发展。首先，现今的大学生命化教育应该考虑大学生的心理需要，积极引导他们塑造并逐步完善生命个性。其次，在鼓励他们坚持自己的个性的同时，也要开展适当的挫折教育，使大学生正视自己性格中的缺点与不足。生命个性的发展应当适应社会快速发展的需要。因此，适当的挫折教育反而会促进大学生个性的完善，为其将来的发展奠定基础。最后，要注重学生的全面可持续发展，在提升智力素质的同时，也要促进道德、情感和责任等方面素质的发展。

4. 全面超越生命

除了变化本身，这个世界的一切都是变化的。这是一种个体在正确认识生命并完善生命个性的过程中，不断超越自我的境界。生命的超越是在对真善美的追求过程中实现的。并不是所有个体都能完成自我超越的进化。从大学生进入大学校园开始，他们已经有能力对自己的人生意义进行思考了。因为独特的生命个性，当今的大学生极其渴望在奋斗和拼搏的过程中能够超越生命的功利需求并实现人生价值。所谓功利需求，就是人们观念里根深蒂固地认为金钱、地位和名誉在自我超越过程中所占的重要地位。其实超越生命并不神秘，当个体以反省和不足来取代对现实的信奉时，那么个体已经开始了超越的历程。大学生命化教育要引导大学生实现这个超越自我的目标，让他们体验生命幸福感的同时感受有意义的人生。

三、生命化教育视阈下大学生心理健康教育体系构建重点

（一）建立大学生心理健康教育的业务工作体系

1. 大学生心理健康教育课程体系的设置

大学生的心理健康教育课程应该形成一种体系，即从开设必修课、选修课和开展专门的讲座入手，从培养学生的学习兴趣、培养成功意识和坚强的意志等方面，从加强心理健康教师队伍的建设等方面来构建大学生心理健康教育课程体系。

第一，开设心理健康教育必修课程。大学开展大学生心理健康教育，可以从开设专门的心理健康教育课程入手。大学应在思想政治理论课中开设心理健康教育课程，并有针对性地开设相关选修课程，加强心理健康教育，提高大学生心理素质。课堂心理健康教学必须结合实际，不断丰富教学内容，改进教学方法，多通过案例教学、体验活动、行为训练等形式提高教育效果。如针对刚刚入学的大一新生，开设必修的大学生心理健康课，做好大学生入学的心理健康调适工作，防范大学生可能出现的心理问题，使其尽快转变心态，找好自身的角色定位，积极投入新的学习生活中，为大学生的健康成长打下基础。

第二，开设心理健康教育选修课程。大学除了开设心理健康教育的必修课之外，还可以考虑开设心理健康教育的选修课，其目的在于调节大学生在人际交往中、在婚姻恋爱过程中以及在学习过程中存在的心理问题。针对大学生常见的心理健康问题，可以相应地开设人际交往心理学选修课、婚姻恋爱心理学选修课以及学习心理学选修课等。

第三，根据大学生心理发展开设专题讲座。大学生的年级不同，会出现不同的心理健康问题，如大一学生主要存在适应大学学习生活方面的心理健康问题，可以开设"大学新生入学适应"讲座等活动，通过让学生在同龄人群体中积极沟通交流现阶段的困惑，及时调整自己心态；大二、大三的学生主要存在人际交往和恋爱方面的心理健康问题，大四的

学生主要存在择业就业方面的心理健康问题等。对于这些问题，大学可以适当开展心理健康专题讲座，有的放矢地进行教育；大学生也可以根据自身的困惑来选择学习相应的知识，解决自身的问题，健康地成长。除此之外，对于大学生易存在的情绪管理问题、大学生自我意识淡薄、大学生生命教育以及大学生挫折教育缺失等问题，也应当在各个年级开展心理健康教育。

第四，开设团体小组训练课程。团体小组可以 6~8 人（寝室）为单位，针对团体成员共同感兴趣的主题，互相讨论分享，彼此支持、帮助，进而对此主题有更深入的认识，并学习更好的技巧，从而更好地应用于日常生活。每学期定期开设各种形式的团体活动课程，如体验成长团体、学生干部拓展能力团体、沟通技巧训练团体、情绪表达训练团体、挫折训练团体等。

第五，充分利用校园各种教育资源开展心理健康教育。建立心理健康教育网页，开展网上心理宣传、辅导、咨询等活动，形成良好的心理互动模式。在校报上开设心理辅导专栏，由专家定期解答学生疑问。利用校园广播、橱窗等宣传手段，宣传普及心理健康知识，加强对学生的心理健康教育。

总之，心理健康教育的课程体系是根据学生生理、心理的发展特点以及心理健康发展的目标体系，综合运用有关心理教育的方法和手段，以提高大学生心理素质为出发点，进行系统教学的。其中要注意普及必要的心理健康知识，使学生了解心理发展变化的规律；激发他们参与心理培训与自我教育的积极性；帮助他们认识自我身心的特点，掌握心理调适以及消除心理障碍的有效方法；处理好自我管理、学习成才、人际交往、人格发展和情绪调节等方面的困惑；完善个性，提高承受挫折和适应环境的能力；并针对不同阶段大学生易于存在的心理问题进行预防教育，引导他们健康成长。

2. 完善大学生心理健康教育的咨询服务体系

大学生心理健康教育咨询服务体系的核心是咨询门诊，其主要的作用是帮助有心理障碍的学生恢复正常心理状态，初步鉴别需要转介的重症心理异常者。

大学生心理咨询工作在我国虽然已经开始，但仍然有可以改进和加强之处。当前大学心理咨询的主要问题：一是被动等待大学生前来进行咨询，而非主动出击；二是心理咨询工作有头无尾，没有贯彻始终。针对目前大学心理咨询工作所存在的问题，可以从以下几个方面来加强心理咨询工作：

（1）将心理咨询工作贯穿大学生活的始终

第一，开展心理测试，建立学生心理档案。心理测量是一种对人的心理、行为进行标准化测定的技术。通过心理测量，为了解、把握学生的心理状况，有效地进行教育，提供较为科学的信息和依据。但在具体工作时应注意心理测量的结论在使用上要十分慎重，一般只能作为参考。其主要方法是通过各种问卷和量表进行，如智能测量、人格测量、临床测验等。通过测量建立学生心理档案并制成卡片，进行分级分类管理，为学校心理咨询工作连续、稳定地开展提供基础保证。

第二，跟踪调查，做好工作。根据学生心理档案中所提出的教育培养建议，积极地进行跟踪调查，以发现问题较多的学生和问题较严重的学生，有针对性地做好个别辅导工作。每一份学生心理档案，都提供了学生的能力、人格、心理健康、学习心理及职业能力特点等方面的较为具体的教育建议或培养策略，我们可以根据这些建议对该生进行个别辅导。由于个别辅导工作量大，所费时间长，因此在进行个别辅导时，主要是针对那些问题较多或较严重的学生进行。如果条件允许的话，也可以对每个学生进行个别辅导。在进行个别辅导时，可以针对学生的某一方面问题，也可以多方面或全方位地进行辅导，这要视学生的实际情况而定。

第三，关注心理发展，发现问题及时解决。学生心理发展是一个动态发展的过程，它反映了学生心理的成长轨迹。关注学生心理档案，不仅可以考察我们教育措施的效应，而且便于及时进行心理咨询，防止意外事件的发生。因此心理咨询工作者要注意与辅导员、班级干部经常保持联系，及时发现问题，解决问题。

建立学生心理档案进行心理咨询的目的是促进学生心理发展和人格健全，维护学生心理健康，提高学生心理素质，保障学校教育教学效果。在进行大学生心理咨询时要结合学校、年级、班级和学生本人的特点来进行，要有整体观念，把大学生心理咨询看作一个相互联系的系统，因为心理咨询的各方面内容是相互联系、相互影响、相互促进的

（2）通过多种形式开展心理咨询

第一，鼓励朋辈咨询。朋辈咨询指年龄相当者对周围需要心理帮助的同学和朋友予以心理开导、安慰和支持，提供一种类似于心理咨询的帮助。有研究表明，大学生遇到心理困惑，在自我调节的基础上，首先求助的对象是身边的同学和朋友，而不是心理咨询工作人员。朋辈咨询比咨询工作人员坐等学生的求询更便捷有效，可及时缓解心理压力，是大学生心理咨询的重要补充方式。其具体做法是可以在大学生中挑选少数各方面表现优秀、心理素质好的学生进行培训，帮助其掌握心理咨询的道德素质和咨询技巧，以协助心理咨询工作的开展。

第二，推广网上咨询。目前大学都有畅通便捷的校园网络，网上咨询指利用计算机网络对大学生开展心理咨询活动。大学生心理发展具有明显的闭锁性，当出现心理困惑时，一方面没有勇气去咨询室寻求面对面的帮助，另一方面又渴望与人沟通和被人理解。因

此，以平等交互、虚拟隐藏性为基本特征的网上咨询就特别适合有求助必要又不愿走进咨询室的学生。这种方式可以拓宽心理咨询途径，在时空上满足学生的不同需求。

第三，书信电话咨询。当一些学生遇到面对面难以启齿的问题时，为了减轻学生内心的紧张和压力，书信和电话咨询不失为一种好的方式。这种方式虽然给咨询者带来许多麻烦，但比较受学生欢迎。

第四，团体与个别咨询结合。个别咨询指咨询工作人员与来访者一对一的直接接触，对来访者的个性特点及问题类型，有针对性地提供指导和帮助。目前，个别心理咨询的方式已满足不了大学生的心理需要，针对大学生的共性问题开展团体咨询便成为大学心理咨询的重要方式之一。

3. 充实大学生心理健康教育的实践活动体系

心理健康教育应深入生活和实践，让个体更多地在真实情景中去操作、去体验，只有这样才能让学生在参与中、在实践中真正受到心理健康教育。

其中，最主要和最直接的实现方式就是在心理健康教育中突出以活动为主的特点，寓心理健康教育于活动之中，使学生自我生存、自我调控、自我激励、自我发展和自我认知的能力不断得到提高，并学会自我心理调适的方法，消除负性情绪的心理困惑，适应复杂的社会生活的变化。校园文化中的心理健康教育活动，可以有效弥补课堂教学的不足，是心理健康教育的重要途径之一。而完整的心理健康活动体系的建立，则在心理健康教育的监护层面上，为提高学生的心理素质提供了保障。

（1）大学生心理健康教育校内实践活动的开展

心理健康教育活动体系是校园文化体系的重要组成部分，业余心理咨询机构如心理协会、爱心小组、俱乐部、心灵热线、声讯电台等是协助专业机构开展心理健康活动的主力军；系统化的活动内容和多样化的活动方式则是吸引广大学生参与的重要保证。因此，有目标、有计划的心理健康教育活动体系的构建有助于全方位营造有利于学生心理素质发展的校园文化氛围。

大学生心理活动的丰富性和心理特点的多样性，决定了大学心理健康教育不能采取单纯知识传授的模式，而应当以多种活动方式为载体，采取多元化的教育活动措施。如组织心理健康协会活动，举办心理漫画展、心理征文比赛、心理剧表演，与学生实际相结合举办各种讨论性讲座，组织学生参与心理热线电话和网上论坛，宣传优秀且经济困难的大学生逆境成才的事迹等。这里列举了以下具体活动以供参考。

团体行为训练。团体行为训练具有如下几方面的特点：第一，由教师进行有目的、有计划的组织，并面向心理正常和健康的学生。由于团体行为训练有别于针对深层次心理障碍的咨询与治疗，因而易于取得以点带面的效果。第二，既可针对具有相同心理发展需要的学生群体进行，也可针对改善班级、宿舍等管理型组织的人际关系进行。我们在调查和咨询中发现，正是这种小群体内密切的人际互动关系对学生的心理有着重要的影响。第三，大学生已具备较高的心理认知水平，团体训练有助于他们通过这种模拟实践来深化理性认识。如结合思想品德课程学习澄清个人价值观念、结合对人际关系的理解增强集体合作意识、结合自己的长远目标合理调整阶段性预期目标等。团体行为训练主要依托于大学生心理健康中心团体行为训练室和大学生心理健康协会。

心理剧会演及剧本大赛、征文比赛、心理漫画比赛。举行心理健康征文比赛、心理漫画展以及心理剧会演等学生喜闻乐见的活动，让学生写"心事"，共同分享自己对心理健康的理解和看法。

心理影片观摩。通过播放心理影片，能有效引起学生的兴趣。影片开始前，有观看引导；放映结束后，有相关心理学影评；或者让学生互相讨论、交流各自感悟，分享所得，在活动中共同获得心理方面的成长。要注意的是，影片的播放要有计划，并且涵盖内容广泛、全面。

学生心理互帮咨询热线。这是由学生自行发起的心理互帮互助小组。一个完整的学生心理健康监护系统还应该包括学生的自助机制，准确地说是指学生的互助机制。心理辅导的最高目标是助人自助。学生自助机制也可以看作达到学生自我帮助目标的一个中间层次。在学生中建立起纳入学校心理健康监护系统的学生自助机制，对学生心理健康的维护作用是非常巨大的：学生最了解学生，学生自助有时还可能产生特殊而有益的效果。

建立心理健康图书角、举办心理沙龙、开展心理读书会、开展心理小测验服务日活动、发行心理小报、建设心理网站等，既是宣传方式，又是有利于学生随时参与的平台。这些方式有利于营造良好的心理健康教育氛围。

（2）大学生心理健康教育校外实践活动的开展

学校要为大学生提供社会实践的机会和条件，如到社区、医院参观实践，通过广泛的社会实践活动，让大学生首先形成对自我发展（生理的和心理的）及其规律的正确认识，在实践中正确确立和评价自我在社会生活中的客观位置，形成合理的心理支点。第一，正确认识和尊重他人在社会生活中存在的价值，在充分发挥自己个性能力的同时，学会与他人融洽相处、培养协作精神。第二，尽可能地缩短他们实现自我向社会过渡的时间，在生活实践中与他人、与社会建立起良好的关系，形成自身心理健康发展的良好的环境基础。第三，使大学生在实践中树立崇高的理想和正确的人生观、价值观，通过现象看本质，有意识地培养并强化自我心理调控能力，从而成为自我心理保护的一种有效手段。

4. 加强大学生心理健康教育的研究活动体系

大学生心理健康教育工作除了在日常的教育和管理中探索思路，总结经验，开拓创新外，还应对大学生心理健康状况和心理素质发展的规律进行系统的研究，要对日常教育与管理中的热点、难点问题进行深入的调查研究，分析当代大学生的心理特点，以界定不同年级、不同群体学生在心理健康教育、心理咨询和心理治疗方面的需要，从而使不同心理健康需要的学生获得不同程度的改善和发展的能力。另外，还应不断地参加心理健康教育方面的学术研讨和交流会议，在学习和交流中，通过"请进来、走出去"的方式，掌握大学生心理发展的规律，探索大学生心理教育工作的新途径、新方法，不断解决大学生心理素质培养中遇到的新问题，着力提高大学生心理健康教育工作队伍的整体水平，从而推进学生心理健康教育工作朝着科学化、规范化的方向迈进。

首先，注重多元研究，整合质与量的研究方法。现代科学研究的总趋势是提倡文理渗透、自然科学和人文科学的理论和方法的整合。唯有如此，才能拓宽研究的视野，不断发现新的学术增长点，促使研究深入进行。因此，我国对大学生心理健康的研究，需要借鉴医学、教育学、社会学、思想政治学、伦理学、家庭学、文化学等相关领域的研究成果，联合这些领域的研究者，促使他们共同参与和共同努力，应用质与量的多种方法进行研究，才有可能形成新的理论范式，克服单方面研究的弊端或不足，增强理论的说服力和实证研究的效度。

其次，立足于以问题为中心的研究，加强理论与实际的结合。我国的大学生心理健康教育必须立足以问题为中心的研究，着重应用和问题解决，突显实效性。要联系社会的发展变化、大学生的身心特点和他们心理健康的实际情况展开有针对性的研究。不仅要关注和研究大城市、重点大学的大学生的心理健康问题，还应该关注和研究边疆、民族地区、普通大学的大学生的心理健康问题；要进一步加强对本土化的大学生心理健康量表的编制工作，体现大学生心理健康量表的中国特色。研究者要积极开展行动研究，深入大学生的实际生活，聆听他们的心灵呼声，了解他们的心理健康状况，采取切实可行的预防和干预方法解决他们的心理健康问题。

最后，加强普及推广工作。对研究的新成果、新经验采取适当的形式，如辅导员培训、交流会等，来指导大学生心理健康教育工作。

（二）建立大学心理危机预防与干预体系

大学生心理危机的预防与干预是学校心理健康教育工作中一个重要而迫切的课题。在学校心理健康教育体系中，应形成预防和干预学生心理危机的机制，建立心理危机干预的工作制度，使危机干预工作具有科学性和操作性，做到危机前主动预防、危机中及时干预和危机后跟进辅导，实现从上到下、由下至上的相互配合与协调，形成有效的干预程序，从而把学生管理、心理健康和公共卫生几个层面有机统一，形成管理、医学和心理相结合的危机干预模式。

每个学生在发展过程中都会遇到各种各样的危机事件，虽然危机会给人的心灵造成创伤，导致紊乱和不平衡，但同时也蕴藏着成长的机会，因为绝大多数人在危机的痛苦中会寻求帮助，所以危机对人的影响是危险和机会并存的，因此危机预防和干预有特别的意义和价值，解决危机会促进学生的成长和成熟。

第一，危机前的积极预防——教育和宣传。在建立学校危机反应机制时首先要强调教育和宣传的预防作用，开展多种形式的宣传和教育。根据学生的年龄和心理发展，在学校开设心理教育课程和讲座，提升学生自我了解和认识的能力，帮助学生发展沟通能力（尤其是和成人的沟通），学习积极解决冲突和压力的各种方法，知道应急情况的处理和求助的技巧。预防危机不仅会提高学生的心理健康水平和应对能力，而且也会提升他们帮助别人的能力，增加解决危机的资源，提高学生发现问题和解决问题的能力。

要对教师尤其是对管理人员、班主任和医务人员进行危机预防的培训，使他们在处理学生异常行为和心理问题时更有针对性，而不只是把学生的行为看成思想问题或道德问题。在和学生的沟通中多一些倾听、尊重和了解，而不是过多的说教、劝解和批评。危机预防的教育和宣传可以采用网站、报纸、广播、期刊、展板、手册、图片等多种形式，使广大的教师和学生都能识别潜在的危险，形成预防和干预危机的意识，并提高干预能力。所以，通过宣传和教育可以使学校里的每个人都成为危机预防的资源，都可以对周围的人进行有效的帮助，以把危机事件发生的概率降到最低。

第二，危机中的及时干预——短期治疗。一般来说，短期治疗的危机干预包括多方面内容：一是迅速检查和评估当事人的危机程度，采取适当的方法评估当事人的行为、情感和认知方面的情况，以判断当事人的危机严重状况，把对自己和他人的生理和心理危险降到最低，以确保当事人和其他人的安全。二是从当事人的角度帮助他探索和确定问题，在危机干预中不要批评当事人的行为或想法，也不要评价他的行为和处境，而是和当事人进行沟通和交流，以无条件的接纳、真诚和尊重的态度让当事人感受到支持和帮助，让他在有安全感的氛围中宣泄各种情绪，表达自己，从而使失衡的心理状态恢复平衡。三是帮助当事人选择解决问题的方法。处于危机状态中的当事人经常是思维不灵活或封闭了周围的资源，当当事人恢复到危机前的平衡状态后，要帮助当事人从不同角度和途径思考解决问题的方式，改变当事人应对压力的行为方式和思维模式，使当事人能够在危机中成长。需要注意的是，当事人应根据自己的能力和实际情况选择新的方法，而不是别人替他做选择。四是要得到当事人的承诺和保证。为了保障当事人所选择的新方法的有效性，要让当事人有所保证和承诺，否则应对问题的新方法会没有意义。

第三，危机后的跟进治疗——心理治疗和辅导。危机干预机制中一个很重要的步骤是后期干预，它包括了心理治疗和心理辅导。如果当事人的精神状况严重的话，需要接受精神病学的治疗。危机后的跟进治疗和咨询以精神科医生和心理咨询专家为主，帮助当事人恢复创伤前的认知、感情和行为的功能水平，减少以后长期的心理风险，使他们可以用一种健康适当的方法处理损失，结束危机对他们的影响。所以，在危机事件处理之后，要求当事人接受心理辅导是很重要的。

在跟进咨询中一个很重要的方面是对与当事人有关的人的帮助。他们参与或目睹了危机事件，这也会对他们的学习和生活产生极大的影响。但在实际工作中，我们往往忽视了他们的心理危机，使他们难以得到关注和帮助。所以，在危机后的跟进工作中对他们进行心理辅导也是很必要的。为了保证学生的健康成长，学校的行政人员和教师都需要接受危机干预的专业培训，以提高学校在应对危机方面的能力，做到防患于未然；同时还要和当地精神病医生、心理学家和其他专业人士合作，以建立有效的危机干预体系，即预防、干预和治疗辅导相结合，做到危机前的积极预防，危机中的及时干预和危机后的跟进治疗，形成管理、医学和心理相统一的模式。

所以，建立学校心理危机干预机制需要学校的管理人员、学校各级领导、班主任和任课教师、医务人员和心理专业人员的共同参与，还要善于利用校外资源，以更好地帮助危机中的学生，帮助他们健康成长。

（三）建立大学生心理健康教育生态环境体系

心理健康教育是一个系统工程，需要学校、家庭、社会共同来进行。因此，要建立校内外心理健康教育一体化网络，形成学校、家庭、社会相互联系的立体教育模式，全方位共同为学生提供心理健康教育服务。

建设具有暗示作用的校园环境。心理环境的源泉是客观现实，它是客观环境的产物，要有良好的心理环境。首先就得有适宜的客观环境。环境是一种直观的而又潜移默化的教育力量大学生的心理健康离不开良好的学校教育环境，离不开全体教师的力量。所以首先要注重校园硬件环境的建设和改造，如教学设施和设备、校园的布局、周边环境等，使人一进入校园就有一种舒适感，从而对学生产生一种吸引力，进而产生对学校的热爱。整洁优美的环境，使人心情舒畅，能提高学习和工作效率，同时有助于陶冶美的情操，更重要的是要本着校园环境的育人理念，让校园的每个角落都"充满教育的力量"。其次要改善学校的"软环境"，如学科设置、教学及学生的常规管理、教师的人格特点和教育方法等，营造一个乐观、积极向上、尊重、友善、互助、宽容、朝气蓬勃的心理健康教育环境。尤其是要树立良好的学校精神。学校精神是一种非实体性的精神文化，是在长期的教育管理与教育教学活动中逐渐积累下来的、被全体师生员工所认同的一种群体意识（由群体无意识演变而成）和学校气氛。学校精神是每个学校在自己特定的文化背景下所酿就出来的意识形态，具有学校的个性特色。它是校园文化的主导与核心，以潜移默化的方式长期发挥复制和创造的功能。学校精神一方面以制度规范形式体现出来，另一方面又以价值观念的形式体现出来，具有深刻"强制性"的感染力，体现了一种强制性与非强制性力量的结合。校风是学校精神的核心和表现形式，它代表了该校的特色，校风是一种感染力极强的心理环境，一旦形成具有较强的稳定性和延续性。如北京大学的学术民主之风，清华大学的严认真之风，哈佛大学的校训是"以柏拉图为友，以亚里士多德为友，更以真理为友"。良好的学校精神使置身其中的师生自然而然地产生一种荣誉感、自豪感和归属感，激励其内在动力，塑造健康的人格；营造一种积极向上、团结奋进、刻苦学习、朝气蓬勃的教育氛围，加强校园文化的导向作用、调适作用和凝聚作用。

重视家庭环境的作用。家庭是大学生极为重要的生活空间和文化环境，学生的心理与言行无不与家庭的氛围息息相关。其中家庭成员作为学生成长与发展中的重要他人，家长关于心理健康教育的认识和概念将直接影响学生心理健康教育和学校心理健康教育的开展。因此，心理健康教育的开展，要争取学生家长的支持和配合，通过成立家长委员会、创办家长学校（主要针对问题学生家长）和建立家校联系制度，改变家长那种认为只要学习好就是发展得好的旧观念，帮助家长建立现代的、科学的人才观，同时使家长掌握心理健康教育的基本知识，规范教子行为，在家庭生活、家庭教育中创建健康的家庭环境，使学生在民主、平等、和睦的家庭教育环境中培养健康的心理品质。

净化社会环境的影响。大学生作为即将步入社会的"准成人"，其心理的健康发展势必受到来自社会的各方面因素的制约。任何一所学校都离不开社会现实的影响和制约，学校周围的社会风气和社会文化背景对学校成员的心理面貌有着广泛而直接的影响。如果学校周围的社会道德风尚良好，与学校主导理念一致性较高，这样的心理环境就有利于学校人才的培养和学生的健康成长；反之，如果学校周围的社会道德风尚不佳，社会文化与学校对立的成分较多，这样的心理环境就给学校教育带来阻碍。人们对自己生活的社会环境是无法选择的，也难以改变，但学校成员在与社会环境的相互作用中也不是完全被动的。学校可以通过加强思想教育，教导学生正视现实，明辨是非，自觉抵制社会不良因素的影响。因而，社会的各种传媒要大力宣传心理卫生知识，同时限制一些有害大学生身心健康的娱乐场所，杜绝各种黄色录像、书籍。现代信息社会。传播系统的发展日新月异，特别是近年来互联网的普及，大众传播系统对人们的影响越来越大了。青年学生正处于生理、心理逐渐成熟，世界观、人生观逐渐形成的时期，是其社会化的重要时期，他们对新事物比较敏感，容易受不良因素的影响。网络影视文化对学生的影响不可忽视，要加强教育管理和引导工作。有条件的社区、乡镇应设立关心下一代成长的委员会，举办短期培训班，向家长普及心理学、教育学知识，创设出全体社会共同参与和支持心理健康教育的环境与氛围，从而使心理健康教育扎扎实实地开展下去。

（四）建立大学生心理健康教育的评估、反馈体系

在我国，关于大学生心理素质状况的研究及大学生心理健康教育工作的开展还不到二十年时间，近年来出现加速发展的趋势，并积累了许多有益经验。但是，各大学生心理健康教育工作的开展情况参差不齐，甚至可有可无，随意性极大，亟待规范。因此，当务之急是基于生命化教育视阈构建大学生心理健康教育评估与反馈体系。同时，集体参与评估工作往往还能促进校内各部门工作人员的分工与合作，为日后工作的进一步开展打下良好的基础。对于学生来说，通过评估，不仅使他们对自己的心理健康状况有所了解，而且通过学校、教师、自身的努力，可改善他们的心理健康状况，间接地为他们的日常生活、学习打下良好的心理基础，促进他们全面发展。

1. 心理健康教育评估的基本问题

学校心理健康教育绩效是在学校范围内所进行的可进行衡量的心理健康教育行为以及在这一行为上生产出的结果记录。学校心理健康教育绩效评估是指对与评估有关的学校心理健康教育绩效信息进行观察、收集、组织、储存、提取、整合和实际评价的过程。

为了更有效地促进学校心理健康教育绩效评估工作的展开，应该从宏观上设计出评估体系，为评估工作提供实施的框架，从而提高评估工作的可行性。在设计学校心理健康教育绩效评估体系时应遵循以下原则：

客观原则。学校心理健康教育工作宜根据所拟定的评估计划，设定客观的评估标准与明确的评估步骤来客观评价心理教育工作的成效，不应根据个人的好恶得出判断，然后再根据这个判断推论出结果或受以前评估结果的影响，也就是说避免出现我们常说的"光环作用"。

动态原则。所谓动态原则就是指随着时间和环境的变化，学校心理健康教育工作绩效也在变化、在发展。所以评估指标应当随着时间和环境的转移有所调整。评估心理健康教

育的绩效，应当随着时间和环境的变化给予切合实际的评价，反对旧的印象观念或偏见的干扰。评估中应当以一种发展的眼光看待心理健康教育绩效。当然，一套比较科学的评估指标在一段时期应保持其相对稳定性，使学校心理健康教育能按照一定的方向努力。如果变化过快，也会使学校心理健康教育工作迷失方向，无所适从，达不到评估的目的。因此，在评估过程中，无论是评估标准、评估方法还是评估结果，都应当以变化的观点、发展的观点为指导。

封闭原则。封闭原则即评估的过程和措施系统必须构成一个连续封闭的回路，使评估自如地通过反馈总结、调整、改进以达到评估的目的。没有反馈的绩效评估就容易流于形式，达不到评估的目的，达不到合理教育的有效效果。而且，实行绩效评估的封闭原则，更有利于完善评估系统过程，达到学校心理健康教育绩效评估目的。

2. 心理健康教育评估、反馈体系构成

学校心理健康教育绩效评估体系设计是一个遵循"提出问题—实施—验证反馈"的解决问题模式的过程。它包括评估指标体系设计、评估过程中评估方法的选择与应用以及评估结果的分析评价与结果的反馈。

第一，评估指标体系的设计。学校心理健康教育绩效评估指标是建立学校心理健康教育绩效评估体系的第一步。没有一个合理的、科学的评估指标体系，就无法对学校心理健康教育的绩效进行评估，因此有必要分析评估的目标，对目标做出多级分解，确定评估指标体系。

在确定学校心理健康教育绩效评估指标体系时，必须遵循绩效评估指标体系设立的可操作性原则。在注重评估标准的可操作性的前提下，在设计评估指标体系时不仅要从外在的形式和条件上来判断其优劣，还要考虑心理健康教育的内在特征即从外在和内在两个方面来确定评估指标。如果仅仅看到指导教室设备齐全、舒适，学生资料整齐排列，就认为这个学校心理健康教育工作展开得很成功，这显然是不够的。各种心理教育活动的开展能否符合学生的需要，学生的心理困扰是否有所减少，其程度有无下降，通过心理教育能否有效地预防学生的心理问题的产生，这些才是开展心理教育更为实质的目的。只有外在体系和内在体系二者兼顾，心理健康教育绩效评估指标体系才能日臻完善。

另外，从心理健康教育的性质来看，它包括发展性教育和补救性教育。前者旨在促进和优化学生的心理健康，而后者则着重于矫正学生出现的心理问题。所以，发展性和补救性的目标也应渗透到评估指标体系的设计中去，即在心理健康教育绩效外在评估指标和内在指标中都要体现心理健康教育的发展性目标和补救性目标。

第二，评估过程中评估方法的选择与应用。对心理健康教育绩效评估的方式一般采用学校内部自我评估、校际相互评估、由教育部门主办的评估等。学校内部自我评估是由学校负责心理健康教育的人员进行自评，或者由学校领导进行评估的，还可让学生参加评估，这种评估每学期可举办两次。其优点是：①评估计划的制订，有助于心理健康教育工作者对自己所从事的工作有深入的了解；②评估的过程有助于增进全校教职工对心理健康教育工作的认识；③自我评估的结果能够促进心理健康教育工作者的自我改进；④借助评估可以指导教师有时间整理各种材料，分门别类，使其更有效地发挥作用；⑤自我评估的结果，还可作为辅导员、班主任、任课教师及学校领导协助解决问题的参考。

各校之间相互评估，是由几个学校联合起来，相互参观、相互评估的。其优点在于：①由于评估的结果涉及学校的荣誉，因此，平常的工作容易得到学校各方面的支持；②借着相互评估的机会，可以充分学习其他学校的长处；③通过相互评估，可缩短校与校之间开展心理健康教育水平和层次的差距。

评估可采用的方法有测验评价和非测验评价两大类。测验评价主要是借助于各种标准化的心理测验作为测量工具，准确地评价学生的各种心理特征，从而在一定程度上完成对心理健康教育绩效的评估。学校所使用的测验主要有智力测验、成就测验、性向测验、兴趣测验、人格测验五大类。非测验评价主要测量个人的内隐性行为，如动机、情绪及个人如何处理这些内在行为等。这种测量方法与测验评价相结合，两者互为补充，即从内隐和外显两方面更有效地评估心理健康教育绩效。观察法、轶事记录、评定量表、学生资料调查表、会谈、个案研究等构成了非测量方法。

在评估的具体实施过程中，首先学校动员，明确评估的目的和意义；其次评估委员会公布评估指标体系及评估方法、具体评估的程序；再次评估前准备，包括依据评估指标体系编制评估表，通过听取汇报、实地观察、会谈、问卷调查、测验查阅有关资料等方法收集资料；最后进行评估并对评估结果进行整理。

第三，评估结果分析与反馈。对绩效评估的结果进行定量分析和定性分析，这样可以比较全面准确地反映学校心理教育的工作绩效。在进行定量分析时可采用模糊评价法和关系矩阵法。模糊评价法是运用模糊数学的一些原理进行测评的，它在对学校心理健康教育绩效进行评估时，突出心理健康教育绩效和目标管理，而对工作过程中的定量数据进行模糊处理。关系矩阵法与因素评分法有部分相同之处，但也有显著不同——引进了权重，对各评估要素在总体评价中的作用进行了区别对待，因而更加科学和实用。此法通过确定指标体系和权重体系、单项评价和综合评价等过程使评价的过程更合理和科学。

通过对评估结果的分析，学校绩效评估小组可以将学校最后确定的评估结果通知参与心理健康教育绩效评估的所有成员，主要让他们了解心理健康教育工作的状况以及学生心理健康的发展情况，并和他们一起讨论今后的发展目标，确定下一个评估期限的目标，指出他们在绩效评估中反映出的问题和不足，帮助他们加以改正和克服，同时对他们在工作中的突出表现加以表扬，以激励他们的进取心。学校心理健康教育绩效评估委员会将对学生的评估结果归入其本人的心理档案，作为今后对他们进行更有效的心理健康教育的依据，从而有助于达到绩效评估的最终目的。

综上所述，学校心理健康教育绩效评估是一项系统且复杂的工作，建立绩效评估体系使学校有步骤地、有目的地从事心理健康教育，有助于心理健康教育绩效评估工作的顺利进行，同时也会更有效地促进学生的心理健康。

第二节　基于生命化教育的大学生心理健康教育实践路径

大学生很多从表层可以发现的心理问题，实际上都和大学生深层的对生命的思考、价值取向、人生态度有关。大学生的健康成长除了学习相关知识外，更需要引导心灵成长方面的教育。结合生命意义观对大学生心理健康状况影响的现实依据，基于生命化教育视角开展大学生心理健康教育实践可以从以下四个方面来做。

一、贯彻心理健康教育目标

虽然目前很多大学确定了关注生命发展的心理健康教育的工作目标，在实际的工作中对预防、补救大学生出现的心理问题做了大量工作，但是相比之下，对关注大多数学生的生命长远发展的工作所投入的力量不够。而且从研究结果中可知，每个学生都上过学校开设的心理健康课程，但是课上的内容难以启发学生用课上所学知识去面对自己的生活。因此，大学生心理健康教育工作应该顺应当今德育生命化的趋势，以德育生命化工作的根本原则为指导，调整并落实好关注学生生命长远发展的教育目标。在今后的工作中，不仅要注重解决学生当下出现的心理问题，还要坚持贯彻利于学生生命长远发展的目标，从大学生成长中真正的生命诉求出发，挖掘学生自身潜藏的心理潜能，使学生自己为今后的长远发展储备强大的心理力量。

（一）树立重视生命健康发展的教育理念

一些大学生对自己生命的意义定位得越来越模糊、现实。例如，有的大学生没有明确的生活目标，生活中遇到挫折后会出现不同程度的心理冲突。反思其中的原因，导致部分大学生的人生理想定位模糊，承受挫折能力差等状况的出现，教育在其中承担着很大的责任。良好的教育是启发大学生用自己的眼睛去看、用自己的耳朵去听。真正的教育是从学生的生命出发的，不是让学生被动地接受知识，而是引导学生主动关注和思考自己的生命。教育如果没有从生命出发，就算学生学到了再多的技能，取得了再多证书，也不是真正成功的教育。因此，大学的心理健康教育工作，在教育理念上就要从大学生的生命主体出发，注重学生生命长远发展。心理的健康不仅指拥有健康的身体，还包括拥有健康的心理状态、生活态度及环境的健康等多方面。因此，在心理健康教育工作中不能局限于解决学生当下的心理问题，更应从大学生的心理状态、生活态度、生活环境等方面出发，与家庭、社会合力为他们营造良好的生活环境，帮助他们自身健康成长，鼓励他们在应对生活各方面的问题时思考自己的生命，使大学生具备对价值的正确判断力和思考力，深入思考自己的人生理想，合理安排好自己的生活，使大学的心理健康教育工作真正成为生命发展意义理念上的德育工作。

（二）塑造生命化的全员教师队伍

大学生心理健康教育工作是一个需要全员努力的系统工程，学校里的每个教师都会对学生的生命成长起到潜移默化的影响作用。因此，要把大学的整个教师队伍塑造成具有生命化的力量。学校的领导在管理大学德育工作时，要树立切实为学生和教师服务的意识，除了为学生学习知识提供条件外，还可开展一些供师生体会自然、感悟生命的活动，如组织教师、学生参加登山等健身类的活动，在强身健体中更加珍惜生命；要创造一些渠道让学生了解学校的管理机制，实施民主管理，让学生把自己当作学校的主人，使学生对学校的管理制度能畅所欲言，在转变角色的过程中提升自己的责任感，认识到学校开展各项工作的意图以及自己读大学的意义所在，进而更加积极地规划自己的大学生活。任课教师在实际教学中除了传授知识之外，应增加对学生生命的关怀。例如，在课上和课下多和学生交流，根据大学生目前的困惑讲述一些积极的事例与经验，启发大学生合理规划好自己的生活，积极地为未来努力，改善大学浮躁的风气，不再在玩手机、打游戏、窝在宿舍睡觉这样的状态中度过自己的大学生活。学校心理咨询室的教师可以和学院一起合作，针对不同年级的不同问题，通过工作坊等形式为学生做一些团体辅导，例如，针对大一新生开展如何尽快适应大学生活的辅导，针对大二、大三学生开展如何处理人际关系、提高学习效率的辅导，针对大四学生开展如何规划职业、调整心态的辅导。辅导员教师则要更加深入地了解每个学生，建立学生家庭、学校生活档案，对生活压力大、家庭背景复杂等有特殊情况的学生要重点关注，提前做好危机预防工作。

（三）激发学生尊重生命、热爱生活的态度

个人的心理健康水平与其对待生活的态度密切相关。在人际关系层面上，有的大学生把他人认可看得过于重要以至于在他人面前隐藏真实的自己，还有学生因不能适应他人生活习惯而出现摩擦，甚至有学生因为人际受挫而出现对生活悲观绝望的心理危机。大学时期虽然只是人生中一个阶段，但是却是大学生心智走向成熟的阶段，这就启示我们的心理健康教育工作要培养大学生具有尊重生命、热爱生活的积极人生态度，能接纳认可自己，肯定自己的生命意义。激发学生积极的生命态度并不是像书本上的知识那样简单说教就可以做到的，这需要在平时对学生进行潜移默化的教育。因此，在实际工作开展中，大学生心理健康教育工作应注重对学生积极人格的培养，从生命个体本身出发，关爱每一个学生。不仅向学生传授心理学的知识，还要真正把学生看作一个完整的生命存在，引导大学生找准自己的位置，还要能够不带偏见地看待身边的人和事，认识到生命的不易和平等，不虚度浪费自己的生命，不践踏他人的生命，从思想上敬畏生命。此外，还要引导学生从消极问题的处理上转移到积极情感的体验上，例如，学习如何避免负面情绪及怎样发现自身的优点，培养自信、乐观等积极品质，使学生充满热情地面对今后的生活。

（四）构建生命在场的课堂教学

所谓生命化课堂教学是以学生的生命为教育的基点，通过对生活世界的关注，还给学生学习的自由、丰富的精神生活和自主探究的权利，使学生得到情感体验、人格提升和个性张扬，生命活力得以焕发，生命价值得以提升的过程。生命化教育理念最重要的就是生命的在场和到位，是教师和学生的生命与生命的交往互动和共同经历，它在教学相长中使师生的生命不断生成和丰富，不仅使学生获得生命体验和人格提升，也使教师的职业生命活力得以焕发。生命化教育理念下的心理健康教育基本特征表现在：

①教学的生命共时性。生命在场首先在于师生的生命共在，是师生的共同在场（不仅是身体的，也是心灵的），是教师和学生此时此刻通过对知识的思考、事物的探讨和情景的体验重新进行意义建构，使自己获得持续不断的成长。因此，生命化心理健康教育生命在场的课堂教学，是以师生的生命体验与生命关怀为旨归，并在师生的生命体验与生命关怀中感悟生命的意义的。

②教学的交往互动性。我们经常用"以心灵赢得心灵，以人格塑造人格"这句话来形容教师的工作，其正是强调了师生的互动性。交往是教学的本质属性，生命在场的课堂教学打破传统以教师为主的教学模式，凸显了教学交往，这种教学交往是人（师生）的本质

力量的交互作用，是在本体层面的生命与生命之间的平等交流，它使教师的主导性和学生的主体能动性都得到充分发挥和体现，在师生的双主体的互动中，师生双方的潜能都得到激发，教师与学生在互动交往中相互感染，相互促进，真正实现了教学相长。

③教学的生成发展性。生命在场的教学过程作为一种特殊的社会实践活动是具有生命性的，体现出师生生命存在的意义和价值。这种生命的意义预示着教学不是预设的、模式化的，而是在一定的时空由教师与学生共同创造的。在这一教学中知识不再是教师预设的教案、不再是教师规划好的知识，而是在师生的相互启发中所产生的理解、体验与看法。学生不再是单纯的接受者而是主动、积极的探索者，是真正的思考者。因此，生命在场的课堂教学不再是传统教学中的教师教、学生学的过程，也不是单纯以知识为载体，而是赋予教学以情感与思想，也给予教师职业生命的满足，使师生双方生命都得以生成和丰满，实现完整而高效的教与学相互促进的过程。学生在教学活动中成长自己，教师在教学活动中彰显自己的生命价值。

④学生的主动参与性。生命在场的课堂教学应当注重以学生的学为主，教师借助有效的教学策略激发学生的学习自主性，让学生主动地参与进来，充分实现课堂的"翻转"，让学生的主动参与性发挥作用，实现生命化教学。新媒体时代，大学生不一定是那个"闻道有先后"的后者，而"术业有专攻"在大学生身上也表现得淋漓尽致。大学生获取知识途径的多样化，是教师所无法预料的。所以，教师应当积极地引导学生主动参与课堂，发现学生身上所蕴含的智慧，真正实现因材施教，才能更好地驾驭课堂，学生的积极性才能被调动起来。

⑤增强学生的体验性。古人云："纸上得来终觉浅，绝知此事要躬行。"① 因此要真正掌握知识必须要去亲自实践、体验。尤其对于大学生心理健康教育来说，没有亲身的体验是无法体验到那种心理感受的。如一个濒临死亡的人才会产生死亡的恐惧，一个人际关系出现问题的人才会体验到人际不和谐给自己生活和学习带来的影响，所以要让学生去体验。所以体验式教学可以引发学生的思考，调动其主动性来解决问题。因此教师教学中要善于为学生创设一个探索、猜想和发现的环境，使每一个学生都参与到探求新知识的活动中去，以"做"为中心，在动手实践和自主探索中去促进知识的形成，最终达到学会知识、理解知识、运用知识的目的。这也是大学生心理健康教育的最终目的之一，即学会用心理知识和技能解决实际问题而不只是记住单纯的心理知识与规律。

⑥注重学生的差异化发展。差异化教学是新课程改革所关注的一个重要课题，是指在

① 出自陆游《冬夜读书示子聿》。

课堂教学中要针对学生之间的差异进行有层次的教学。美国人本主义心理学家马斯洛（Abraham H. Maslow）说，"教育是让一个人成为最好版本的自己"，这也是心理健康教育的最终目的。大学的教育不再只是强调知识，而是让每个人成为一个会思考、独立的人。大学生心理健康教育作为一门课程，其教学出发点面向全体学生，因为大部分学生的心理是健康的，所以更多的是普及、预防和提高，但并不能解决班级中一些确实存在心理不健康的学生的问题，因此，教师在教学过程中既要以群体为主，又要兼顾一些同学的个别问题，做到因材施教、因人而异，体现心理健康教育课程本身的"以人为中心"的理念，切实做到差异化教学，提升层次教学的效益。

二、丰富心理健康教育内容

现有的大学生心理健康教育工作主要通过相关课程的开设、心理咨询的开展、心理健康的宣传等形式来展开预防、治疗、发展工作。心理健康教育课程已经向学生讲解了关于心理学方面的基础知识，心理咨询工作开展了如针对新生的心理普查、危机排查及干预工作，而且也举办了一些心理健康类的比赛、讲座等来宣传心理健康的相关知识。但是大学生心理问题的深层原因仍启示我们，要更全面地丰富以生命为主线的心理健康教育内容，使其能够真正地切合学生的实际需要。把生命化教育理念引入心理健康教育，形成以"生命在场和生命成全"为核心的生命化心理健康教育的课程教学模式，这在心理健康教育的课程教学改革中是有意义的新尝试，其目标就是通过生命的在场与互动，实现生命的成长与成全，体会到生命的意义与价值。

（一）开设关注学生生命发展的心理健康课程

大学的心理健康课程在内容上除了向学生介绍心理学的专业知识外，还要关注学生生命的长远发展，在马克思主义生命意义观及弗兰克尔意义治疗理论的指导下，在其中融入生命化教育的内容，从知、情、意、行方面给予学生指导，帮助他们深刻地认识生命，找到自己的生命意义。

1. 通过认知教育加深大学生的生命认知

第一，帮助大学生通过认知自我发现自己的生命意义。大学目前的心理健康教育课程中已经含有教育大学生正确认知自我的内容。但是本研究中的一些学生因为之前的生活经历对自己的外貌、成绩不满意，把更多的关注点放在他人对自己的认可上，并没有对自己有正确的认识和接纳，会因他人对自己的看法而产生情绪困扰等心理问题。这反映出心理健康教育课程在大学生的自我认知内容方面应继续深化。大学生对自己的认识分为理想的

"我"和现实的"我"。理想的"我"是大学生对自己的完美期待，而现实的"我"总是和理想的"我"存在不同程度的差距。当大学生对自己理想的"我"过度追求，却又找不到合适的方法缩短现实的"我"和理想的"我"的差距时，会出现不同程度的心理问题。而且大学生的自我认知影响其对自身生命意义的探索。个体对自己生命意义的理解是以对自己的看法、认知为基础的。大学的心理健康教育课程可以通过激励教育，培养大学生的自尊，在肯定自己优点的同时，接纳自己的不完美，能够学会合理地调整对理想的"我"的标准。教师要帮助大学生正确认识自己和周围的人、物的关系，正确对待他人对自己的评价，明白自己生命的自主性，不要做任何事都被他人的看法牵绊，知道自己为什么活着，启发大学生正确认知自我，进而充分发挥自己的能量，真正实现自我的成长与发展。

第二，帮助大学生认识实现生命意义的途径。每个人对自己的生命都抱有不同的期待，都有自己想达到的人生目标。而研究中的一些大学生因为没有明确的人生目标，上课时玩手机，课下时间荒废在打游戏、睡觉上，长此以往，越堕落越感受不到生命的意义，致恶性循环越来越没有生活的动力。

心理健康教育工作要引导大学生学会管理自己的生活，不仅对自己的人生有明确的目标，而且还要有推动自己不断努力实现目标的动力。作为学生，本职责任就是学习，因此，心理健康教育课就要让学生明白现阶段踏踏实实地学习就是实现人生意义的一个途径。在课堂上，心理课教师要抓住时机，启发学生让其感受到学习是可以给自己带来成就感的。例如，当学生把教师讲授的知识活学活用，创造性地运用到生活中时，要给予学生肯定和鼓励，让学生体会到通过学习带给自己个人能力提升的自豪感、欣喜感。当学生一次次地通过学习感受到成就感、价值感后，会从思想上看到学习带给自己的意义，切实地看到自己身上所具有的创造能力，进而激发学生主动学习的热情。

2. 通过情感教育提升大学生的生命责任感

情感会影响人的认知。马克思认为人对他人和社会是有责任和义务的。正是这种对他人、社会的不断奉献才使人的生命有了意义。一些学生没有明确的生活目标，或者把自己的生命意义定义为传承生命、吃喝玩乐等维度，呈现出对他人、社会的责任感缺失的状态，还有的大学生当无力承担对家人、社会的责任后会出现自我认同危机。大学生心理健康教育课程可以通过情感教育，让大学生意识到自己身上肩负的责任，并且能够正确地看待这些责任。爱是情感中最强烈的表现。一个人学会爱他人，才会使自己变得不再自私，一个人也只有学会爱自己，才不会因为现阶段无法实现对他人、社会的责任而怀疑自己。这就要求大学的心理健康教育工作在空间上要拓展，从课堂扩展到课外，组织大学生参加一些社会实践活动，在这些活动中学会爱他人、爱自己。例如，去偏远的山区支教、去孤儿院帮助孤儿等，让大学生通过反差感受到自己生活的幸福，感受到有父母家人疼爱的幸福，进而感受到对家人的责任，而这些弱势群体则能让大学生思考自己的生命，生命总是短暂的，既然无法延长生命的长度，那么可以通过对他人、社会贡献自己的力量来拓展生命的宽度，并且要让大学生认识到自己现在的力量是有限的，只有努力学习，才能在今后为自己、为他人、为社会更好地贡献自己的力量。

3. 通过挫折教育培养大学生的生命意志力

生命当中遇到的挫折看似是生活给我们的阻碍，其实这也是生活给我们成长的机会。虽然目前大学生心理健康教育课程中包含挫折教育的内容，但是访谈的结果发现，接受过挫折教育的大学生虽然明白如何不被挫折打倒的知识，可当自己切身处于如自由意志受阻、现阶段无法实现自己价值的情境时，仍会出现自我认同问题、学习动机不足等心理问题。意义治疗与存在主义分析的创办人弗兰克尔（Viktor Emil Frankl）的理论告诉我们，人生当中的不幸是无法避免的，但是面对这些不幸我们仍旧可以选择的就是自己的态度，从挫折中依然可以体会到生命的意义。因此，我们的心理健康教育课程在对大学生进行挫折教育时，不仅要帮助他们从现实的挫折中走出来，还要改变他们今后对待挫折、对待自己的态度，要帮助大学生认识到苦难也都是有两面性的，从挫折的教训中可改变提升自己，学会怎样确立更加合理、贴切自身实际的目标，增强价值评判能力，学会如何乐观应对成长中的挫折，积极调适自我，提升自己的意志力，让自己不被挫折打败，从挫折中寻找自己存在的意义和价值。例如，以大学生遇到的学业挫折为契机，可以让大学生全面地审视自己，正视自己已做的努力与自己能力的不足，在提高现实能力的基础上降低对理想自我的要求，通过失败的教训为自己今后取得进步积累经验，而且，将一些名人的事例和大学生自己之前战胜困难的经历进行对比，可以启发大学生意志力的培养，使他们在今后的学习生活中再遇到挫折时能够坚持下去。大学生向往能够自主决定自己的生活，因此在自由意志受阻时会受挫，挫折教育可以使大学生认识到自由是相对的，在处理自身和社会、环境等矛盾和冲突时，能保持积极健康的心理，积极调适自我，顽强地应对生活给予他们的挑战。

4. 通过严格管理加强对大学生生命化教育的行为训练

在课程管理方面，学校开设了相关的心理学课程，但是课程管理上要求不严格，这就导致一些学生因为容易修学分而选心理健康课程。大学生以这样得过且过的态度选择心理健康课程，自然不会认真对待，导致从根本上削弱了心理健康课程的效果。由于大学生对课程的态度易受学校管理工作的影响，因此，要想引起大学生对心理健康课程的重视，保证生命化教育、心理健康教育的效果，就需要对心理健康教育课程严格管理。从对学生的严格要求中，加强对他们的行为训练，使他们认识到生命化教育的内容就在我们身边，通过我们日常生活中的自律行为就可践行我们所学的知识。心理健康教育课程虽然被大多数学生从思想上认为不是"主课"，但是这并不代表课程的设置像部分学生认为的那样可以应付过去，相反，更要让学生认识到这些课程的重要。心理健康教育课程应该延长课时，增加课时，保证让心理剧表演、课上互动等活动有足够的时间进行，让大学生能真正地参与其中。而且要严格保证上课的人数，通过对学生上课情况的考核，让学生认识到按时上自己选修的课程也是对自己生命的一种负责，通过对课程的严格管理，督促学生行动起来，通过自己的行动来践行生命化教育的内容。

（二）开展促进学生生命健康发展的心理咨询工作

大学的心理咨询工作在心理危机的预防、排查、干预上做了很多工作，而且帮助一些有心理问题的学生调节恢复到正常的状态，并且鉴别出需要转诊治疗的重症患者。但是大学的心理咨询工作也同样应该对大多数学生的生命长远发展给予更多的关注。

1. 帮助学生把心理咨询当作生命成长的机会

大学生对心理咨询工作能否正确地认识和评价，从侧面也反映出了其心理健康的水平。通过访谈可以发现，大学生知道心理咨询的途径主要是通过教师的宣传、学校的心理普查活动以及心理健康类的活动，但是访谈中也有学生不知道心理咨询的过程，甚至地点，这就说明学校的心理咨询工作宣传得不够。例如，有的同学碍于面子，认为做咨询就是代表自己心理有问题，有的做过心理咨询的大学生指出心理咨询在一定程度上帮他们缓解了压力，但是咨询的效果难以长期地影响自己，而且反映教师给出的具体建议少。这些在一定程度上都反映出大学生对心理咨询的无知和误解。所以学校教师等相关负责人员在宣传心理咨询工作时，不仅要注意宣传的广度，更要注意做到深入的宣传，让大学生能正确认识并接受心理咨询，把心理咨询看作一次能帮助自己成长的机会。例如，在进行心理咨询的宣传时，首先让大学生了解心理咨询保密的原则，让他们放下担心信息被泄露的包袱。关于心理咨询的过程，要让大学生认识到心理咨询并不是由教师代替学生去解决问题，相反却是一个助人自助的过程，而且心理咨询是在一个可以信任的安全的环境中，通过自己的倾诉、教师的引领，自己帮助自己成长的过程。在宣传心理咨询的形式时，除了宣传大家较为熟知的个体、团体辅导外，还可以加入网络心理咨询等的宣传，让大家了解到这些形式都不仅仅针对出现的心理问题，还是一次让自己生命成长的机会，通过做咨询可以让他们深度地探索自我，了解自我，使心理咨询对一部分大学生来说不再仅仅是个摆设。

2. 通过学业支持对学生进行生命关怀

大学的心理咨询工作不能坐等学生主动上门求助，应该提前针对学生出现的生命问题给予关怀。目前困扰大学生的心理问题中很多是和学习相关的，如学习动机不足、学习成绩不理想而无法获得成就感等。尽管学校心理咨询室的教师具备心理学方面的知识以及咨询的实践经验，但是咨询室教师的力量是有限的，因此应该加强对其他任课教师生命意识的培训及对学生学业的支持。为任课教师提供一些技术支持，通过"工作坊"的形式培训任课教师处理问题的技能，如处理学生学习动机不足、上课玩手机等常见问题。而且生命化教育的课程内容可以和很多其他课程结合，在对教师进行学业技术支持的同时，要培养专业教师的生命化教育意识。例如，对历史课教师的要求是，那些著名历史人物能够激发学生对生命意义的思考；对生物课教师的要求是，在讲述生理知识时能启发学生了解生与死的过程，使学生能够善待生命等。在学生的心理需求中，有已经发生的显性需求，还有经过一段时间才能显现的隐性需求，而大学的心理健康教育工作要从学生生命发展的角度开展，不能被动等待那些隐性的问题出现后再补救。因此要从学生入学后就关注学生的潜在心理需求，为他们提前提供各种学业支持。例如，在大一新生刚来时，通过工作坊的形式加强对大学生学习技能的培训，而且在对全体学生进行集体辅导的基础上，对一些有学习困难、承受力较差的学生要重点关注。

（三）推行贴近学生生活的生命化教育宣传工作

大学生心理健康教育工作中对学生群体的宣传教育也起着非常关键的作用，成功的宣传工作可引起学生对心理健康教育的重视。但是目前大学的心理健康教育宣传工作实际的效果却并不理想。因此，在宣传工作中，不仅仅局限于其重要性的宣传，更要贴近学生的生活，通过生活化的课程、生命化教育公开课等贴近学生生活的新形式进行宣传，启发学生对自己的生命进行深入的思考。

1. 通过生活化的课程进行宣传

从访谈中发现，一些学生对心理健康的重要性产生怀疑，因此就要通过学生平时接触最多的课程来对他们进行宣传，让他们从生活化的内容中感受到心理健康对我们生活的重要影响。大学现有的心理健康课程中会涉及如学生情绪、就业、人际关系等方面的内容，但主要向学生讲授一些心理健康方面的基础知识和基本技能，其目标也在于普及知识。因此，大学生心理健康教育课程要从学生的实际生活入手，把他们生活当中的问题搬到课堂，真正在课堂上帮助他们以一个小问题而联想到自己平时的生活，引起学生对心理健康的重视，做好心理健康教育的宣传工作。

2. 通过走进学生生活的新形式进行宣传

心理咨询中心的教师可以采用一些走进学生生活、拉近与学生距离的形式对全校学生开展生命化教育的宣传，以此来大范围地影响大学生。欣赏高雅艺术表演成为很多大学文化生活的一部分，心理健康教育工作可结合高雅艺术、利用网络等与学生生活密切联系的形式来开展宣传工作。"心教育"是北京大学心理健康咨询中心根据北京大学生的实际情况和特点，结合残疾人的顽强精神，创造出的心理健康教育的新形式。"心教育"通过残疾人的励志表演给大学生以视觉上的震撼，在他们表演完之后，对这些顽强的残疾演员进行采访，用他们的人生故事来触动大学生的心灵。从这些感人的表演和发自肺腑的访谈中，让大学生和这些残疾演员进行一次心与心的交流，在和自身对比后，深刻地体会到生命的不易与伟大，感受这样身体残疾心灵却充满阳光的美，启发他们传递助人利他的大爱精神，珍惜自己现在的所有。这样的形式可以推广开来，针对全体大学生进行这样生命的洗礼，让学生在欣赏高雅艺术的同时反思自己的生命，通过这样励志的故事让学生深刻地体会深处逆境与命运抗争的顽强乐观精神，给他们的心理注入积极的力量，让大学生在以后的大学生活及人生中不会因挫折而轻易放弃，更加珍惜、热爱生活。除此之外，还可以借助大学生普遍使用的网络等形式来进行宣传。例如，在学校建立关于生命化教育和心理健康教育讨论的公众平台，设立生命化教育的专门板块，及时更新网站的内容，让学生可以就这些生命化教育的故事和观点进行自由的交流，并且配备专门人员做好回复工作，使大学生在网络这种快捷隐蔽的方式中畅所欲言，在和他人分享自己的感情与倾听他人的想法中加深对生命的思考。

三、拓展心理健康教育方式

心理健康教育关注的是人内隐的心理活动，因此，需要通过拓展体验式的教育方式，让大学生对自己的生命进行更多深入的思考，最终达到心理上知、情、意、行的统一，进而更好地指导自己的行为。

（一）注重学生体验的教学方法，引导学生思考生命

一些学生通过心理健康教育知识，可以意识到自身存在的心理问题，但是不能恰当地解决，而且，学生已经对说教的模式产生了免疫，不从生命本身出发的问题已经难以让他

们产生兴趣。这源于在学习过程中缺乏让学生切身地体验，难以让学生产生认识、情感上的共鸣，继而对自己的生活进行反思。心理健康的课堂教学只有让学生的内心也真正受到感染，通过思维、情感的交流产生内在的体验，才会真正让学生学有所得。心理健康教育的主阵地是课堂，现有的上课形式主要是采取大班授课的形式，在课堂上加入一些游戏类的互动方式来调动学生的兴趣。但是大班授课的方式难以达到培养每个学生良好心理素质的目的，而且目前很多大学案例分析、游戏体验的方式难以让每个学生参与其中，心理健康教育的实际效果受到了限制。因此，大学可以开设一些小课堂或者通过团体交流的形式，让大家真正参与其中，通过教师的亲身体验来帮助大家学习。例如，可以借鉴"工作坊"的形式，促使参与者和成员一起思考、调查、分析、讨论、行动，使其真正地参与到活动中；举办一些"如何看待自己的生命""怎样与人相处"的主题交流活动，引发学生对生命的思考。这些活动形式都可以作为心理健康教育的辅助课堂，通过和不同的人之间交流思想，真正启发大学生对自己生命意义的思考。此外，还可以在课堂上播放一些关于生命故事的纪录片以及加入一些情景模拟的环节，如播放《人生七年》等纪录片，为大学生设置自己突然变成孤儿等情境，来引导大学生认识生命的不易，感悟生命的伟大，对生命从心底里产生尊重和敬畏，启发他们对生命意义的思考。

生命化的心理健康教育课程教学的活动环节成为心理健康教育课程教学的独特风景。

①设计合理的教育情景。情景是指为了激发学生学习的兴趣和动机而创设的一种具有时空维度的教学活动或形式，这种教学方式的心理场与物理场交替重叠，构成了多视角、多维度的教育方式，综合地对学生产生影响心理健康教育应创设具有强烈的情感吸引力和感染力的情景，让身处其中的学生不由自主地跟随着这种情感而跌宕起伏，使学生的记忆、联想、想象以及思维活动都带上一定的情感色彩，并因情绪的感染而使心灵更具接纳性和包容性。

②彰显学生的主体性。主体性即在整个活动中由学生全员参与、全面参与和全程参与，各种活动均由学生自己来完成，教师只是起监控和指导作用。这就充分调动了学生的积极性和能动性，学生以主体的身份，创造性地完成各种有创意的活动，促进自身的才能发展和素质提高。

③突出活动的体验性。体验性是指学生主动、自主地融入心理活动中进行体验和感悟，充分感受蕴藏于这种活动中的欢乐与愉悦，在身临其境中获得各种情感体验和深切感受，思考和领悟其中的道理，学会避免、战胜和转化消极的情感和错误认识，发展、享受和利用积极的情感与正确的认识，促进其良好习惯的养成，提高自己的身心素质。

为了更为有效地使学生以体验的方法思考生命，应引导学生品味过去，立足当下，展望未来，以此来丰富学生生命的内涵，为他们提供前进的动力，使学生自觉用心去享受生活，实现自我的人生理想，收获幸福和快乐。

1. 品味过去

经验是一个人最大的财富，是一个人人生的积累，体现了他在过去的生命中所留下的痕迹。人往往是步入中年或老年时期才开始回顾过去的，而大学生年轻气盛，风华正茂，更多的是关注自己的当下，展望未来，殊不知正是过去的经历塑造了今天的自己。人在选择自己的人生道路前往往要学会认识自己，而要看清自我，就需要我们不断地品味过去，反省自身，认清当前我们的所得与所失，只有这样才能找准方向，创造更好的未来。正如中国古代大贤者荀子所曰："君子博学而日参省乎己，则知明而行无过矣。"[①]

品味过去可以从以下三个方面入手：首先，应时常回味自己过去的幸福时光。生命的进程并不是一帆风顺的，在生活中我们难免会遇到各种困难和挫折，会有感到痛苦、悲伤的时候。如果一味地沉浸在这种负面的情绪中，将这种生活的感觉当作生命的全部，将会影响自身正常的生活，忽视生命，甚至选择抛弃生命，造成严重的后果。人的生命是由过去、现在和未来所构成的一个过程，大学生在面临困境时应该看到生命的过程性，回味自己过去所感受的幸福、快乐的时光，意识到当前的痛苦只是暂时的，减轻自己的心理压力和人生重负，重拾面对生活的信心和勇气。其次，应积极咀嚼自己人生中的失败。回忆过去快乐的情绪能够给人带来积极的力量，提供生活的动力；而咀嚼自己的失败则能收获丰富的经验和教训，意识到自身的缺点和不足，为享受当下、创造美好的未来而不断磨砺自身，努力奋斗。正确面对自己的失败，反省失败所产生的种种原因是人认识自己的重要环节，大学生应该学会勇敢地接受自己的失败，并从失败中获取经验和教训，有针对性地提升自己，为下次的成功奠定坚实的基础。如果一味地沉浸在痛苦中，逃避结果，将这份宝贵的经历束之高阁，不敢问津，这样只会在以后的人生中不断地重蹈覆辙，羁绊自己前进的脚步。最后，应不断品味自身经历，获取新的领悟，寻求更大的价值和意义。品味自己过去的生命经历，是一个重新接受和认识的过程，它使人能够从一个新的角度来看待自己的亲身体验，从中挖掘出新的意义和价值，从而不断丰富自己的生命。哈佛大学幸福课的主讲师在他的课程上提出了"静谧"和"冥想"等观念，他在每节课程中都会拿出几分钟时间来让学生自己思考，回味刚刚课程中所提到的内容，来让学生重新进行梳理和学习，以获得更大的收获。品味过去也正是这样一个过程，大学生应该时常花费一些时间来实践这个过程，回顾自己的过去，反省和思考过去生命中的各种体验，使自己的人生内涵

---

① 出自荀子《劝学》。

更加丰富，生命质量得到提升。

2. 立足现在

现在是过去和未来的承接点，是指人们当下的生活。回味过去为我们当下生活的开展提供了动力和指向，而把握现在则是创造美好未来的前提和基础。人们都活在当下，对当下生活的感受是人们最直接的体验。只有立足当下，珍惜今天，活出自我，才能在自己的生命中留下鲜明的色彩，积蓄自身力量，为随时降临的机遇而做好准备，进而收获成功。

大学生要立足现在，把握当下，可从以下三个方面入手：首先，应学会认识自我，认识自己可以说是我们一生都必须研究的课题。良好的自我意识能够提高我们感受生活、认识世界的能力，能使我们更好地规划自己的人生之路。大学生正处于自我意识高速发展的时期，应该积极地融入当前的环境，构建自己的人际交往圈，通过与外部世界的沟通和交流，自觉地感受生活，正确地面对生活中的幸福和困境，逐渐构建自己科学的、独特的人生观和价值观，指引自己继续向前迈进。其次，应学会用"心"生活，注重情感体验的培养。对当下生活的感受是生命积累的重要来源。如果一个人没有用心地生活，整天浑浑噩噩地过日子，那么他的时间流逝得非常快，回忆过去也只是一片空白，这样的生活是单调而没有意义的。如果一个人懂得用心去感受生活，特别是注重自身的情感体验，关心家人、善待朋友，享受生活中的美好与温馨，也勇敢承受生活中的各种悲伤和痛苦，那么他的生命必将精彩纷呈，随着岁月的沉淀将变得愈加味美香醇。最后，应懂得"立即行动"。古语有云："千里之行，始于足下。"[①] 再美好的梦想如果没有行动，也只会流于空想罢了。

人要想获取成功都要付出自己的努力和汗水。通过自己努力奋斗获得的成功也才会更加有意义和有价值。因此大学生要想实现自己的人生理想，就得从现在做起，把握当下，珍惜每一个今天，踏踏实实走好每一步路，最终收获成功，实现自己的人生价值。

3. 展望未来

展望未来是自身对未来的理想和憧憬，它为我们立足当下、努力奋斗提供了指向和动力。每个人的未来都是不可预料的，但是人们可以通过展望未来，树立自己的人生理想，制订自己的人生规划，并以积极的人生态度去感受生活，接受挑战，经过自身不懈的努力和奋斗，来构建一个属于自己的美好未来。大学生经过多年知识和能力的培育，正站在人生的十字路口上，拥有着强烈的好奇心和探索欲望，对未来充满憧憬。

但是如何做好人生的这个重大选择呢？首先，应树立积极的人生态度。人生态度是人

---

① 出自老子《道德经》第六十四章。

们在实践活动和对生活的感受中逐渐形成的对人生问题的一种心理倾向。树立积极的人生态度能引导人们用积极地、乐观的心态去看待生命，勇于接受生命中的各种挑战，从而开创自己的人生道路，实现自己的人生价值。大学生在面对人生中的各种问题的时候，不仅要自觉感受生活带给自己的各种体验，还要从生活上升到生命，意识到生命是一个过程，在有限的生命中，个人的生活感受和经历越丰富，那么他的生命也越有价值。这里的人生经历既包括幸福、快乐、满足等积极因素，又包括悲伤、痛苦、困境等消极因素。在这种积极心态的引领下，大学生的视野将更加开阔，意志更加坚定，更加拥有勇气和动力去创造自己的未来。其次，应树立自己的人生理想。个体的人生理想是个体对自己未来发展的一种向往和追求，是自己人生观和价值观的重要体现。人生理想对自己的行为和实践有着重要的引导作用。大学生应树立自己的人生理想，并将人生理想与社会的共同理想相结合，来促进自身的全面发展，实现自己的价值，并为社会建设做出应有的贡献。最后，应制订自己的人生规划。制订自己的人生规划是大学生需要解决的一个重要课题。在大学生树立自己的人生理想之后，应在综合分析当前社会职业需求的现状和自身实际情况的基础上，将人生理想具体地划分为各阶段的人生目标，引导大学生从当下做起，积累丰富的知识和技能，培养积极的人格特质，提高自身的精神素养，一步一个脚印，实现自己各阶段的人生目标，最终实现自己的人生理想。

（二）不间断的朋辈互助促进学生生命成长

国内的一些大学在朋辈互助的建设上已经做了一些工作，例如，一些大学设立了"心灵使者""发展委员""心理委员"，但是在大学班级里朋辈互助的影响力并不大，有些大学生出现困扰时并不知道该去向谁求助。即使学校设立了心理协会这样和心理健康密切相关的社团组织，但它在现阶段并没有充分做好大学生心理健康教育的辅助工作。班级心理委员带领学生开展心理类活动的次数更是少之又少。从访谈中收集到大学生所知道的心理协会举办的活动，主要有游戏、看电影、发报纸，看似通过做游戏、办活动这样的形式让学生参与其中，但是活动偏离了心理协会的初衷，活动开展因缺乏专业指导，效果不尽人意。因此，朋辈互助的影响力受到了限制。学生群体之间因为年龄、生活环境差不多，交流起来更容易获得彼此的支持和理解。因此，通过对学生群体进行朋辈互助的培养，可更好地帮助大学生。心理咨询室的教师可以对学校的朋辈互助工作进行持续的指导，不至于使互助的活动只进行一两次就成为一个形式化的符号。在朋辈互助员的选拔上，可以选择具有积极生命观、良好心理素质的心理委员及心理协会里的大学生等，先对他们进行培训，使他们有能力去帮助他人。在对他们培训的时候，除了培训心理学知识和咨询技能外，还要对他们进行生命化教育的培训，使他们在助人的时候真正地发挥促进自己及他人生命成长的作用。朋辈互助的形式可以通过不间断地开展一些小组讨论活动，如每周开展一个和大学生平时生活中的问题相关的主题交流活动，长期地为大学生的生命发展提供支持，让每个大学生在倾听和诉说的过程中，通过真正的体验加深对生命的领悟和思考。

（三）生命化教育实践活动帮助学生增长生命智慧

通过心理治疗，求助者能够重新体验、感受到生命的意义，并且能主动为了实现这种意义而努力。因此，心理咨询中除了为学生提供咨询服务外，还可以带领大学生直接参加实践活动，大学生通过切身体验增长生命的智慧，真正地得到成长。例如，大学在条件允许的情况下，针对大学生在生活中遇到的挫折等，可以组织学生到边远地区做义工，使大学生真正参与其中，通过亲身体验，感悟到生活的不易，在以后的生活中遇到挫折时不会轻易放弃，也对自己平时浪费大学时光的行为进行反思，不再浪费时间、浪费生命，学会掌控自己生活的智慧。此外，还可以在重阳节的时候带领大学生去慰问孤寡老人，通过和孤寡老人的接触，让大学生联想到自己的父母、亲人，对他们进行亲情教育，培养他们对家庭的责任感，使他们学会和亲人更好地相处的智慧。当社会上发生一些如自然灾害、人为伤害等事故时，尽可能地组织大学生参加一些捐助、救灾、献爱心的活动，并且让大学生设想如果这些不幸的事情发生在自己身上时的场景，让大学生对自己和他人的生命进行深入的思考，学会在生活中少一些自私，多一份奉献，增强他们对社会的责任感，学会和他人处理人际关系的智慧，在爱他人的同时也让自己的心胸更加宽广。这些生命化教育实践活动都可真正让大学生参与其中，通过切身体验，增长他们的生命智慧，加深他们对生命、生活的认识和理解，使他们在今后的生活中学会爱自己、爱他人、爱社会，并从中得到成长，明白自己活着的意义。

四、营造心理健康教学环境

生态心理观从宏观的空间和时间中来认识个体的行为，把个体的行为放在与其相关的整体系统中，认为人和环境任何一方的活动都会影响到另一方。心理健康教育生态化提倡内部系统和外部系统的配合密切。内部教育系统包括大学内部的管理、教育部门、教师，外部系统则指的是家庭和整个社会大环境。然而当前大学的心理健康教育工作主要由学校在做。要在生命意义观视角下推动学校心理健康教育的发展，就需要通过学校、家庭、社会的配合，合力营造关怀生命的大学生心理健康教育环境。

（一）发挥学校生命化教育的主导作用

大学生出现缺乏人际支持、生活目标缺失等与大学生活的改变息息相关。大学学习虽然还是以班级为单位，但是只有在上课、班级活动的时候大家才会聚集在一起，上完课就会各自做自己的事情，班级活动也是有限的，这就使大家之间交往的机会减少，集体归属感缺乏，会出现情绪困扰等问题。由于从之前紧张的生活状态一下子到大学相对放松的环境中，一些大学生不知道该如何安排生活，不知道该如何管理自己的学习、生活，一时对自己放松却又无法心安理得，内心产生矛盾，因此会出现情绪困扰、学习动机不足、适应不良等问题。

学校是开展大学生心理健康教育工作的主要阵地。因此学校内部需要各个部门积极配合，在心理健康教育工作中融入并开展生命化教育。学校心理健康教育的整体工作理念要从预防、解决学生出现的心理问题转变为关注学生的生命长远发展上来。而学校的全体教职工也要经过生命化教育和心理健康教育的培训，从教师的角度真正明白"人生导师"育人育心的责任。学校开设的心理健康教育课程中要增加生命化教育的内容，其他各个学科也要从教师到授课内容真正做到从学生的角度出发，还要通过一些生命化教育实践活动让大学生在体验当中更深刻地认识自己、他人的生命。

（二）增加对家庭的生命化教育

从大学生生命意义观中可以看出，家庭是一个重要影响因素。从访谈中发现：大学生在大学阶段开始相对独立的生活，渴望能够自由安排自己的生活，而且大学生长期生活在学校的氛围中，想法相对单纯，因此当父母向自己灌输一些社会性的思想以及为自己做决定的时候会感觉到受束缚；在选择出国、读研等问题上，有的家长给大学生做决定，导致他们虽然按父母想法选择，心理的认同感却很低。父母的关爱是让大学生感受爱、学会爱的重要因素，一些从小感觉没有得到父母关爱的大学生可能会轻视自己的生命，对他人难以亲近，出现情绪困扰、自我认同等问题。父母作为自己重要的支持力量，没有得到父母的认可可能会导致大学生看轻自己的生命。家庭经济状况对大学生来说也是影响他们对自己生活安排的因素，当有经济压力时会导致他们在自己的选择上出现迷茫，会因为不能养活自己，不能承担对家庭的责任而产生无意义感。

大学阶段，除了极少数出现严重心理问题的学生外，学校几乎都不会和家长联系，这就造成了大学生心理健康教育在家庭教育方面出现盲区。而大学阶段，家长和学生的暂时分离，学生心智趋于成熟、独立能力增强的这段时间更会暴露出一些成长中的问题。因此，大学更应该通过举办一些活动加强和学生家庭之间的联系，做好对家庭的生命化教育。在新生开学时对新生家庭举办相关的生命化教育的讲座，让家长了解大学生活中大学生存在的一些烦恼与问题；大学生开始谈恋爱了，在恋爱中会出现困扰；现在大学毕业后不见得能找到理想的工作，大学生出现了毕业即失业的现象，面临严峻的就业压力等。通过这些内容的介绍，家长更了解孩子的生活，对孩子多一些理解和支持。而且，学校可以设立一个针对家长学习家庭教育的网站，通过这个网站，了解到如何更好地做家长、如何和孩子培养良好的亲子关系、如何更好地给予孩子支持等。通过做好家庭的生命化教育工作，家庭成为大学生心理健康教育的有力后盾。

（三）利用社会资源进行生命化教育

大学自扩招以来，大学生的人数明显增加，再加上近些年科学技术突飞猛进的发展，对人才的要求日益提高，使大学生面临巨大的就业压力。就业难的现实压力也无形当中影响了大学生对自己人生道路的选择。一些学生在就业难的严峻形势下，由于自己能力不足、文凭不够，选择了自己不喜欢的道路，造成大学生产生自由意志受阻之感。而且周围大环境不重视心理健康教育也在潜移默化中影响到了大学生，社会现实对大学生产生误导，让他们认为这些课不重要。例如，受传统教育的影响，大学生形成了只重视语数外这样的"主课"，其他的课都不重视的思想。

社会大环境对大学生的生命健康成长具有潜移默化的导向作用。健康积极的社会风气能在无形中给大学生正确价值观的引导。因此，大学要创造一些条件，加强和社会的合作，利用社会资源对大学生进行心理健康教育和生命化教育，促进大学生生命健康发展。例如，针对大学生过于注重知识、分数、技能，轻视心理健康的现象，大学可以和企业合作，让大学生深入企业之中，了解企业对人才的要求，让大学生认识到能证明一个人的并不是他的学历、各种证书，而是他在这个工作中表现出来的工作能力，这个能力指业务能力、人际交往能力、调适自我能力等综合能力，提高他们对心理健康的重视。针对目前大学生身体素质普遍下降、生活缺乏激情的现象，大学可以和一些互联网合作，开展一些如长跑等关爱健康的健身活动，让大学生通过这样的活动既感受到身体健康的重要性，也感悟到自然的美丽，而且这些互联网的宣传也可为社会传递正能量，让大学生从活动当中加深对自己生命的思考，也看到通过自己个人微薄的力量而为社会带来的影响，感受到自己的力量和价值。

总之，生命在场和生命体验是生命化心理健康教育的实现形式，它以师生双主体投入为前提，在生命的互动与交流中，体验生命的在场状态、生命能量激发与创造性迸发的快乐。在这样的教育场域中，教与学融为一体，从而避免一般课堂中教师负责传授、学生被动接受的师生分离状态，在师生的教学交往中，实现师生双主体互动，充分调动师生双方的积极性和能动性，不仅使学生在当下获得真实的生命体验，而且也能促进教师思想的变化，从而相互促进，共同成长，最终达到生命的成全。

参考文献

[1] 徐晓虹. 心理健康教育改革［M］. 济南：山东友谊出版社，2022. 02.

[2] 王珲. 大学生心理健康教育［M］. 北京：北京理工大学出版社，2022. 06.

[3] 王坚，谢康. 大学生心理健康教育［M］. 苏州：苏州大学出版社，2022. 07.

[4] 张萍. 大学生心理健康教育［M］. 重庆：重庆大学出版社，2022. 08.

[5] 王清，王平. 大学生心理健康教育［M］. 苏州：苏州大学出版社，2022. 08.

[6] 伍勤. 大学生心理健康教育与辅导［M］. 北京：中国人民公安大学出版社，2022. 10.

[7] 杨惠. 大学生心理健康教育理论与实践［M］. 武汉：华中科技大学出版社，2022. 03.

[8] 李爱冰. 大学生心理健康教育机制构建与模式创新研究［M］. 延吉：延边大学出版社，2022. 03.

[9] 李晓敏，栗晓亮. 大学生心理健康调适及其教育管理研究［M］. 北京：中国纺织出版社，2022. 02.

[10] 吴洁芳，郑晖，王永敏. 大学生心理健康教育［M］. 北京：中国传媒大学出版社，2022. 04.

[11] 徐爱兵. 现代大学生心理健康教育研究［M］. 北京：中国原子能出版社，2022. 09.

[12] 赵新. 大学生心理健康教育的理论与实践研究［M］. 天津：天津社会科学院出版社，2022. 09.

[13] 夏鲁朋. 大学生心理健康教育模式创新研究［M］. 北京：中国商务出版社，2022.

[14] 赵友春，陈爽. 心理健康与自我成长［M］. 济南：山东人民出版社，2021. 09.

[15] 贺芳. 教育管理与学生心理教育［M］. 长春：吉林人民出版社，2021. 04.

[16] 赵燃，侯舒艨，华丹. 大学生心理健康教育［M］. 哈尔滨：哈尔滨工业大学出版社，2021. 08.

[17] 杨健梅，于昊，杨见奎. 大学生心理健康教育［M］. 北京：九州出版社，2021. 07.

[18] 陈冲. 大学生心理健康教育与实务［M］. 东营：中国石油大学出版社，2021. 08.

[19] 秦晓丹. 体验式大学生心理健康教育 [M]. 合肥：合肥工业大学出版社，2021. 10.

[20] 李培培，田帅，乌日娜. 大学生心理健康教育与心理咨询研究 [M]. 吉林人民出版社，2021. 08.

[21] 胡莹，李彦章. 大学生心理健康教育 [M]. 北京：科学出版社，2021. 05.

[22] 李裕萍，马洪波，郑海妹. 大学生心理健康教育 [M]. 北京：中国言实出版社，2021.

[23] 刘欣. 大学生心理健康教育积极发展与危机预防 [M]. 南京：南京大学出版社，2021.

[24] 陶文芳. 大学生心理健康教育课程改革研究 [M]. 长春：吉林人民出版社，2020. 07.

[25] 张秀娟. 大学生心理健康教育 [M]. 长春：东北师范大学出版社，2020. 06.

[26] 王刚，曹菊琴. 大学生心理健康教育 [M]. 北京：北京理工大学出版社，2020. 09.

[27] 刘嵋，刘岳. 大学生心理健康教育 [M]. 成都：电子科技大学出版社，2020. 03.

[28] 沈沛汝. 大学生心理健康教育理论与实践 [M]. 北京：北京航空航天大学出版社，2020. 08.

[29] 薛春艳. 生命教育视野中的大学生心理健康教育研究 [M]. 武汉：华中科技大学出版社，2020. 06.

[30] 胡春霞. 大学生心理健康教育与素质教育研究 [M]. 北京：北京工业大学出版社，2020. 07.

[31] 路风华. 互联网+背景下大学生心理健康教育模式的重塑与构建 [M]. 长春：吉林科学技术出版社，2020.

[32] 陈艳. 大学生心理健康与安全教育 [M]. 天津：天津科学技术出版社，2020. 06.